裏切り者の中国史

井波律子

講談社学術文庫

はじめに――中国、この裏切りの宇宙

祇園精舎《ぎをんしやうじや》の鐘の声、諸行無常《しよぎやうむじやう》の響《ひびき》あり。娑羅双樹《しやらさうじゆ》の花の色、盛者必衰《じやうしやひつすい》の理《ことはり》を顕はす。奢れる人も久しからず、ただ春の夜の夢の如し。猛《たけ》き者も遂には滅びぬ、偏《ひとへ》に風の前の塵《ちり》に同じ。遠く異朝をとぶらへば、秦《しん》の趙高《てうかう》、漢《かん》の王莽《わうまう》、梁《りやう》の朱异《しうい》、唐《たう》の禄山《ろくさん》、これらは皆旧主先皇《きうしゆせんくわう》の政《まつりごと》にも従はず、楽しみを極め、諫めをも思ひ入れず、天下の乱れむ事を悟らずして、民間の愁《うれ》ふる所を知らざッしかば、久しからずして、亡《ばう》じにし者どもなり。

おなじみの『平家物語』の冒頭の一節である。ここで、「久しからずして」滅び去った、異朝（中国）の反逆者・裏切り者の代表として、あげられている四人のうち、秦の趙高《ちょうこう》、漢の王莽《おうもう》、唐の安禄山《あんろくざん》の三人は、奇しくも、本書でとりあげた「裏切り者」と重なる（趙高はメインの登場人物ではないが、王莽を主人公とする本書第三章に登場する）。

ことほどさように、本書『裏切り者の中国史』は、春秋《しゅんじゅう》時代から明末清初《みんまつしんしょ》に至るまで、それぞれの時代にエポックを劃《かく》した、極め付きの「裏切り者」の足跡を通じて、二千五百年におよぶ中国の歴史をたどったものである。

まず第一章では、前五世紀後半の春秋時代に生きた伍子胥《ごししょ》をとりあげる。周《しゅう》（東周）王朝の権威が地に堕ち、各地に依拠する諸侯が覇《は》を競った春秋の乱世は、いわば自由競争の時代であった。他を圧する力を得んがために、諸侯は広く優秀な「人材」を求め、「人材」のほうも自らを高く評価してくれる君主を求めて、難なく国境を越えた。

たとえば、伍子胥とほぼ同時代にあたる、儒家《じゅか》の祖孔子《こうし》は母国の魯《ろ》で政治的に挫折するや、ただちに出奔《しゅっぽん》して諸国を遊説《ゆうぜい》してまわった。けっきょく、孔子は理想にかなう君主とめぐりあえず、むなしく魯に帰還したけれども、その生き方にはまぎれもなく、思想家も政治家も軍事家も、自らの手腕を存分に発揮すべく、国境を越えて自在に往来した春秋の気風が、くっきりとあらわれている。

母国楚《そ》の君主に父と兄を殺され、復讐の一念に燃えて、楚と敵対する南の新興国呉《ご》に奔《はし》った伍子胥は、そんな春秋のエトスを凝縮した存在である。呉を動かして母国の楚を撃ち、私怨をはらした伍子胥は最終的に呉王夫差《ふさ》と対立、夫差に裏切られて非業《ひごう》の最期を遂げた。

春秋に続く戦国《せんごく》時代、世はあげて下剋上《げこくじょう》の波にもまれ、韓《かん》・魏《ぎ》・趙《ちょう》・斉《せい》・燕《えん》・楚《そ》・秦《しん》の七国（戦国の七雄《しちゆう》）が勝ち残る。やがて秦が強大となり、残る六国との対立の構図があらわになる。この時代、国境をものともしない春秋の気風はいちだんと強化された。戦国の乱世は、自分の舌と腕だけを頼りに各国を渡り歩き、パフォーマンスを繰り広げる遊説家たちのかっこうの舞台となったのである。

自分の能力を高く買ってくれる君主を求め、魯・魏・楚の三国を渡り歩いた兵法家の呉《ご》起《き》。秦の孝公《こうこう》のブレーンとなり、厳格な法や制度を施行、秦の国力を飛躍的に高めた商鞅《しょうおう》。六国をまわって合従策《がっしょうさく》を説き、対秦同盟を結ばせ、六国の宰相を兼ねた蘇秦《そしん》。秦の恵文王《けいぶんおう》の懐刀《ふところがたな》となり、連衡策《れんこうさく》によって六国同盟を切り崩した張儀《ちょうぎ》。彼らは自らの力をフルに発揮する舞台を求めて母国を離れ、自立するコスモポリタンとして、戦国世界をかきまわした。本書第二章では、あざとい裏切りもなんのその、舌先三寸で世界を攪拌した、これら戦国時代のコスモポリタンの軌跡を追った。

秦の始皇帝《しこうてい》は、紀元前二二一年、戦国の六国を滅ぼして中国全土を統一、空前の大帝国秦を打ち立てた。しかし、秦は始皇帝の死後、主導権をにぎった宦官《かんがん》の趙高の専横によって内部崩壊したところに、全国規模の大反乱が勃発、統一後わずか十五年で滅亡した。

秦末の群雄割拠のなかから浮かび上がった劉邦《りゅうほう》は、ライバルの項羽《こうう》を破って天下を統一、紀元前二〇二年、漢《かん》王朝を立てた。漢は劉邦の死後、実権を掌握した妻の呂后《りょこう》以来、皇太后や皇后が勢力をふるい、その一族（外戚《がいせき》）が、権力機構の中枢を占める傾向がみられた。この傾向は、末期に至るほど顕著となる。

紀元後八年、漢を滅ぼし新《しん》王朝を立てた王莽は、こうした漢王朝の気風が生んだ鬼子である。第十一代皇帝元帝《げんてい》の妻元后《げんこう》（のち元太后《げんたいこう》）の甥、王莽は儒教倫理を体現した品行方正・人格高潔の君子ぶりを誇示、世論を操作して絶大な名声と人気を獲得した。これをバックに権力を固め、漢王朝簒奪《さんだつ》に成功した王莽は、新を立てるや、アナクロニズムの虜《とりこ》となった。行政・経済・軍事の機構を、はるか昔の儒教の経典『周礼《しゅらい》』や『礼記《らいき》』に合わせて、作りかえようとしたのだ。

むろん、この復古主義的改革は大失敗し、王莽は、民衆反乱「赤眉《せきび》の乱」と連動した、豪族軍に攻められ、無惨な最期を遂げた。第三章では、古代帝国秦を滅亡に追い込んだ宦官趙高を序曲に、漢王朝の外戚王莽の裏切りの顚末《てんまつ》をたどった。

王莽の新の滅亡後、漢の末裔《まつえい》の豪族劉秀《りゅうしゅう》（光武帝《こうぶてい》）が立てた後漢《ごかん》王朝は、宦官と外戚の勢力争いに振り回されたあげく、二世紀末、実質的に滅亡した。群雄割拠の乱世をへて、やがて曹操《そうそう》の魏《ぎ》・劉備《りゅうび》の蜀《しょく》・孫権《そんけん》の呉《ご》の三国分立へと形勢は固まってゆく。曹操の息子曹丕《そうひ》は、二二〇年、名目的に存続していた後漢を滅ぼし、魏王朝を立てた。つづいて蜀と呉も王朝を立て、名実ともに三国時代が始まる。

後漢末から三国へと、時が移るにつれ世代交替がすすみ、魏では司馬懿《しばい》が擡頭《たいとう》する。蜀の諸葛亮《しょかつりょう》の好敵手だった司馬懿は、やがて魏軍を掌握し勢力をつよめるが、第二代皇帝明帝《めいてい》の死後、曹爽《そうそう》との権力闘争にやぶれ、失脚のやむなきに至る。しかし、粘り強い司馬懿は十年の雌伏《しふく》ののち、クーデタをおこして曹爽一派を抹殺、主導権をにぎる。以後、司馬氏は三代四人がかりで魏を滅ぼし、西晋《せいしん》王朝を立てた。第四章は、司馬懿に焦点をあてて、司馬氏一族の「持続する裏切り」の脈絡をたどる。

司馬氏の西晋はごく短期間ながら中国全土を統一したものの、内乱と北方異民族の侵入によって、わずか五十年で滅亡する。動乱の華北《かほく》から江南《こうなん》へ避難した人々は、三一七年、司馬《しば》睿《えい》（司馬懿の曽孫）を皇帝に立て、亡命王朝東晋《とうしん》を成立させる。東晋時代を通じて、皇帝権力はすこぶる脆弱であり、政治的・文化的に主導権をにぎったのは、魏末から西晋にかけて形成された世襲貴族だった。東晋王朝を揺さぶった二人の反逆者、王敦と桓温もまた貴族社会のエトスに染め上げられた者たちである。第五章では、独特の美学に浸された東晋貴族社会を舞台に、王敦と桓温が繰り広げた裏切り劇の一部始終をたどる。

東晋の成立を皮切りに、中国南部を漢民族の王朝が支配し、北部を異民族の王朝が支配する、南北分裂の時代がほぼ三百年にわたってつづく。六世紀末、全土統一に成功した北朝系の隋《ずい》王朝は、短期間で滅亡したけれども、これを受けた同系の唐《とう》王朝は、多様な民族を受け入れ、華麗な大帝国を築いた。もっとも、唐は七世紀末、中国史上、唯一の女帝則天武后《そくてんぶこう》にいったん滅ぼされてしまう。

唐王朝を再興した第六代皇帝の玄宗《げんそう》は英明な君主だったが、晩年は政治に倦《う》み、楊貴妃《ようきひ》への愛に溺れるなど、失態がめだった。トルコ系突厥《とっけつ》族出身の節度使安禄山は、玄宗の衰えにつけこみ、水際だった道化のポーズでその関心をひきつけ、またたくまに強大な軍事力を擁するに至る。第六章は、唐王朝没落の引き金となった「安史《あんし》の乱」の仕掛け人、危険な道化役者安禄山の裏切りの軌跡をたどろう。

七五五年から九年に及んだ「安史の乱」で、ダメージを受けた唐王朝は、以後、衰退の一途をたどり、九〇七年ついに滅亡、中国はふたたび南北に分裂した。北中国で五つの王朝がめまぐるしく興亡し、南中国で十国が乱立する、この五代十国《ごだいじっこく》の乱世は、九六〇年、宋《そう》王朝を立てた趙匡胤《ちょうきょういん》によって収拾された。趙匡胤（宋の太祖《たいそ》）以来、文治主義を国是とした宋は、契丹《きったん》族の遼《りょう》やタングート族の西夏《せいか》などの周辺異民族国家に対し、莫大な代償を支払うことにより、平和共存する道を選んだ。

しかし、十二世紀に入り、急速に内部崩壊した宋は、新手の異民族、ツングース系女真《じょしん》族の攻勢を受けてもろくも滅亡、宋王朝の一族高宗《こうそう》は、江南にわたって亡命王朝南宋《なんそう》を立てた。南宋の宰相秦檜《しんかい》は主戦論者をねじふせ、強力に和平交渉を推進、屈辱的条件をのんで女真族の金《きん》王朝と平和共存する態勢を整えた。これによって、秦檜は「漢奸《かんかん》」(漢民族の裏切り者)のはしりとして、中国でもっとも忌み嫌われる人物となる。第七章は、この秦檜にスポットをあて、彼がほんとうに「裏切り者」だったかどうか考えながら、その生の軌跡をたどる。

宋代以前も中国はくりかえし異民族の侵入を受けてきた。しかし、そのたびに漢民族と異民族は混淆《こんこう》・同化し、判別がつきがたくなるのが常だった。漢民族と異民族の双方に、明確な差異の意識(民族意識)が生じるのは、宋代以降だといってよかろう。このため、秦檜を転換点として、「裏切り者の系譜」も大きな変化を見せる。

秦檜が推進した和議の結果、とにもかくにも百年以上、平和共存しつづけた金と南宋は、十三世紀に入るや、英雄チンギス・ハンの出現によって、にわかに強大となったモンゴル族の攻勢を受け、あいついで滅亡した。元《げん》王朝を立てたチンギス・ハンの孫フビライ(元の世《せい》祖《そ》)は、中国全土を統一、徹底したモンゴル族優先の国家体制を作り上げた。しかし、十四世紀中頃、元ははやくも衰え、一三六八年、民衆反乱を組織した紅巾《こうきん》軍のリーダーの一人、朱元璋《しゅげんしょう》の立てた漢民族王朝の明《みん》に滅ぼされる。

朱元璋すなわち明の太祖は強力な皇帝独裁体制を確立したけれども、十六世紀以降、無能な皇帝がつづき、宦官が害毒をまきちらしたために、明王朝は頽廃《たいはい》の極に達し、一六四四年、流民反乱軍のリーダー李自成《りじせい》に滅ぼされてしまう。寝返った明の武将呉三桂《ごさんけい》の手引きにより、間髪を入れず、中国本土に侵入した満州《まんしゅう》族の清《しん》は、たちまち李自成を追い払い、江南の漢民族の抵抗を押し潰して、中国全土を支配した。第八章は、明の滅亡後、恋人を李自成軍の将軍に奪われ、激怒して清に投降、以後、裏切りに裏切りを重ねた呉三桂に焦点をあてつつ、明清交替期の様相を探った。

みてのとおり、私怨によって母国楚に刃向かった春秋時代の伍子胥から、恋の怨みによって異民族王朝の清に奔った呉三桂に至るまで、本書でとりあげた中国の「裏切り者」には、それぞれの時代の刻印が深くきざみこまれている。彼らの多くに共通するのは、一つの王朝一つの時代が活力を失ったとき、あるいは瀕死の状態になったとき、「裏切り」という形で、それを壊す側にまわったことである。司馬懿、桓温、王莽、安禄山、そして及ばずながら呉三桂もこれに相当する。

例外は南宋の秦檜である。秦檜は女真族の金と通じた漢民族の裏切り者、「漢奸」と目されながら、結果的に南宋を存続させる役割を担った。本書ではふれなかったけれども、十九世紀も終わりにさしかかった清末、満州族の清の高級官僚として活躍したために、「漢奸」と片付けられがちだった曽国藩《そうこくはん》（一八一一～一八七二）や李鴻章《りこうしょう》（一八二三～一九〇一）などについては、現在、中国の「近代化」に果たした役割が見直されはじめている。「裏切り」に民族問題がからむ宋代以降に関しては、「裏切り者の系譜」も全面的に再検討される時期にきているといえよう。

本書でとりあげた「裏切り者」の代表株以外にも、中国の歴史には大物・小物の「裏切り者」が無数に出没する。本書では、当面の主人公たる各時代の「裏切り者」と連動させるかたちで、つとめて多くの「裏切り者」にめくばりした。それでは以下、べったりした陰湿さとは異質な、破れかぶれ、意外に乾いた「裏切り者の系譜」が織り成す、「中国、この裏切りの宇宙」を探訪してみよう。

目次

裏切り者の中国史

第一章　復讐の鬼——伍子胥

われは蛮夷なり

紀元前十二世紀、殷《いん》王朝を滅ぼして成立した周《しゅう》（西周）王朝は、約四百年後の紀元前七七一年、いったん滅びる。しかし、まもなく東周《とうしゅう》王朝（前七七〇～前二五六）が成立、細々と命脈を保ったものの、昔日の勢いさらになく、時代は、中国各地に依拠する諸侯が、入り乱れて覇権を争う春秋《しゅんじゅう》の乱世へと突入する。

西周初期から、長江《ちょうこう》中流域に依拠した楚《そ》の国は、このころ、めきめきと頭角をあらわした。もともと楚は南方系の異民族の国であった。西周時代において、楚の君主のなかには、「われは蛮夷《ばんい》（野蛮人）なり。中国の号諡《ごうし》に与《あずか》らず」と述べて、周王朝の王だけが「王」と名乗る慣習にあえて逆らい、自ら王と称する者もいた。まつろわぬ異民族のプライドを保持しつづけた楚は、時代の経過とともに、中原《ちゅうげん》（黄河中流域）の高度な文化を吸収して、じりじりと力を増し、東周王朝が名のみの存在と化した春秋時代には、中原の諸国を脅《おびや》かす侮《あなど》りがたい大勢力となった。

紀元前七〇四年、当時の楚の君主熊通《ゆうつう》は、先祖のひそみにならい、東周王朝の警告を無視して、自ら武王《ぶおう》と名乗った。「私は蛮夷であり、中国のやり方に従わねばならぬ謂《いわ》れはない。東周王朝が王と名乗ることを許可しないなら、自ら位をあげるまでだ」というのが、その理由だった。

ついに覇者に

この章の主人公伍子胥《ごししょ》（?～前四八四）の運命を大きく変えた平王《へいおう》（前五二八～前五一六在位）は、武王の七代後の楚王にあたる。

この間、春秋の乱世の勢力図は刻々と移りかわった。斉《せい》の桓公《かんこう》（前六八五～前六四三在位）・晋《しん》の文公《ぶんこう》（前六三六～前六二八在位）らが相次いで覇者《はしゃ》（諸侯同盟のリーダー）となったのに続き、紀元前六世紀初め、武勇にすぐれた楚の荘王《そうおう》（武王の五代後。前六一三～前五九一在位）が覇者となった。「蛮夷」楚は、この荘王の時代に、ようやく名実ともに中原の諸侯を凌駕《りょうが》するに至ったのである。

しかし、これをピークとして、荘王の死後、内紛が続き、しだいに楚の命運に翳《かげ》りが見えはじめる。荘王の孫にあたる平王もまた、二人の兄（霊王《れいおう》と公子比《こうしひ》）を死に追いつめ、文字どおり骨肉あい食《は》む凄絶な奪権闘争の果てに、ようやく王位についた。紀元前五二八年のことである。

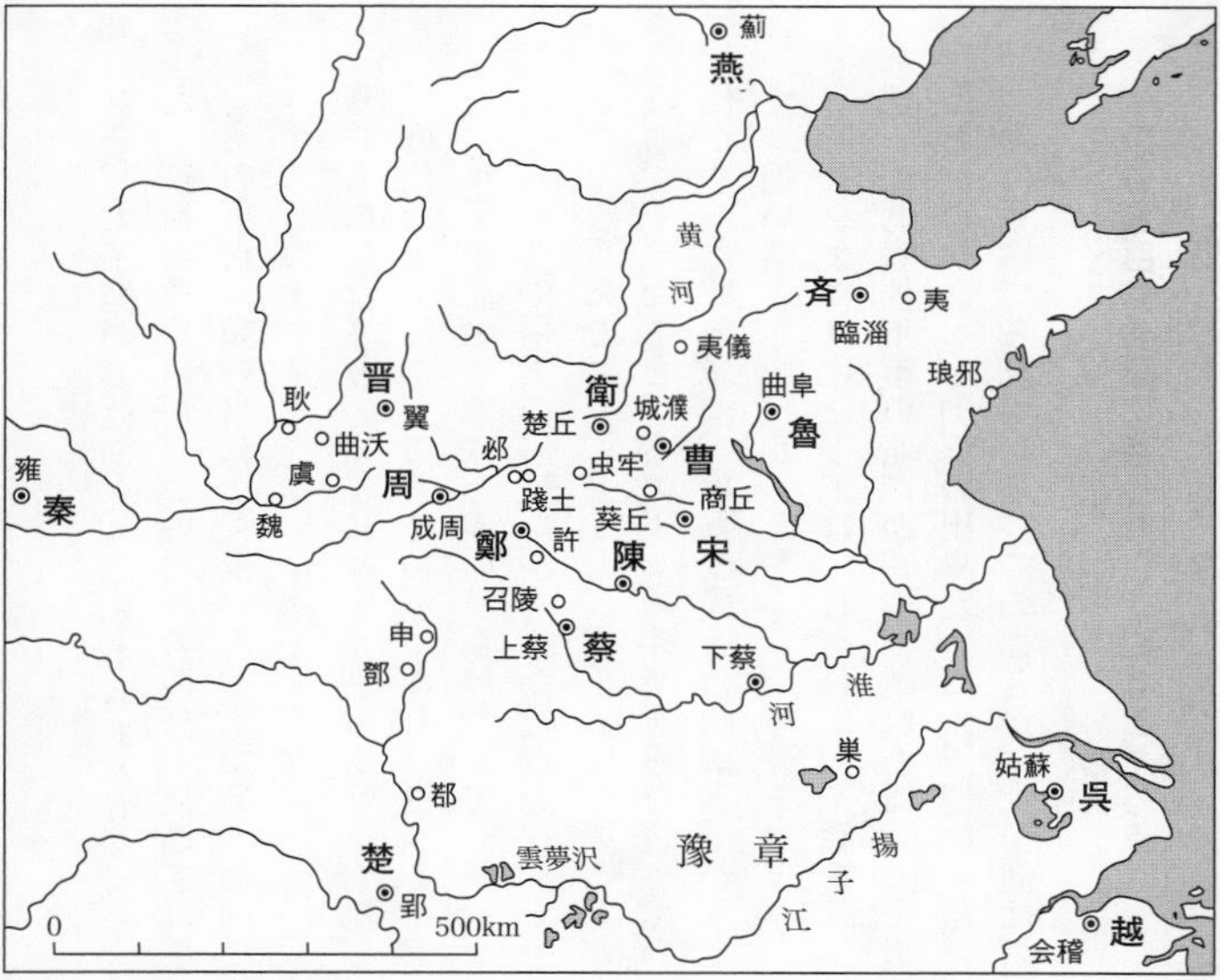

春秋時代諸侯配置図

費無忌の讒言

陰湿な奪権闘争において勝利者となったものの、平王は君主としてはまったくの無能力者にすぎなかった。彼は、おべっか使いの費《ひ》無《む》忌《き》なる家臣の言いなりとなり、たちまち馬脚をあらわす。

もともと費無忌は平王の太子《たいし》健《けん》の少傅《しょうふ》（教育次長）であり、上役の太傅《たいふ》（教育長）は伍奢《ごしゃ》（？〜前五二二）であった。伍奢の先祖には、覇者荘王の名臣伍挙《ごきょ》がおり、伍氏一族は楚の名門だった。費無忌は、この名門出身の物堅い伍奢が煙たくてたまらず、ひいては、伍奢を信頼する太子健にも悪感情をもっていた。

そんなおり、北方の強国秦《しん》の王

女を、太子健の妻に迎える話がもちあがり、平王は費無忌を縁組の使者として秦に派遣した。狡猾《こうかつ》な費無忌が、この絶好の機会を見逃すはずはない。

秦の王女は類《たぐ》いまれな美貌の持ち主であった。これに目を付けた費無忌は、縁談を持ち出さず、そのまま楚にとってかえすと、平王に告げた。「秦の王女は絶世の美女です。王ご自身のものになさり、太子にはまた別の女性をお選びになればよろしいでしょう」。

好色な平王はたちまちその気になり、さっそく秦の王女を自分の妻の一人として迎え入れた。平王の寵姫《ちょうき》となった秦の王女はやがて一子軫《しん》を生んだ。

この一件で平王の信頼をかちえた費無忌は、太子健の少傅から平王の側近に転じ、威勢をふるうようになった。しかし、平王に万一のことがあれば、当然、太子健が即位することになる。そうなると、秦の王女の件で怨みを買っている自分は、殺されるにちがいない。恐怖にかられた費無忌は、攻撃は最大の防御とばかりに、せっせと太子健の悪口を平王に言い立て、追い落としをはかった。

これをまにうけた平王は、しだいに太子健を疎《うと》んじるようになり、とうとう彼を楚の首都郢《えい》（湖北《こほく》省沙市《さし》市の北）から遠く離れた城父《じょうほ》（安徽《あんき》省亳《はく》県の東南）に移し、国境地帯の守備にあたらせた。小国蔡《さい》の出身だった太子健の生母は、秦の王女に夢中になった平王から、とっくに見捨てられており、このことが、太子健に対する平王の非情さを、いやましにした。

楚の君臣は兵難に苦しむことになるだろう

費無忌はなおも手をゆるめなかった。今度は、国境地帯に配属され軍備を強化した太子健が、秦の王女を奪われた怨みをはらすべく、諸侯と手を結んでクーデタをおこそうとしていると、平王の耳に執拗に讒言《ざんげん》を吹き込み続けたのである。愚かな平王は疑心暗鬼となり、太子健の太傅伍奢を呼び付け、真偽を訊《と》いただした。

費無忌の差し金だと直感した伍奢は、敢然と反論した。「王はなぜ逆臣の讒言を真《ま》にうけ、血を分けたご子息を疑われるのですか」。

逆臣よばわりされた費無忌は、負けじとさらに攻勢をかけ、平王をそそのかした。「いま抑えないと、やつらのクーデタ計画が成功し、王は虜《とりこ》にされてしまいますぞ」。

費無忌に煽動された平王は、伍奢を逮捕・投獄する一方、ただちに城父に使者をさしむけ、太子健を殺害しようとした。しかし、不幸な太子に同情した使者が、前もって情報を漏らしたため、太子健は間一髪、宋《そう》（河南《かなん》省南部）の国に亡命することができた。

太子健を取り逃がした費無忌は、どこまでも邪悪だった。今度は平王に勧めて、伍奢の二人の息子、伍尚《ごしょう》と伍員《ごうん》あざな子胥《ししょ》を捕らえて、父子もろともに殺害し、禍根を断とうと図った。

費無忌の言いなりの平王は、伍尚と伍子胥を呼び寄せるよう、伍奢に命じた。二人を呼び寄せれば、命を助けるが、さもなくば殺すと。二人の息子を呼び寄せればどういうことになるか、百も承知の伍奢は、「兄の尚は情《じょう》の深い性格ですから、呼べば必ずまいりますが、弟の子胥は剛毅な性格であり、恥辱に耐えて大事を成し遂げることのできる男です。みすみす捕らえられることがわかっているのに、のこのこやって来るわけがありません」と告げ、平王の計略がけっして成功しないことを、暗に示唆した。

それでも平王は手の者を遣わし、伍奢の二人の息子を捕らえようとした。案の定、情の人伍尚は、たとえ父も自分も殺される羽目になろうとも、獄中の父を見殺しにはできないと、引っ立てられて行った。そのとき、伍尚は伍子胥にいった。「逃げろ。おまえなら父の復讐ができる。私は死ぬしかない」。その言葉が終わるか終わらないうちに、平王の手の者が、つづいて伍子胥を捕らえようとした。伍子胥は矢をつがえ弓をひきしぼって威嚇し、相手がひるむ隙に首尾よく逃亡した。

伍子胥が逃亡したことを知った伍奢は、「楚の君臣は兵難に苦しむことになるだろう」と、不吉な予言を残しつつ、長男の伍尚とともに殺された。紀元前五二二年のことである。

きっぷのいい漁師

父と兄を殺された伍子胥の凄絶な復讐劇の幕が、ここに切って落とされた。だが、復讐に取りかかるさきに、自分の身の安全を確保しなければならない。かくして、伍子胥はまず宋に亡命した太子健のもとへと向かう。

太子健とはめぐりあえたが、やがて宋に内乱が勃発、遍歴をかさね、鄭《てい》に身を寄せていたとき、太子健は誅殺《ちゅうさつ》されてしまう。成功すれば領地を与えると、北方の大国晋《しん》に誘われ、晋の軍勢を鄭に呼び込もうと画策したのが、原因だつた。

当時、北方の大国晋と南方の大国楚に挟まれた小国鄭は、名宰相子産《しさん》の舵取りよろしく、両大国と絶妙のバランスをとることによって、辛うじて自立していた。流浪の太子健はこの錯綜した国際情勢に巻き込まれ、先手を打った鋭敏な鄭の宰相子産に、殺されてしまったのである。

太子健の死後、伍子胥はただちに太子健の遺児の勝《しょう》を連れて鄭を脱出、南のかた呉《ご》に出奔しようとした。だが、南下して呉との国境地帯に設けられた楚の関所、昭関《しょうかん》まで来たとき、きびしい検問にひっかかって危うく逮捕されかかり、逃亡する途中、勝とも離れ離れになってしまう。追っ手をかわして、長江の岸辺にたどりついた伍子胥は、たまたま出会った漁師の好意で漁船に乗せてもらい、ようやく南岸に渡ることができた。

腰に帯びていた値《あたい》百金の宝剣をはずし、お礼にと差し出したところ、漁師は、「楚の当局は、伍子胥を捕まえた者には、粟《ぞく》五万石を与え諸侯に取り立てると言っている。百金の剣どころじゃない」と、受け取らなかった。褒美が目的なら、楚当局に引き渡した方がずっと得になるというわけだ。このきっぷのいい漁師のおかげで、危地を脱した伍子胥は、大病を患いもの乞いをしながらも、ついに呉に入国することができた。

司馬遷《しばせん》の『史記《しき》』伍子胥列伝は、伍子胥逃亡の顚末《てんまつ》を、あらまし以上のように記している。

自刎、身投げ——不気味な南方のエトス

しかし、呉越地方に伝わる民間伝承にもとづく、『呉越春秋《ごえつしゅんじゅう》』（後漢《ごかん》、趙曄《ちょうよう》著）や『越絶書《えつぜつしょ》』（後漢、袁康《えんこう》・呉平《ごへい》著）の記述は、もっとなまなましい。たとえば『越絶書』は、このくだりを次のように記している。

（漁師に助けられた伍子胥は、別れ際に、くれぐれも自分のことを口外しないようにと念をおした。すると）漁師は「わかった」といい、伍子胥が立ち去るとすぐ船を転覆させ、匕首《あいくち》をふりかざして自刎《じふん》（自ら首を切ること）して果てた。

漁師のみならず、命をかけて伍子胥を助けた者がもう一人いたと、『呉越春秋』ならびに『越絶書』は記す。

もの乞いをしながら呉をめざした伍子胥は、とある川のほとりで、繭《まゆ》を水に浸し真綿《まわた》作りにいそしむ女と出会う。彼女に食物を恵んでもらい、別れ際にまた自分のことを口外しないように頼んだところ、女は快く承諾し、伍子胥が立ち去ったあとすぐ、川に身を投げて死んだというものである。

漁師は自刎《じふん》、真綿作りの女は投身自殺。縁もゆかりもない者たちが、逃亡者伍子胥を助けるために、こうして自ら命を断ち秘密を守ったという凄絶な伝説には、激情的で不気味な南方のエトスがみなぎっている。野史の『呉越春秋』や『越絶書』では、こうして生け贄《いにえ》の血

にまがまがしく彩られた序曲を経て、いよいよ荒ぶる復讐の神伍子胥の壮絶なドラマが始まるという展開になるのである。以下、『史記』の記述にそいつつ、ときに『呉越春秋』および『越絶書』をも参照して、伍子胥の復讐劇の顚末《てんまつ》をたどってみよう。

公子光に賭ける

ようよう呉にたどりついた伍子胥は、まず公子光《こうしこう》の知遇を得、その紹介で呉王僚《りょう》（前五二六〜前五一五在位）に会見することができた。紀元前五一八年、おりしも呉楚の国境地帯でイザコザがおこり、両国は戦闘状態に入った。

公子光の率いる呉軍は楚軍を撃破し、国境地帯の鍾離《しょうり》・居巣《きょそう》の二城を奪取、意気揚々と凱旋した。このとき、伍子胥は勢いに乗じて楚に攻め込むよう、呉王僚に進言したが、楚に怨みをもつ伍子胥の意見に耳を貸すべきでないと、公子光がつよく反対したため、沙汰やみとなった。

公子光の反対には裏があった。実は呉王僚と公子光は従兄弟であり、もともと王位継承権は五分五分であった。

話は彼らの祖父呉王寿夢《じゅぼう》の時代にさかのぼる。寿夢には息子が四人おり、末息子の季札《きさつ》がもっとも優秀だった。寿夢は季札に後を継がせようとしたが、季札が固辞したため、寿夢の死後、やむなく長男の諸樊《しょはん》が後継の座につく。これをかわきりに、諸樊の死後は寿夢の二男の余祭《よさい》が、余祭の死後は三男の余眛《よまい》が呉王となるというふうに、王位は順々にバトンタッチされた。最後に末弟季札のもとに王位がまわるようにとの、諸樊の遺志によるものである。ところが、余昧の死後、順番がまわってきたにもかかわらず、権力闘争に巻き込まれることを嫌った季札は、またしても辞退、逃亡してしまう。そこで、最後に王位についていた三男余昧の息子僚が、王位を継承した。そうなると、諸樊の息子である公子光にしてみれば、当然おもしろくない。叔父の季札が辞退するなら、自分こそ呉王になる第一資格者だというわけだ。

こうしたお家の事情により、呉王僚にとってかわるべく虎視《こし》眈々《たんたん》としていた公子光が、権力の中枢部を離れ、対楚戦争に出陣したがらないのも道理だった。公子光の本音を察した伍子胥は、楚を撃つべしとの主張をひっこめ、次なる手を打った。ひそかに公子光に凄腕のテロリスト専諸《せんしょ》を紹介し、自分はいっさい政治の現場から身をひいて、成り行きを傍観したのである。

伍子胥の目的はあくまで楚に対する復讐であった。そのためには、呉の力を借りる必要があり、呉の王は楚をものともしない強者であることが望ましい。この観点から、伍子胥は、呉王僚を圧倒する底力を有する公子光に賭けたのである。

クーデタに成功

三年後の紀元前五一五年、公子光に絶好のチャンスがめぐってくる。この前年、楚では伍子胥の父と兄を惨殺した平王が死亡、かの秦の王女が生んだ軫が後継の座につき、昭王《しょうおう》となった。この交替の間隙《かんげき》をつき、呉王僚は二人の息子に命じて、軍勢を率いて楚を攻撃させた。しかし、呉軍は苦戦し、二人の息子はなかなか帰還できない。

この機をのがさず、公子光はクーデタに踏み切った。まず、地下室に武装兵をひそませたうえで、呉王僚を自宅に招待した。受けて立った呉王僚のほうもむろん、自分の周囲にびっしり護衛部隊を配するなど、おさおさ警戒を怠らない。

だが、この勝負は公子光の勝利に終わった。伍子胥が送り込んだテロリストの専諸が給仕人に化け、焼き魚を呉王僚にすすめたかと思うと、魚の腹に仕込んだ匕首を取り出して、呉王僚を刺殺したのである。目にもとまらぬ早業だったが、次の瞬間、専諸もまた王の左右の護衛兵に刺しつらぬかれて絶命した。テロリストの宿命である。

このクーデタの成功により、公子光は権力を奪取、呉王闔廬《こうりょ》（前五一五〜前四九六在位）となった。陰の功労者伍子胥は、この時点で表舞台に登場、闔廬の最高参謀となる。やがて闔廬にもう一人、強力なブレーンが加わる。「孫子の兵法」で知られる、稀有《けう》の軍事家孫武《そんぶ》である。

日暮れて途遠し

伍子胥と孫武の尽力により、呉は政治的にも軍事的にも着実に力をつけ、紀元前五〇六年、呉王闔廬みずから大軍を率いて楚に攻め入り、ついに楚の首都郢を制圧した。南の超大国楚は、こうして伍子胥の依る南の新興国呉に敗れ去ったのである。闔廬が即位して九年後、伍子胥が楚をあとにしてから、すでに十六年の歳月が流れていた。

伍子胥の復讐のパトスは歳月を経ても、まったく風化しなかった。しかしようやく復讐の条件が整ったこのとき、平王はすでに十年も前に死去、その直後に費無忌も誅殺され、もはや相手がいない。平王の後継者昭王《しょうおう》（前五一六～前四八九在位）を代わりの標的にしようにも、これまたいちはやく逃亡して影も形もないありさま。やむなく伍子胥は、平王の墓をあばいて屍《しかばね》を引きずりだし、これを三百回も鞭で打ちすえ、惨死を遂げた父と兄の復讐を遂げたのだった。まさに鬼気せまる執念というべきであろう。

楚にいたころ、伍子胥に申包胥《しんほうしょ》という友人がいた。楚から逃亡するさい、伍子胥は申包胥に、「必ず楚を転覆させてやるぞ」と決意を告げたところ、申包胥は「私は必ず楚を存続させてみせるぞ」と、言い返した。

忠義一徹の申包胥は、伍子胥が平王の屍を鞭打ったことを知るや、一度は仕えた君主をここまで辱《はずかし》めたならば、天罰を受けるにきまっていると、人づてに伍子胥をきびしく批判した。これに対し、伍子胥は「復讐を遂げんとして生きてきたが、日暮れて途遠《みち》しであった。だから、道理に逆らうことになっても、かまっていられないのだ」と反論したという。

申包胥の忠義一徹も尋常の域をはるかに越えていた。彼は、呉軍に制圧された郢を脱出、北の大国秦に駆け込み、楚の危機を訴え救援を乞うた。楚の昭王の母は、例のお家騒動のもとになった秦の王女であり、楚と秦の王室は姻戚関係にある。

にもかかわらず、秦王は申包胥の訴えを無視した。すると申包胥は秦王の宮殿前の広場に立ち、七日の間、昼も夜もぶっとおしで泣き叫んだ。この壮絶なパフォーマンスが秦王を動かし、ついに秦は楚救援の軍勢を派遣するにいたる。楚を滅ぼそうとする伍子胥も、守りきろうとする申包胥も、思いこんだら命がけ、南の国楚のエトスを体現するような、いずれ劣らぬエキセントリックな激情家だったのである。

越の勃興

秦軍の攻撃を受けた呉王闔廬は、留守の間に、弟の夫概《ふがい》がクーデタをおこすという国内事情もあり、楚から撤退、帰国した。ようやく一息ついた楚では、まもなく逃亡中の昭王も帰還し、態勢の立て直しをはかったけれども、呉の襲撃を恐れ、都を郢から北方の鄀《じゃく》（湖《こ》北《ほく》省宜城《ぎじょう》県の南東）へと移すなど、新興国呉に押されっ放しだった。

蘇州の虎丘
呉王闔廬の墓と言い伝えられる。

かたや、夫概の反乱を難なく平らげた呉王闔廬は、楚を破り南の覇権を手中に収めたばかりか、北の大国斉や晋をも威嚇し、まさに日の出の勢いであった。まずは宿願の復讐を遂げた伍子胥にも、怨念から解放され、ギブ・アンド・テイクの利害関係を越えて、いまや相互的な信頼関係にある闔廬の重臣として、思う存分、力を尽くすことのできる日が続くように見えた。

しかし、思わぬところに落とし穴があった。呉がめきめきと力をつけ、大国楚を凌駕したように、今度は呉の南に位置する越《えつ》が急成長を遂げ、ひたひたと呉を圧迫しはじめたのである。

越の人々はもともと「文身断髪《ぶんしんだんぱつ》」、すなわち体に刺青《いれずみ》をほどこし髪はザンバラ、「草莱《そうらい》を披《ひら》いて邑《むら》とす」、荒れ野を開墾して村を作ったというから、その「蛮夷度」は、はるかに呉の上をいっていた。得意の絶頂の呉王闔廬に、そんな新興国越をつい軽視する、ゆだんがあったのかもしれない。

句践がおまえの父を殺したことを忘れるな

紀元前四九六年、越王允常《いんじょう》が死んだとの情報を得た呉王闔廬は、自ら大軍を率いて越を攻めた。このとき允常の後継者、越王句践《こうせん》（前四九七～前四六五在位）は、名参謀范蠡《はんれい》が案出した奇抜な戦法によって、呉軍を撃破した。三列の決死隊が呉軍の陣前で、大声をはりあげ越を賛美しつつ、いっせいに自刎するというものである。

度肝を抜かれた隙を越軍に急襲され、呉軍は総崩れとなった。乱戦のなかで、呉王闔廬は毒矢で指に傷を負い、これがもとで、呉に帰還してまもなく死んだ。後継者に指名した息子の夫差《ふさ》に、「句践がおまえの父を殺したことを忘れるな」と遺言を残しながら。こうして、呉越の報復合戦の火ぶたが切られたのである。

呉王夫差（前四九五〜前四七三在位）は、もともと闔廬に愛されない息子だった。このため、なかなか後継の太子に指名されず、焦った夫差は、王位に就くことができれば、国土の半分を分譲するとまで言って、闔廬の信頼厚い伍子胥に泣きついた。その熱意に動かされた伍子胥は、「夫差は愚かなうえに残酷で、とても呉をおさめられる器ではない」と、躊躇《ちゅうちょ》する闔廬を懸命に説得、臨終ぎりぎりの時点で、ようやく夫差を正式の後継者たる太子として認めさせることに成功したのであった。

伍子胥のおかげで念願かない呉王となった夫差は、最初のうち、なかなか見所があった。彼は、父闔廬を殺した越に対する報復を期して、軍備を強化し、自らもまた薪《たきぎ》の上に寝て（臥薪《がしん》）、敗北の屈辱と痛みを忘れまいとしたのである。

かくして闔廬の死の二年後の紀元前四九四年、夫差は越に攻め入り、句践率いる越軍を徹底的に打ち破った。このとき、伍子胥もわが目に狂いはなかったと、大いに満足したに相違ない。

亀裂

だが、越に報復し懸案を果たした瞬間から、呉王夫差の悪しき地金が露出しはじめる。と同時に、彼を王位に押し上げた伍子胥との亀裂も深まってゆく。

まず越王句践の処遇をめぐって、彼らの間に対立が生じる。呉軍に敗れ、残兵五千を率いて会稽山《かいけいざん》に立て籠もった句践は、大夫種《たいふしょう》を使者に立て全面降伏を願いでた。越の支配権を夫差にゆだね、句践自身は夫差の臣下に、妻は夫差の後宮に差し出すというものであった。

これと同時に、句践は大夫種の献策によって、呉の太宰嚭《たいさいひ》にたっぷり賄賂を贈り、周到な根回しをおこなった。大宰嚭は、もともと伍子胥と同じ楚からの亡命者だった。彼は貪欲な出世主義者であり、巧みに呉王夫差にとりいったため、このころ、お気に入りの側近として力をふるうようになっていた。搦め手から太宰嚭を籠絡《ろうらく》した越側の戦術が効を奏し、太宰嚭は言葉を尽くして夫差を説得、ここに夫差は越王句践の降伏を認め、その命を助けようとした。

伍子胥は、「越王は艱難辛苦《かんなんしんく》に耐えられる人物です。いま滅ぼさなければ、後悔することになります」と、正面きって反対した。だが、夫差は耳を貸そうとせず、越王句践を許した。これ以後、夫差は越と通じた太宰嚭に翻弄され、越に気を許してはならないとする伍子胥を、ますます疎んじるようになった。

いずれにせよ、夫差は完全に越を見くびっていた。見栄っ張りの夫差にとって、南の果ての後進国越など問題とするに足りず、先進地域である北方の斉や魯《ろ》を標的として、自らの力を誇示することが最大の関心事だったのである。

紀元前四八九年、斉の内紛に乗じ、夫差は軍勢を率いて北上、攻撃をかけようとした。このときも、表面は呉に屈従しつつ、ひそかに国力の充実をはかる越の動きを警戒し、伍子胥は断固として反対した。まず越を叩きつぶすのが先決だ、と。夫差はこれを押し切って出兵、斉軍を破って勝利をあげ、軍勢の通過地点にあたる魯や鄒《すう》をも威嚇して、意気揚々と凱旋した。

斉軍を撃破したとはいえ、実際に戦場となったのは、斉の都臨淄《りんし》のはるか西南の艾陵《がいりょう》であり、夫差はいわば象徴的勝利をおさめたにすぎない。しかし、この結果は、したり顔に反対した伍子胥の鼻をあかしてやったとばかりに、夫差の自尊心を大いに満足させた。こうして、夫差はますます伍子胥をないがしろにするようになってゆく。

鼠は壁を忘れても、壁は鼠を忘れないものです

以後も、呉王夫差は斉への出兵を繰り返し、伍子胥は執拗に反対しつづけた。楚への復讐の怨念を、風化させずに烈々と保ちつづけたことからも明らかなように、伍子胥は性格的に粘着質であり、思い込んだらテコでも後へは引かない。非妥協性の権化なのである。

紀元前四八五年、またもや夫差が斉に出兵をもくろんだとき、その矛先が斉に向けられることを喜んだ越王句践は、利害の一致する魯の外交官子貢《しこう》（孔子の弟子）と結託、あくまで恭順を装い、自ら増援のための兵士を引き連れ夫差のもとに参上した。太宰嚭の強力な口ぞえもあり、呉王夫差は嬉々としてこれを受け入れようとした。

すると、伍子胥は、「鼠は壁を忘れても、壁は鼠を忘れないものです。越がどうして呉を忘れることがありましょうか」（『越絶書』）と、きびしく諫《いさ》めた。壁をかじって傷をつけた鼠のほうは、そのことを忘れてしまっても、傷つけられた壁のほうでは鼠への怨みを忘れないというのだ。

さすが、楚から受けた屈辱をけっして忘れなかった伍子胥だけのことはある。痛めつけられた者の怨念のはげしさを身をもって知る彼は、越の恭順のポーズの陰にひそむ、呉への報復の構図をものの見ごとに看破したのである。しかし、例によって夫差はこの諫言《かんげん》を無視、魯と連合して斉に出兵、ささやかな勝利をおさめたのだった。

この時点で、越王句践が会稽山に追いつめられ、呉に全面降伏をしてから、すでに足掛け十年の歳月が流れていた。太宰嚭を操作して煙幕をはり、じりじりと失地を回復したとはいえ、越にとって、ここまで来るのは並みたいていのことではなかった。

一説では、越王句践とその妻は、降伏後、捕虜となって呉に送られ、夫差の宮殿の馬小屋に住み、屈辱の日々を重ね、数年後、ようやく越にもどることを許されたという。越にもどってからも、句践は、にがい胆《きも》を嘗《な》めては（嘗胆《しょうたん》）、「会稽の恥を忘れたか」と、呉への報復の思いを新たにした。伍子胥の看破したとおり、壁は鼠をけっして忘れなかったのである。

呉王の慢心

越王句践は最良の二人のブレーン、范蠡と大夫種のまたとない協力をえて、着実に再起のステップを踏んだ。大夫種が内政を担当、農業生産を増やして経済基盤の安定につとめ、范蠡は軍隊を整備し軍事力の強化につとめるというのが、その役割分担であった。この結果、越は日増しに力を付けていった。

こうした正攻法による再建のみならず、句践主従はあの手この手の裏工作を展開した。太宰嚭に賄賂を贈りつづけたのはむろんのこと、伝説の美女西施《せいし》を送りこみ、もともと快楽的な夫差を骨抜きにしようと図ったのである。

句践主従の計画は図にあたった。快楽に溺れ神経のバランスを崩した呉王夫差は、しだいに増上慢に陥り、伍子胥の制止もなんのその、北方に出兵をくりかえし、国力を疲弊させていった。だが、越の脅威を説きつづける伍子胥がいるかぎり、句践主従の不安材料は消えない。

伍子胥の退場のときは、意外にはやくやってきた。紀元前四八四年、呉王夫差は伍子胥を斉に派遣し、外交交渉にあたらせた。この前年、魯と連合して斉を攻め、勝利した一件についての事後処理である。夫差がわざわざ伍子胥を派遣したのは、あくまで斉への出兵に反対した伍子胥に、自らの判断が正しかったことを、見せつけるための措置であったことは、いうまでもない。

属鏤の剣——自殺勧告

夫差のやり口に、伍子胥は絶望した。彼は「私はしばしば呉王を諫めたが、王は聞き入れようとしなかった。私が呉とともに滅ぶのは、しかたがないが、おまえまで呉とともに滅ぶ必要はない」と言い聞かせ、同行した息子を斉の友人鮑牧《ほうぼく》に預けると、自分だけ呉にもどった。

これは、もともと伍子胥と折り合いのわるい太宰嚭に絶好の口実を与えた。太宰嚭は、伍子胥は自分の意見が無視されたために、王を深く怨んでいると、呉王夫差にせっせと吹き込んだ。乗せられた夫差は、伍子胥のもとに属鏤《しょくる》の剣をとどけ、ついに自殺を勧告するに至る。

伍子胥の父の伍奢は、楚の平王の佞臣《ねいしん》費無忌に讒言され死に追いつめられた。それとまったく同じパターンで、伍子胥も太宰嚭の手で死の淵に追い込まれたのだから、よくよく不運なめぐりあわせというほかない。

呉王夫差は平王ほど暗愚ではなかった。しかし、夫差には、父呉王闔廬の最高参謀だった伍子胥の力ぞえにより、ようやく王位を継いだという負い目があった。この負い目が歳月の経過とともに重荷となり、太宰嚭に煽られたこともあって、伍子胥に対する強烈な反感、拒否反応へとねじれていったといえよう。

私の目をえぐりとって、呉の東門にかけよ

ほかならぬ呉王夫差から自殺を勧告された伍子胥は、天を仰いで嘆息していった。「呉王よ。私は、太子になれる見込みのなかった汝のために、命を賭けて先王と争った。太子となった汝が、呉の国を私に分譲するといったとき、私は辞退した。にもかかわらず、佞臣の言うことを聞き、恩義ある私を殺そうとするのか」と。さらにまた家臣に、「私の墓の側に梓《あずさ》の木を植えよ。それで呉王夫差の柩《ひつぎ》が作れるように。私の目をえぐりとって、呉の東門にかけよ。それで越の軍勢が侵入し呉を滅ぼすさまを見とどけられるように」と、壮絶な遺言をのこすと、自刎して果てた。

息子を斉の友人に預けたとき、伍子胥は、こうした結末をすでにはっきり見通していたにちがいない。しかし伍子胥は逃げなかった。彼は自分の身の破滅が、呉の破滅の呼び水となることを確信していたのである。

彼を助けた名もない楚の漁師の自刎に始まった、伍子胥の復讐と亡命のドラマは、こうして彼自身の自刎により、幕を下ろした。なんとも凶々《まがまが》しい話ではある。伍子胥の怨みのこもった不吉な遺言を聞いた呉王は激怒して、その屍を鴟夷《しい》（皮袋）に入れ、長江に流したという。呉の人はこんな仕打ちを受けた伍子胥を悼《いた》み、長江のほとりに祠《ほこら》を立て、その荒ぶる魂を鎮めたのだった。

越軍が入城しようとしたとき……

伍子胥の死後、呉王夫差は誰はばかることなく北方へ進出し、紀元前四八二年には、黄池《こうち》（河南省）で諸侯を集めて会合を開き、覇者たらんとする構えを示した。

夫差の得意はこれまでだった。黄池で我が世の春を謳歌していた、ちょうどそのとき、不在の隙をついて越軍が呉の都（江蘇《こうそ》省蘇州市）に侵入、留守を守る太子を捕え殺害するという事件がおこる。あわてて帰還した夫差は越と和平交渉をおこなった。越の方でも呉と全面対決するには、まだ力不足であったため、この交渉は妥結した。

これを序曲として、以後、めきめき力をつけた越の攻勢は年々、はげしくなる一方だった。これにひきかえ、北方進撃で消耗した呉軍は防戦に追われるばかり。満を持した越王句践は、紀元前四七六年、呉に向けて全面進攻を開始、三年の歳月を費やして、徹底的に呉を攻め滅ぼし、積年の怨みをはらした。会稽の屈辱から数えて二十二年目のことであった。

けっきょく、事態は伍子胥が警告しつづけたとおりの筋書きをたどった。呉王夫差が隣接する南の後進国越をみくびり、北方の先進国を意識して派手なパフォーマンスを繰り返している間に、越は主従一体となった地道な再建を実らせ、軍事大国に変貌、背後から呉をつき崩してしまったのである。

怪異な伝説を採録した『呉越春秋』によれば、句践の率いる越軍が呉の都に入城しようとしたとき、ふと見ると、伍子胥の巨大な頭が空中に浮かんでいたという。目はらんらんと稲妻のように輝き、髪と鬚《ひげ》は四方に広がっていた。伍子胥はその遺言どおり、越が呉を滅ぼすさまを、その目に焼きつけたというわけだ。

伍子胥にあわせる顔がない――夫差死す

追いつめられた呉王夫差は姑蘇山《こそざん》に立て籠もり、越王句践に全面降伏を申し出た。かつての立場はここに完全に逆転したのである。

身につまされた句践は、これを認めようとしたが、参謀の范蠡が断固として反対した。

「会稽のときは、天が呉に越を与えようとしたのに、呉は受け取らなかったのです。いま天が越に呉を与えようとしているのですから、これに逆らってはなりません。二十二年の辛苦を一瞬にして捨てることはできません」と。

それでも句践は夫差の命を助け、ささやかな領地を与えようとした。さすがに夫差はこれを恥じ、ついに自殺して果てた。死に臨んだとき、夫差は伍子胥にあわせる顔がないと、顔面を黒い布で覆いかくしたという。夫差の死の直後、越と通じ害毒をまきちらした太宰嚭は、越王句践によって誅殺された。小汚い裏切り者は用ずみになれば、殺されるしかないのだ。

呉王夫差の死とともに、呉は滅亡、この南の国は幻のように忽然《こつぜん》と地上から消えうせた。呉王夫差の自業自得というべきか。それとも、伍子胥の強烈な怨念が呉を滅亡させたというべきか。

伍子胥は父と兄を殺した母国の楚への報復を期し、長い歳月をかけてこれを成就した。さらにまた、亡命先の呉で誠心誠意、呉王夫差に尽くしたにもかかわらず、疎んじられて自殺に追い込まれ、その怨念で呉を滅亡させた。伍子胥は南の二つの国、楚と呉に仕えながら、とどのつまりこの双方に刃向かったことになる。そんな伍子胥を裏切り者と呼ぶべきか。

しかし、ほんとうに裏切ったのは伍子胥ではなく、楚の平王であり呉王夫差なのである。権力の魔にとりつかれた王たちに裏切られ、伍子胥は過剰なパトスをあふれかえらせ、荒ぶる復讐の神とならざるをえなかった。不幸といえばこれほど不幸な人物もめずらしい。

狡兎死シテ走狗烹ラル

呉の滅亡後、自信を深めた越王句践は北方へと進出、さらに勢いを強めた。だが、句践を支えつづけた范蠡は、まもなく身を引いた。

越を後にした彼は、まず斉にわたって商人となり、「鴟夷子皮《しいしひ》」と名乗って巨万の富を築いた。その後、陶の地に移り、こんどは朱公と名を変え、またまた商売で大成功をおさめたという。一説では、越から呉王夫差のもとに送り込まれた美女西施も、范蠡と手に手をとって脱出したとされる。美女も財力も手中におさめた范蠡。水際だった転身とは、まさにこれをいうのであろう。

斉に移ったばかりのころ、范蠡は、越に残留したもう一人の功労者大夫種に手紙を送り、「『飛ぶ鳥がいなくなると、良い弓はしまわれ、すばしこい兎が死ぬと、猟犬は煮て食べられてしまう』といいます。越王の人相を見ると、顎が長くて口元が鳥のように尖っています。こういう人物は苦労はともにできるが、楽しみはともにはできません」と警告し、はやく越から脱出するよう勧めた。しかし、范蠡のように見切りのよくない大夫種は、誠実に句践に仕えつづけたあげく、疎んじられ、迫られて自殺に追い込まれてしまう。

これまた『呉越春秋』の記述によれば、自殺した大夫種が葬られた墓に、一年後、水の神となった伍子胥があらわれ、大夫種を連れだして、海の彼方《かなた》に消えていったという。

呉王夫差も越王句践も権力を掌握したとたん、不遇時代の協力者の排除と抹殺をはかった点では、まったく変わりはない。そんな権力者のエゴイズムを先取りして、身をかわした范蠡のような機敏さの持ち合わせもなく、一途《いちず》に不器用な伍子胥と大夫種は、この世を超越した神々の世界の住人にでもならなければ、救われない。『呉越春秋』に記載されたこの伝説には、あまりにも不運な彼らを悼む人々の、深い鎮魂の思いがこめられている。

第二章　自立するコスモポリタン
——戦国時代のパフォーマー

晋の分裂

紀元前七七一年、西周《せいしゅう》王朝が滅亡してから、紀元前二二一年、秦《しん》の始皇帝《しこうてい》（前二五九～前二一〇）が中国全土を統一するまで、五百年以上の時間帯は、古今未曽有《みぞう》の乱世であった。

この大乱世は、紀元前四〇三年を境に、春秋《しゅんじゅう》時代（前七七〇～前四〇三）と戦国《せんごく》時代（前四〇三～前二二一〇）に区分される。いみじくも北宋《ほくそう》の司馬光《しばこう》（一〇一九～一〇八六）が著した編年体の歴史書『資治通鑑《しじつがん》』の記述は、この年（紀元前四〇三年）から始まっている。

実はこの年、戦国時代の開幕を告げる大事件がおこった。春秋五覇《ごは》の一人、晋《しん》の文公《ぶんこう》を生んだ北方の超大国晋が、三人の重臣に乗っ取られ、韓《かん》・魏《ぎ》・趙《ちょう》の三国に分裂したのである。むろん分裂のプログラムがすんなり進行したわけもなく、凄惨なドラマがあった。

春秋末期から、中国各地に割拠する諸侯の国では、重臣が政治的・軍事的に君主をしのぐ力を蓄え、ついには君主に取ってかわる傾向が顕著になる。嵐のような下剋上の時代の到来である。

晋もご多分に漏れず、紀元前五世紀後半になると、君主に代わり、智伯《ちはく》・韓康子《かんこうし》・魏桓子《ぎかんし》・趙襄子《ちょうじょうし》の四人の重臣が強大な力をもつに至る。なかでも威勢をふるったのは智伯であり、名実ともに晋の支配者となるのは、時間の問題と見られた。これに待ったをかけたのが、残る三人の重臣である。

髑髏で酒を飲む

そもそもの発端は、智伯が趙襄子の領地を奪い取ろうとして、拒まれたことにある。激怒した智伯は、韓康子と魏桓子に出兵を強要し、三者の連合軍が趙襄子の立て籠もる晋陽《しんよう》（山西省楡次《ゆじ》市）を包囲した。

追いつめられた趙襄子は、ひそかに韓康子と魏桓子のもとに使者を送り、「唇亡《ほろ》ぶれば則《すなわ》ち歯寒し」、すなわち趙と魏・韓は運命共同体であり、趙が滅ぼされたあとは、魏と韓も同じ目にあわされるにきまっていると説いた。それでなくとも、智伯の強引なやり方に、警戒を募らせていた韓康子と魏桓子は、この説得に応じ、ついに趙襄子と手を結ぶ。この結果、智伯は韓・魏・趙の連合軍の総攻撃をうけてあえなく敗北、殺害された。紀元前四五三年のことである。

智伯の死後、韓・魏・趙の三家は智伯の領地を三分し、おのおの勢力を増した。智伯に追いつめられ、籠城の苦しみを嫌というほど嘗《な》めさせられた趙襄子は、それでも腹の虫がおさまらず、智伯の髑髏《どくろ》に漆を塗りつけて酒器に仕立て、それで酒を飲んだ。なんとも陰湿にして凄惨な復讐である。

士は己れを知る者の為に死す——豫譲

復讐は復讐を呼ぶ。こうした趙襄子の所業を知り、切歯扼腕《せっしやくわん》して悔しがる人物がいた。智伯に厚遇されたその家臣、豫譲《よじょう》である。豫譲は「士は己《おの》れを知る者の為に死す」と復讐の決意を固め、執拗に趙襄子をつけ狙った。

まず罪人に身をやつし、趙襄子の宮殿の厠《かわや》で壁塗りをしながら、隙をうかがい暗殺しようとしたが、見破られ失敗してしまう。このとき趙襄子は豫譲を殺そうとする部下をとめ、「彼は天下の義人だ」と、釈放した。

これに懲りず、豫譲はほとぼりがさめると、漆を塗って皮膚をただれさせ、炭を飲んで声を潰し、町に出てもの乞いをして歩いた。こうして妻さえ見分けがつかないほど、完璧に変身すると、豫譲は、趙襄子が外出するおりを狙い、通過地点の橋の下で待ち伏せした。しかし、そのかいもなく、また未然に発見されてしまう。

さすがの趙襄子も今度はもう許すことができず、処刑しようとした。すると、豫譲は、「できればあなたの衣服をお貸しいただきたい。せめてこれを斬って復讐の一念をはらしたいのです」と、懇望した。その一途《いちず》さにうたれた趙襄子が、自分の衣服を与えると、豫譲は躍りあがって三たびこれを突き刺し、「これであの世の智伯に顔向けできる」といったかと思うと、自刃して果てた。まさしく不退転の復讐精神である。

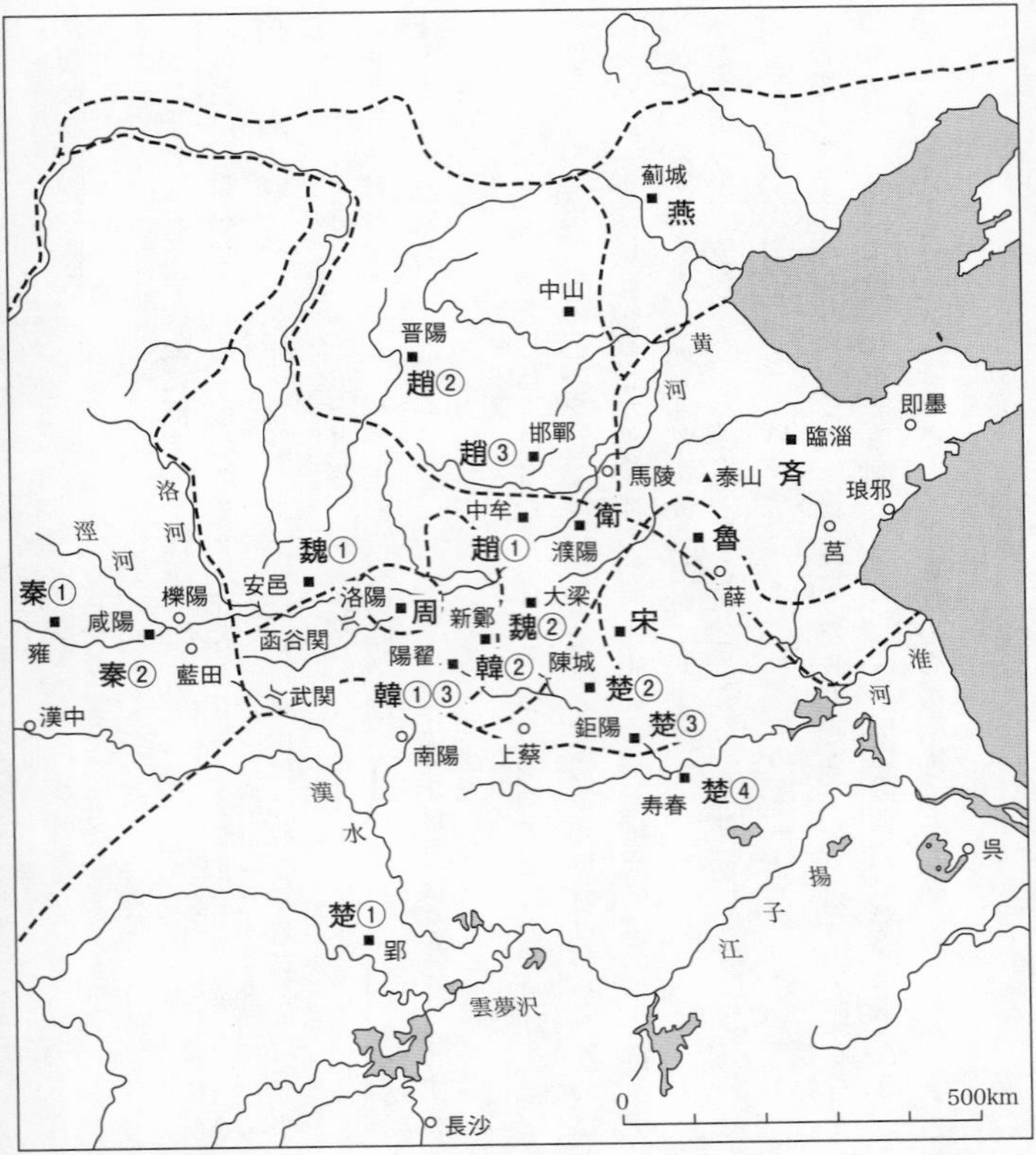

戦国時代形勢図
丸つき数字は各国の遷都の順を示す。

この豫譲の復讐の軌跡は、司馬遷の『史記』「刺客《しかく》列伝」に記されており、『戦国策《せんごくさく》』（巻十八）の記述もほぼひとしい。ただ、『戦国策』の古いテキストには、豫譲が趙襄子の衣服に斬りつけたところ、その服からおびただしい血が流れだし、趙襄子自身もその直後に死んだという記述が見える。豫譲の凄まじい怨念が、形代《かたしろ》としての衣服を通して、趙襄子の生身の肉体を切り裂き、滅ぼしたというのだから、いちだんと戦慄的だ。

晋を三分割した韓・魏・趙が、正式に諸侯となったのは、先述のとおり紀元前四〇三年、智伯の滅亡とこれにつづく豫譲の復讐劇のほぼ五十年後である。テロリスト豫譲が演じた鮮烈な復讐劇は、春秋時代の終幕を告げると同時に、疾風怒濤《しっぷうどとう》の戦国時代の開幕を予告するものでもあった。

テロリスト聶政

戦国時代に入ってまもなく、豫譲に勝るとも劣らぬテロリストが出現し、人々を震撼させた。韓の宰相俠累《きょうるい》を刺殺した聶政《じょうせい》（？～前三九七）である。

聶政は韓の出身者だが、殺人事件をおこしたため、老母と姉を連れて逃亡、斉《せい》の国に隠れ住んだ。そんなある日、聶政の前に厳仲子《げんちゅうし》という人物があらわれる。厳仲子は韓の高官だったが、宰相の俠累と険悪な間柄になったために、殺されることを恐れて亡命、各地を転々としながら、自分に代わって俠累に復讐してくれる勇敢な人物をさがしまわった。たまたま聶政の噂を耳にし、この人物ならと思い、交際を求めに来たのである。

以来、厳仲子は聶政のもとをしばしば訪れた。最後にやってきたとき、ご母堂のために使ってほしいと、聶政に黄金百鎰《いつ》（一鎰は約三二〇グラム）を差し出した。想像を絶する大金だ。仰天した聶政は固く辞退した。

ところが、厳仲子は、自分には仇があり、そのために義侠心に富む聶政との交際を求めたのだが、この黄金については、聶政が母に孝養を尽くす資金になればと願うだけで、他意はないと強調した。貧窮のどん底にあえぐ聶政は、厳仲子の厚意に深く感謝しながら、老母が在世するかぎり、自分はお役に立つことはできないと固辞し、いくら厳仲子が勧めても、黄金を受け取ろうとはしなかった。

やがて老母がこの世を去り、服喪期間を終えた聶政は、今こそ厚意に報いる時が来たと、厳仲子のもとを訪れ、自分のなすべき「仕事」を言い付けてほしいと申しでた。かくして、聶政は単身、韓に赴き、役所に乗り込んで、あっというまに侠累を刺殺した。

ひっくりかえるような大騒ぎのなかで、数十人の侠累の部下を斬り殺したあげく、聶政は自分の顔の皮をはぎ、目玉をえぐりとり、腹を切って腸をつかみだし、壮絶な自死を遂げた。家族に迷惑がかかるのを恐れ、身元がわからないように、身体的特徴を自ら抹消したのだ。

姉もまた死す

宰相を殺された韓当局は聶政の屍《しかばね》をさらし、懸賞金をかけて、身元をさがし求めたが、久しく手掛かりを得ることはできなかった。ところが、すでに嫁いでいた聶政の姉聶栄は、噂を聞いて、この無名のテロリストが弟に相違ないと直感、ただちに韓へと向かった。

無残な聶政の屍と対面した聶栄は、たった一人の肉親である自分に累が及ぶことを恐れ、こんなことまでしたのだと、弟の屍にとりすがって号泣した。さらに大声で三度、天を呼んだかと思うと、悲嘆のあまり、彼女は聶政の屍の傍らで息絶えたのだった。

義を見てせざるは勇なきなりと、さほど深い関わりもない厳仲子のためにテロルを敢行し、無名のテロリストとして死ぬ道を選んだ聶政も壮絶だが、身の危険もなんのその、命を賭けて、死んだ弟を無名性の闇のなかからすくいあげた姉もまた、壮絶きわまりない。疾風怒濤の戦国に生きる人々は、自らすべてを破壊する激しい風となって、時代を駆けぬけてゆくのであろうか。

こうして見ると、同じくテロリストとはいえ、豫譲と聶政にはかなり違いがあることがわかる。豫譲のテロルは、自分が帰属する主君智伯の復讐のためであった。一方、聶政のテロルは凄絶きわまりないけれども、つまるところ、帰属しているわけでもない厳仲子の厚意に感じ、「仕事」として請け負ったものにほかならない。聶政は、自分自身なんの怨みもない相手を標的として、厳仲子のために復讐を代行したのである。

聶政のテロルには、春秋時代末期のテロリスト豫譲に残存する、主従関係の湿潤な情緒性はおよそ見られない。こうしたテロルの系譜の変遷にも、既存の主従関係・帰属関係に拘束されず、もっともそれを必要とする者のために、自分の力を発揮することをよしとする、一種乾いた戦国のエトスが、くっきりと映し出されているといえよう。

魯から魏、そして楚へ——呉起

聶政とほぼ同時代の兵法家、呉起《ごき》（?〜前三八一）は、こうした戦国のエトスを、あざといまでに体現した人物の一人である。

呉起は衛《えい》の国の出身だが、儒家《じゅか》の祖孔子《こうし》の高弟、曽子《そうし》に師事した縁で（後には破門されたけれども）、まず魯《ろ》の君主に仕えた。しかし、呉起の処世態度は信義や仁愛を重視する儒家思想とは、およそ異質なものであった。

呉起の妻は斉の出身だったが、斉の軍勢が魯に攻め込んだとき、巧名心にはやる呉起は、まずこの妻を殺して、自分が斉と無関係であることをアピールした。これがきいて、魯軍の将軍に任命されるや、呉起は得意の兵法を駆使して、たちまち斉軍を撃破した。この結果、腕はいいが、ゆだんのならない人物だと、あることないこと君主に吹き込む者があらわれた。おかげで不遇をかこつ羽目になった呉起は、魯をあとにし新規まき直しをはかった。

呉起が新たな主君に選んだのは、魏の文侯《ぶんこう》（前四四五〜前三九六在位）であった。文侯は、韓康子・趙襄子と組んで智伯を滅ぼした魏桓子の孫にあたり、人材招集にとりわけ熱心な人物だった。

文侯は、とかく素行に問題はあるものの、兵法家・軍事家として抜群の才能をもつ呉起を受け入れ、将軍に任じた。文侯にとって有能な人材を傘下におさめ、国力の強化を図ることが先決問題だったのである。文侯の目に狂いはなかった。兵法のプロフェッショナル呉起は、隣接する秦に攻勢をかけ、五城を陥落させるなど、存分に腕をふるった。

しかし文侯の死後、息子の武侯《ぶこう》（前三九五～前三七〇在位）が後を継ぎ、呉起を毛嫌いする公叔《こうしゅく》が宰相になると、またぞろ雲行きが怪しくなってくる。公叔の差し金で武侯に疎んじられ、身の危険を感じた呉起は魏を去り、今度は南の大国楚《そ》に向かう。

ただでは死なぬ

かねて呉起の噂を耳にし、その才能に注目していた楚の悼王《とうおう》（前四〇一～前三八一在位）は、喜んで彼を受け入れ、すぐさま宰相に任命した。

呉起は、不要不急の官職を整理し、王室と遠い親類というだけで特権を享受し、官位についている者を退任させるなど、行政家としても並々ならぬ手腕を発揮した。こうして財源をひねりだし、軍事力の強化に努めたうえで、四方八方に軍勢を繰り出し、勝利をおさめたので、みるみるうちに楚の版図《はんと》は拡大された。

呉起はまぎれもなく楚を、押しも押されもせぬ超大国に押し上げた功労者であった。しかしその反面、彼のシビアな政治手法に怨みを抱く者も多かった。呉起の後ろ盾の悼王が死去すると、彼らはクーデタをおこし、呉起を攻撃した。

追いつめられた呉起は宮殿に逃げこみ、安置された悼王の遺体の上におおいかぶさった。追撃して来た者たちは呉起を射殺したが、その矢は悼王の遺体をも射ぬく結果になった。

王に弓を引く者は、一族もろとも誅殺《ちゅうさつ》されるのが習いである。このため、悼王の息子の粛王《しゅくおう》(前三八〇～前三七〇在位)が後を継ぐと、呉起を射殺した者は一網打尽にされ、ことごとく処刑された。転んでもただでは起きない呉起は、とっさの機転で最後のパフォーマンスを行い、殺害者を冥土の道連れにした。したたかとしかいいようがない。

プロフェッショナルな兵法家呉起は、自分の能力を買ってくれる君主を求めて、魯から魏、魏から楚へと渡り歩いた。彼の母国の衛は弱体化してすでに消滅したも同然、デラシネとなった彼にとって、たまたま仕えた国家に、あくまで忠義だてしなければならないいわれはない。けっきょく非業《ひごう》の最期を遂げたとはいえ、おおかたの非難と誹謗《ひぼう》をものともせず、彼は自らの力をフルに発揮し、戦国の世を泳ぎ切った。呉起は、戦国時代の乱世に輩出した自立せるパフォーマーたちの、先駆者にほかならなかったといえよう。

宰相として用いないなら、即、殺しなさい――商鞅

呉起が国から国へと渡り歩いていた時期、戦国の世の勢力分布は、刻々と変化した。弱小勢力はしだいに淘汰《とうた》され、中原《ちゅうげん》(黄河中流域)の晋を分割した韓・魏・趙、東方に拠る斉、東北に依拠する燕《えん》、長江中・下流域一帯を支配する楚、西方を占める秦の七国、いわゆる「戦国の七雄《しちゆう》」が勝ち残り、覇を競ったのである。

七雄のうち、人材登用に熱心な文侯をリーダーとする魏が、まず他を圧する勢力を誇り、これと踵《きびす》を接して、東方の斉と南方の楚が強大となる。西方の秦も侮《あなど》りがたい勢力を有して

いたけれども、他の国々は辺境地帯に位置する秦を野蛮な夷狄《いてき》（異民族）だと蔑視し、諸侯の会合にも参加させないありさまだった。

紀元前三六一年、秦の支配者となった孝公《こうこう》（前三六一～前三三八在位）はこうした状況を前に発奮し、政治や社会の機構を整備して国力を高め、諸侯を見返そうとした。そのためには、自分の右腕となる有能な人材が不可欠だ。そんな孝公の前にうってつけのパートナーが出現する。商鞅《しょうおう》（公孫鞅《こうそんおう》あるいは衛鞅《えいおう》ともいう。前三九〇？～前三三八）である。

商鞅は衛鞅とも呼ばれるように、呉起と同様、衛の出身であり、衛王の庶子の一人だった。衛は周王朝を立てた武王《ぶおう》の弟康叔《こうしゅく》を始祖とする、古い伝統をもつ国だが、戦国時代に入ると急速に衰え、商鞅が生まれたころには、魏や趙に押しまくられ、その属国同然であった。こんな状態だったから、衛の庶出の公子の身分など何の役にも立たず、商鞅は自力で生きる道を開拓せざるをえなかった。

法律や刑罰を重視する刑名《けいめい》の学を得意とした商鞅は、最初、魏の宰相公叔座《こうしゅくざ》に仕えた。公叔座は彼の能力を高く評価し、重病にかかったさい、魏の恵王《けいおう》（文侯の孫。前三七〇～前三三五在位）に、自分の死後、商鞅を宰相のポストにつけるよう勧めた。さらにまた、公叔座は、「宰相として用いる気がないなら、即刻、商鞅を殺し、国外に出してはいけません」と、恵王に助言した。

炯眼《けいがん》の公叔座は、まだ無名の商鞅のうちに潜む恐るべき行政能力を見抜いていたのである。しかし、恵王は、病みほうけた公叔座が世迷い言をいっているのだと思い、聞き捨てにした。おかげで商鞅は殺されずにすんだのだった。

がんじがらめ

公叔座の死後、商鞅は魏をあとにして秦へ向かった。むろん熱心に人材を求めている孝公に仕えるためである。

秦に入った商鞅は、まず孝公の寵臣景監《けいかん》に接近し、そのルートで孝公と会見する機会を得た。数度の会見を経て、孝公は、厳格な法や制度を施行して統治力を高め、秦を強力な中央集権国家に改造すべきだという商鞅の主張に動かされ、彼を「変法」すなわち国家改造計画の責任者に任命した。紀元前三五九年のことである。

思うさま手腕を発揮できるポストについた商鞅は、たちまち綿密な国家改造計画を立案した。たとえば、犯罪者や反逆者を摘発すべく、五家もしくは十家を単位とする隣組制度を設ける。連帯責任を負わせられた隣組が相互監視をおこない、迅速に違法者を密告することを狙った制度である。

こうして民衆の生活世界を管理したのみならず、秦の一族など上級クラスの家柄に対しても、軍事的実績に応じて等級を設け、各等級ごとに所有しうる財産を限定し、身につける衣服の色や材質も規定するなど、厳密な差異化をおこなった。隣組制度にせよ等級付けにせよ、人々を区分けし、がんじがらめに枠付けして、効率よく管理してゆこうとする発想にほかならない。陰惨にして冷酷な政治テクニックである。

冷血の大行政家、商鞅の国家改造計画は順調に進み、秦の国内はみるみる整備された。法令に違反する者は容赦なく処罰され、孝公の太子が法を犯したときも例外ではなかった。もっとも、さすがの商鞅も太子を処罰することはできず、身代わりに後見役の公子虔《こうしけん》と公孫賈《こうそんか》を処罰したのだった。ちなみに、反抗的な公子虔は、数年後、今度は自ら違法行為を犯し、とうとう劓《はなきり》の刑に処せられた。人前に出られないご面相になった公子虔は、怨み骨髄、商鞅への復讐心をつのらせるに至る。

魏攻め

人々の怨嗟《えんさ》をよそに、国家改造計画を軌道に乗せ、宰相にのしあがった商鞅は、孝公にいよいよ信頼され、軍事面にも力をふるうようになる。紀元前三五二年、商鞅は秦軍を指揮して、魏の首都安邑《あんゆう》（山西省夏県の西）を攻撃、これを陥落させた。魏はいうまでもなく、かつて商鞅が「石をもて追わるるごとく」、怨みをのんであとにした国である。

この対魏戦の勝利は一時的なものにすぎなかったが、自信を深めた孝公は、二年後の紀元前三五〇年、雍《よう》（陝西《せんせい》省宝鶏《ほうけい》市の北東）から、東の咸陽《かんよう》（陝西省咸陽市）へと遷都した。こうして本格的に中原に乗り出し、隣接する魏をはじめ諸国を威嚇したのである。

遷都を契機に、商鞅は第二次国家改造計画に着手した。まず国内を三十一の県に分けて、中央から長官を派遣する。あわせて租税の平均化をはかり、度量衡を統一する等々。いずれも中央集権をさらに強化するための方策にほかならない。商鞅が口火を切った、この中央集

商鞅量とその銘（『両周金文辞大系』より）

権システムと法律万能主義は、秦のお家芸として受け継がれ、約百年後、始皇帝による天下統一の最大の武器となった。

それはさておき、紀元前三四〇年、行政面の成功をバックに商鞅は、十二年前、揺さぶりをかけるに止まった隣国の魏に向けて、本格的な進撃を行うよう、孝公に進言、同意を取り付けた。商鞅の率いる秦軍は魏軍を撃破し大勝利をおさめた。

勝利のきっかけをつかむために、商鞅は汚い手をつかった。魏軍のリーダーの公子《こうし》卬《こう》は、かつて商鞅が魏にいたころの親しい友人だった。これを利用し、商鞅は偽りの和議を持ちかけて、公子卬を宴会に招待、隙をみて捕虜にしてしまったのだ。この結果、リーダーを失った魏軍は総崩れとなった。これは戦略というより狡猾な陰謀である。

窮地に追い込まれた魏の恵王は、和睦の条件として黄河以西の地を秦に献上したうえ、秦に近い首都安邑を放棄し、はるか東南の大梁《だいりょう》（河南《かなん》省開封《かいほう》市）に遷都するに至る。恵王に無視された無名の商鞅が、魏を出奔してから三十年後のことである。

商鞅もまた受けた恥辱はけっして忘れないタイプ、頗《すこぶ》る付きの粘着質の人間だったのだ。恵王は、このときようやく商鞅を宰相に任用しないなら殺せといった、公叔座の言葉の意味を悟ったけれども、もはや後の祭りであった。

自縄自縛

かつて秦を夷狄呼ばわりした大国魏を、一敗地にまみれさせた商鞅は、その功により商《しょう》・於《お》（陝西省商県）の地を賜り、商君と呼ばれるようになる。ちなみに、商鞅と称されるのはこれに由来する。

商鞅の得意はここまでだった。二年後の紀元前三三八年、孝公が死去し、かつて危うく商鞅によって処罰されるところだった太子（恵文王《けいぶんおう》）が後を継ぐと、商鞅の運命はたちまち暗転する。

苛酷な政治手法により人々の怨嗟を浴びながら、商鞅が思いきり腕をふるうことができたのは、孝公の全面的なバックアップがあったればこそだった。その後ろ盾を失えば、あとは破滅の坂を転がり落ちるしかない。商鞅追い落としの急先鋒は、劓の刑に処せられた、あの公子虔だった。

反乱のかどで逮捕される直前、商鞅は逃亡し、国境地帯の宿屋で疲れた身を休めようとした。しかし、宿屋の主人に「商君の法律で、旅行証のない客を泊めると罰せられます」と、断られてしまう。自縄自縛とはこのことである。

我と我が身を呪いながら、ようやく魏に逃げ込んだが、商鞅の詐術にひっかかって煮え湯を飲まされた魏が、彼を受け入れるはずもない。秦に強制送還されたのち、破れかぶれ、領地の商・於の手勢を率いて挙兵したものの、手もなく秦軍に押し潰され、あえなく殺されてしまう。念の入ったことに、恵文王（前三三七〜前三一一在位）は商鞅の屍を車裂きにし、その一族を皆殺しにしたのだった。

まことにクール

楚の宰相となった流転の兵法家呉起にせよ、秦を「戦国の七雄」のトップクラスの超大国に仕立てあげた、冷血の宰相商鞅にせよ、後ろ盾の君主が死去し、代替わりした瞬間、無惨な最期を遂げざるをえなかった。

とどのつまり、彼らは一代かぎりの使い棄てにされたわけだ。しかし、デラシネの彼らにとってみれば、めいっぱい自らの生を燃焼させうる場所と時間を持ちえただけで、よしとすべきなのであろう。死体を車裂きにされたところで、痛くも痒《かゆ》くもないのだから。

これら愛国心や郷土愛、さらには君主への忠誠心といった情緒性とは無縁な人々は、クールにさめきって、国から国へと渡り歩き、政治ゲームや戦争ゲームを行ったようにも見える。こうした戦国時代の自立せるパフォーマーたちには、そもそも裏切りなどという尺度は通用しないのである。

蘇秦

秦は、商鞅を抹殺したのちも、厳格な法や制度を基盤とし、富国強兵をはかるその国家プランを継承し、ますます力を増した。巨大化した秦の脅威は、残る六国（魏・韓・趙・斉・燕・楚）をひたひたと圧迫した。

こうした国際情勢は、戦国世界を股にかける新種のパフォーマー、すなわち舌先三寸の遊説家を生んだ。六国が同盟を結び秦に対抗すべきだという、「合従策《がっしょうさく》」を説く蘇秦《そしん》（生没年不詳）、これとは逆に、六国がおのおの別個に秦と同盟することによって、自国の存続を図るべきだとする、「連衡策《れんこうさく》」を説く張儀《ちょうぎ》（?～前三一〇）が、その代表格である。

蘇秦は、名のみの存在にすぎない東周王朝に残された最後の拠点、洛陽《らくよう》の出身だった。呉起や商鞅と同様、出身母体が滅亡に瀕し、デラシネとなって他国に活路を求めざるをえなかった口である。最初、蘇秦は学問の盛んな斉へ行き、国際外交術のプロパー「従横家《しょうおうか》」の、鬼谷《きこく》先生に弟子入りをした。後年、蘇秦と真っ向から対立する動きをした張儀も同門だが、蘇秦よりずっと出来はよかったらしい。

鬼谷先生の薫陶をうけ、一本立ちの遊説家となった蘇秦は、自分を採用してくれる君主を求めて、各地を転々としたが、いっこうにうだつがあがらない。困窮して家にもどったところ、愚にもつかないホラ吹きだと、兄弟や妻にまで嘲笑される始末。一念発起して読書に没頭するうち、君主を確実に説得しうる絶妙のレトリックを案出した。

これをもって、まず東周の顕王《けんおう》を説得しようとしたが、なにぶんホラ吹きだという噂がゆきわたっていたため、王の側近が端《はな》から馬鹿にして、会わせてくれない。ならばと、西方の秦に赴き、位を継いだばかりの恵文王《けいぶんおう》と会見、天下を統一し天子となる方法を説こうとしたが、これまた相手にされなかった。

たしかに時期もわるかった。商鞅を誅殺した直後のこととて、秦の国内では、この類いの舌先三寸の遊説家タイプは、懲り懲りだという空気が強かったのである。

華麗なる弁舌——燕の文侯を丸め込む

秦の恵文王に袖にされた蘇秦は、たちまち方向転換した。秦に天下統一を説いた舌の根も乾かぬうちに、今度は秦の脅威を受ける側の六国を行脚し、一致協力して秦と対抗すべきだと説いたのである。

蘇秦の目的は口舌によって君主をその気にさせ、世界を動かすことにあった。要は手当りしだい、相手は誰でもよかったのだ。というわけで、まず手はじめに趙へ出かけたが、またまた問題にされなかった。そこで、北のかた燕へ赴き、粘ること一年あまり、ようやく燕の文侯《ぶんこう》（前三六一～前三三三在位）と会見することができた。

このチャンスを逃してなるものか。蘇秦はここぞとばかりに華麗な弁舌をふるい、文侯に揺さぶりをかけた。蘇秦は、燕こそ地の利を得た、まれに見る安定した国であると、言葉を尽くしてほめちぎり、文侯の自尊心を煽ったうえで、おもむろに説得にとりかかった。

この豊かな燕を秦の侵略から守る道は、「合従策」一つしかない。それは国境を接する西の趙と同盟を結び、これを突破口として残る四ヵ国に呼びかけ、六国が連合して秦に対抗するしかないというものである。なるほど名案だ。乗り気になった文侯は、さっそく蘇秦に資金や車馬をあたえ、趙に向かわせた。

たぶんに偶然の要素はあったとはいえ、六国相手の大掛かりな合従作戦を、北の小国燕からスタートさせたことが、蘇秦の成功の鍵になった。六国のうち最小国の燕は、遠く離れた秦の脅威はさておき、南の斉、西の趙の二大国に圧迫されつづけてきた。この重圧を解除してくれる蘇秦の合従プランに、即座に文侯が乗ったのも、むしろ当然であった。

合従策成功

燕の肝入りで威風堂々、趙に乗り込んだ蘇秦は、今度は首尾よく趙の粛侯《しゅくこう》（前三四九～前三二六在位）と会見することができた。マニュアルどおり、まず思いきり趙をもちあげたうえで、六国が同盟する合従作戦がいかに趙にとって得策であるか、弁論の秘術を尽くして説く蘇秦に、粛侯は説き伏せられた。

かくて粛侯は、韓・魏・斉・楚への贈り物を持たせ、合従の使者蘇秦を送り出した。小国燕の後押しだけでは、いくら諸侯に呼びかけても効果は期待できない。趙の同意を取り付けてはじめて、蘇秦の合従作戦は実現の途についたのだ。紀元前三三三年のことである。

蘇秦の得意や思うべし。しかし、ここで困った問題がおこる。魏に侵攻して局地的勝利をおさめた秦軍が、勢いを駆って趙を攻撃する構えを見せたのである。万一、趙が窮地に追い込まれ、秦と和議を結ぶような事態にでもなれば、せっかくの合従作戦も水の泡だ。慌てた蘇秦は一計を案じ、相弟子の張儀をつかって秦の恵王を説得させ、趙への出撃を抑えさせた

（後述）。

こうして難題をクリアした蘇秦は、趙の粛侯の使者として、魏・韓・斉・楚を順々に正式訪問し、みごと六国に合従同盟を結ばせることに成功する。洛陽の貧乏な鼻つまみ者、ホラ吹き蘇秦は、いまや合従同盟の長、六国の宰相を兼ねる身となった。乱世の奇跡である。

合従作戦の成功を報告すべく、楚から北上して趙へと向かう途中、蘇秦は故郷洛陽に立ち寄った。かつて彼を馬鹿にしきっていた家族も、ひたすら平身低頭するばかり。そのあまりの現金さに、蘇秦は「もし私が洛陽の城郭近くに、二頃《けい》（一頃は約一八二アール）の美田でも持っていたなら、六国の宰相になどなれなかったろう」と、慨嘆したという。土地も財産もない身で、親兄弟にまで軽蔑されたからこそ、ここ一番、奮起せざるをえなかったというわけだ。

斉に赴く

秦に仕えた張儀の策謀で、六国合従同盟は切り崩され、まもなく瓦解した。蘇秦の栄光はつかの間の夢にすぎなかったのである。その後、蘇秦は趙・燕・斉を渡り歩き、斉で刺客に襲われ命を落とした。燕と因縁の深い蘇秦が、あえて斉に赴いたのにはわけがあった。

同盟成立の直後、燕の文侯は死去したが、あとを継いだ息子の易王《えきおう》（前三三二〜前三二一在位）は、同盟の瓦解後も、蘇秦をそれなりに厚遇してくれた。にもかかわらず、素行のわるい蘇秦は易王の母（文侯の夫人）と密通し、これが露見することを恐れて、斉に亡命したのである。もっとも、無断で逃げ出したのではなく、燕を圧迫する斉の力をそぐため、斉に赴き、内部攪乱工作を行いたいと、易王に申し出たうえの行動ではあった。

斉の宣王《せんおう》（前三一九～前三〇一在位）は蘇秦を客卿《かくけい》（他国から来て大臣の位にある者）として厚遇してくれた。宣王が死去すると、息子の湣王《びんおう》（前三〇〇～前二八四在位）が後を継いだが、蘇秦は得意の弁舌を駆使して、たちまち湣王の心をとらえた。蘇秦は、湣王に、盛大に父王の葬式をとりおこなうよう勧め、これを手初めに、大国斉の権威を天下に示すべきだなどと称して、豪華な宮殿や庭園を建造させた。

この結果、斉の国家財政は急速に悪化する。こうして斉の力をそいだのだから、蘇秦はけっきょく燕のために尽くしたことになる。やはり、燕だけは最後の逃げ場所として、確保しておきたかったのかもしれない。

私が死んだら車裂きにしてください

かくして三年、紀元前三二一年、燕では易王が死去し息子の噲《かい》が後を継いだ。易王の死によって、蘇秦と燕をつなぐ縁の糸は切れたといってよい。この後、蘇秦は心おきなく湣王に仕え、ますます厚遇された。湣王の重臣には、王に密着した蘇秦に敵意をもつ者も多く、そのうちの一人がとうとう刺客を放ち、蘇秦を暗殺させた。しかし、蘇秦はただおとなしく、殺されるような代物ではない。

幸い刺客が止めを刺さずに逃げたので、蘇秦は致命傷を負いはしたものの、すぐには絶命しなかった。蘇秦を痛く気に入っていた湣王は、全力をあげて犯人を捜索させたが、手掛かりがつかめない。息を引き取る間際、蘇秦は「私が死んだら車裂きにし、蘇秦は燕の廻し者であり、反乱をおこそうとしたため極刑に処したと、言ってください。そうすれば必ず犯人が名乗り出ます」と、湣王に言い残して死んだ。湣王がその言葉どおりに処置すると、案の定、反乱者を暗殺したのだから、報賞金でももらえるかと思い、犯人がのこのこ自首してきた。湣王が即座にこの男を処刑したのは、いうまでもない。

戦国世界のトリックスター

蘇秦は、自分の死体を車裂きにさせる、この最後のパフォーマンスによって、暗殺者をあぶり出し、きっちり報復を遂げた。同じく死後、車裂きにされたといっても、先の商鞅のケースとは大違い、蘇秦の場合は、自作自演の残酷芝居といった趣がつよい。ホラ吹き蘇秦は、乱世の追い風に乗り、六国合従連盟の立役者となって大芝居を打ち、最後の最後まで、大向こうをうならせる芝居気を失わなかった。遊説家蘇秦は、戦国世界を攪乱するトリックスターにほかならなかったのである。

『史記』の蘇秦列伝および『戦国策』の関連記述によって、蘇秦の足跡を追えば、ざっとこんな具合になるが、あまりにもドラマティックにすぎると言えなくもない。このため、こうした蘇秦像は、戦国時代に出現した数多くの遊説家にまつわる伝説を、すべて蘇秦に付加した虚構のものだとする説もつよい。それどころか、蘇秦という人物の実在じたいを否定する極端な説さえある。

しかし、たとえ蘇秦像が、戦国の遊説家たちのイメージを凝縮して形成されたものであったとしても、それはそれでいっこうに差し支えはない。こうして形成された蘇秦のイメージこそ、舌先三寸、戦国世界を揺り動かした遊説家たちの存在のありようを、生き生きとした臨場感をもって具現しているのだから。

舌さえあれば――張儀

蘇秦の相弟子で、のちに最大のライバルとなった張儀の生の軌跡は、蘇秦に比べると、よほど鮮明である。

張儀は魏の出身で、鬼谷先生について学んだあと、これまたなかなか芽が出なかった。楚の宰相のもとに遊説に出向いたときのこと、たまたま宰相の璧《へき》が紛失した。流れ者の張儀が疑われ、こっぴどく鞭打たれて自白を強要された。むろん張儀は否認しつづけ、ようやく釈放されたものの、満身創痍《まんしんそうい》、息たえだえだった。妻が嘆くと、張儀は言った。「私の舌がまだあるかどうか、見てくれ」。妻が「ありますよ」と笑うと、張儀は「ならば大丈夫だ」と言ったという。

張儀に、その舌の威力を発揮する機会を与えたのは、蘇秦だった。先述のとおり、蘇秦が趙の粛侯を説得し、六国合従同盟を推進しようとした矢先、秦が趙に向け出撃の構えを見せた。秦王を説得し、趙への出撃を思い止まらせることができるのは、張儀だけだ。そう思った蘇秦は、張儀を呼び付け、故意に侮辱して、彼を発奮させた。案の定、怒り心頭に発した張儀は、蘇秦に目にもの見せてやるべく、秦に向かった。

道中、貧乏な張儀は、車馬や資金を提供してくれる親切な人物と知り合い、そのおかげで秦に到着するや、手づるを求めて、秦の恵文王と会見することができた。なにしろ張儀には回転なめらかな舌があり、恵文王の心をとらえるのは造作なかった。

ここまで見届けると、かの資金提供者は張儀に別れを告げ、こう告白した。自分は蘇秦の部下であり、今までのことは、すべては蘇秦の言い付けだった、と。真相を知った張儀は感動のあまり、蘇秦の存命中は、けっして彼の足を引っ張るような真似はしないと、誓ったのだった。

詐術も神業の域

その言葉どおり、たしかに張儀は恵文王に趙への出撃だけは思いとどまらせた。しかし張儀にとって、約束や誓いは破るためにしか存在しない。この後すぐ、張儀はあっけらかんと連衡論をふりかざして、蘇秦の主導する六国合従同盟の切り崩しに奔走し、みごとに成功したのだった。

紀元前三二八年、張儀は秦の宰相となり、国際外交に辣腕《らつわん》をふるって、秦の版図を拡大した。晩年の張儀の標的は、南の大国楚であった。広大な領土を有する楚を攪乱し、その力をそぐために、張儀はペテン師もどきの詐術を弄《ろう》したのである。

紀元前三一三年、張儀は、斉と楚の間に結ばれた同盟関係を切り崩すべく、楚に赴いた。楚の当主の懐王《かいおう》（前三二八〜前二九九在位）は単純な人物であり、彼を思いのままに操ることなど、張儀にはいともたやすいことだった。

張儀は、斉との同盟を破棄すれば、秦の商・於の地六百里を献上すると懐王を説得し、すっかりその気にさせた。しかし、懐王が実際に斉と断交し、秦王のもとに使者を派遣したところ、すでに秦に帰国していた張儀が現れ、いけしゃあしゃあと言い放った。「私は六里の領地を持っております。お礼にこれを献上させていただきます」。使者が六里ではない、六百里の商・於の地を受け取って来るよう命ぜられたと、抗議しても、張儀はまったく受け付けない。六百里を六里にすりかえるとは、張儀の詐術も神業《かみわざ》の域だ。

これは初めから単細胞の楚の懐王を挑発すべく、張儀が仕組んだ筋書きだった。激怒した懐王はこの挑発に乗り、ただちに兵をあげて、秦を攻撃した。秦は、楚との関係が悪化し、秦と手を結んだ斉と共同で、これを迎え撃ち、壊滅的な打撃を与えた。懐王は秦に領土を割譲し、ようやく和議にこぎつけるという体《てい》たらくだった。懐王はまさに張儀の思う壺にはまったのである。

これ以後も、張儀は楚・韓・斉・燕を訪れ、超大国の秦とこそ同盟すべきだとする連衡論を説いてまわった。しかし、紀元前三一一年、彼をバックアップし続けた秦の恵文王が死去し、かねて張儀を嫌っていた太子が後を継ぐと、彼の立場は極端にわるくなった。

しかし、呉起や商鞅、さらには蘇秦に比べて、格段に目端《めはし》のきく張儀は、口実を設けてサ

秦王を暗殺しようとする荊軻

ツサと出身地の魏に逃げもどった。翌年、病死したとはいえ、非業の最期を遂げた先輩たちに比べれば、まずは平穏な最期だった。どこか根本的に間の抜けた、ホラ吹き蘇秦とは異なり、張儀は徹頭徹尾クールな打算の人だったのだ。

荊軻、高漸離のテロル未遂

呉起・商鞅・蘇秦・張儀。手法やパーソナリティの差はさておき、彼ら戦国時代のパフォーマーは、いずれも自分の舌と腕だけを頼りに、国境をものともせず渡り歩き、戦国世界をかきまわした。そんな彼らを、自立するコスモポリタンと呼ぶこともできよう。

自立するコスモポリタンの活躍の舞台となった戦国の乱世は、張儀の死の約九十年後の紀元前二二一年、六国を滅ぼし、中国全土を統一した秦の始皇帝によって、幕を閉じた。

これより先、始皇帝（当時は秦王政《せい》）の威勢が日に日に強まった時期、紀元前二二七年に、燕の太子丹《たん》（?～前二二六）がテロリスト荊軻《けいか》を派遣して秦王の暗殺を図り、失敗するという事件があった。荊軻の友人で、筑《ちく》（楽器の一種）の名手の高漸離《こうぜんり》は名を変え、秦王朝の成立後も生き延びた。やがて、彼は筑の名手だということで、始皇帝に召し出されるが、身元を知られてしまう。しかし、始皇帝は彼の才を惜しみ、目をつぶして行動の自由を奪ったうえで、側近くで筑を撃たせた。ある日、高漸離は筑のなかに鉛を入れ、隙を見てこれをふりかざし、始皇帝に撃ちかかったが、あえなく失敗、殺害されてしまう。

春秋時代末のテロリスト豫譲が演じた復讐劇が、戦国時代の到来を予告する事件であったとすれば、高漸離のテロル未遂はまさしく、戦国時代が完全に終幕したことを、今さらのように思い知らせる事件にほかならなかった。裏切りオンパレード、パフォーマーたちのドンチャン騒ぎに沸きかえった戦国の乱世は、こうしてついに歴史的時間の彼方に消え去ったのである。

第三章　頭でっかちの偽善者

――王莽

秦の始皇帝と李斯

紀元前二二一年、秦《しん》の始皇帝《しこうてい》（前二五九〜前二一〇）は、戦国《せんごく》の六国（韓《かん》・魏《ぎ》・趙《ちょう》・楚《そ》・燕《えん》・斉《せい》）を滅ぼし、五百年あまり続いた春秋戦国の乱世に終止符を打ち、天下を統一した。

始皇帝は天下支配の実をあげるべく、矢つぎばやに具体的な政策を打ち出した。まず中国全土を三十六の郡に分け、各郡に皇帝の任命した官吏を派遣して行政を担当させ、権力の中央集中化を推し進める。これと同時に、戦国各国でバラバラだった度量衡、貨幣、車軌《しゃき》（車の両輪の間の幅）、文字などを統一し、社会、経済、文化の制度を整備・統合する。こうして多方面にわたり、求心的政策を断行したことにより、すべての権力が中央、すなわち皇帝に集中する空前の大帝国秦が、みるみるうちに形成された。

始皇帝が中央集権体制を作りあげる過程で、もっとも重要な役割を果たしたのは、ブレーンの李斯《りし》（?〜前二〇八）である。前章で述べたように、秦は始皇帝の天下統一の百年以上まえ、紀元前四世紀中頃、孝公《こうこう》（前三六一〜前三三八在位）の時代に、法家《ほうか》の商鞅《しょうおう》（前三九〇?～前三三八）を丞相《じょうしょう》に起用し、厳格な法や制度を施行して富国強兵につとめ、飛躍的な発展を遂げた歴史がある。李斯は、この商鞅の思想や政治手法の継承者にあたる。

李斯は秦と敵対する楚の出身だが、戦国七雄《しちゆう》のうち最強国の秦に仕え、功名を立てようと野心を燃やした。かくして秦に赴いたところ、冴えた頭脳と弁舌によってたちまち始皇帝に認められた。

以来、李斯は始皇帝の懐刀《ふところがたな》として天下統一計画を推進し、秦王朝成立後は丞相となって、先にあげた数々の政策を提案、始皇帝を助けて秦王朝の国家体制を築きあげた。ちなみに、医学書や農業書などの実用書および『秦記《しんき》』（秦の歴史）をのぞいた、歴史書・文学書・哲学書等々、民間に伝わる書物をことごとく没収・焼却して思想統制の徹底化をはかった、悪名高い始皇帝の「焚書《ふんしょ》事件」も、実は、李斯の献策によるものである。

遺書ひとつ届かず

冷血の丞相李斯の輔佐よろしきを得て、中国世界をくまなく支配し、絶対的な権力を手中におさめた始皇帝の唯一の泣き所は、死への恐怖だった。なんとかして死を免れ、不滅の生を得たい。始皇帝は方士徐福《じょふく》を団長とする船団を派遣し、不老不死の仙人が住むという「東海の三神山」（蓬萊《ほうらい》・方丈《ほうじょう》・瀛州《えいしゅう》）を探索させるなど、むなしいあがきを繰り返した。

しかし、不滅願望とはうらはらに、終わりは意外にはやくやって来た。紀元前二一〇年、天下巡遊の途中、沙丘《さきゅう》（河《か》北《ほく》省平郷《へいきょう》県の東北）まで来たとき、始皇帝は重病にかかり、あえなくこの世を去る。ときに五十歳。皇帝となって十一年目のことである。

始皇帝の死と同時に、とんでもない陰謀事件がもちあがった。このとき、始皇帝に随行していた主要なメンバーは、末子の胡亥《こがい》（秦の二世皇帝。前二一〇～前二〇七在位）、宦官《かんがん》の趙高《ちょうこう》（?～前二〇七）、丞相の李斯の三人だった。筋書きを書いたのは趙高である。

死期を悟った始皇帝は、上郡《じょうぐん》（陝西《せんせい》省楡林《ゆりん》県の東南）に駐留していた長男の扶蘇《ふそ》あてに、遺書をしたため、自分の死後、秦譜代の将軍蒙恬《もうてん》（?～前二一〇）に軍事をまかせ、ただちに首都咸陽《かんよう》（陝西省咸陽市の東北）にもどって、葬儀をとりおこなうよう指示した。剛直な扶蘇はしばしば始皇帝を批判したために疎《うと》んじられ、当時、北方異民族匈奴《きょうど》の侵攻に備える前線基地の上郡に飛ばされていた。長男の扶蘇がこんな状態なので、後継の太子の座も空席のままだった。死を前にした始皇帝は、後事を託せるのはやはり扶蘇しかいないと考え、扶蘇を後継者に指名する意味をこめて、この遺書を書いたのである。

始皇帝（『三才図会』より）

まもなく始皇帝は死去したが、かんじんの遺書は宦官趙高におさえられ、扶蘇のもとに届かなかった。絶大な権力を誇った独裁者始皇帝も、最後は身辺に張りつく宦官に制され、息子に手紙ひとつ届けることもままならなかったわけだ。

腐臭ただよう

丞相李斯は、不測の事態を懸念して、始皇帝の死を秘密にし、柩《ひつぎ》を轀涼車《おんりょうしゃ》（温度調節ができる車）に載せて、身代わりの宦官を同乗させ、あたかも始皇帝が生きているように装いながら、咸陽へ向かった。もともと始皇帝の末子胡亥の養育係だった趙高は、この機会を利用して、胡亥を後継の座につけるべく、猛然と動きだす。

趙高は胡亥を説得し、しぶる李斯を説き伏せ、周到に陰謀をめぐらした。かくして三者共謀のうえ、李斯が始皇帝の命を受けたと称して、胡亥を太子に立てる一方、趙高は扶蘇あての遺書を破棄し、まったく異なる内容の詔勅《しょうちょく》を偽作した。それは、父を非難した扶蘇、および強情な扶蘇の矯正をまかされながら、その任務をまっとうできなかった将軍蒙恬に、自殺を命じるというものであった。

使者からこの偽詔を受け取った扶蘇は父の命令には背けないと、蒙恬の制止をふりきって自殺して果てた。しかし、対匈奴戦で勇名を轟《とどろ》かし、また万里の長城の修築を指揮するなど、数々の功績をあげ、始皇帝の信頼厚い蒙恬は、この詔勅に疑いを抱き、どうしても自殺しようとしなかった。このため趙高の意を受けた使者は、ただちに蒙恬を司直に引きわたし、投獄した（のちに獄中で毒をあおいで自殺）。

首尾よく強敵の扶蘇と蒙恬を排除した胡亥・趙高・李斯の三人は、咸陽に帰還するや、心おきなく始皇帝の死を発表した。胡亥がすんなり秦の二世皇帝の座についたのはいうまでもない。

始皇帝が沙丘で死んだのは夏の盛りの七月であった。このため、咸陽に帰還するまでの一ヵ月あまりの間に、死体が腐敗し、柩を載せた轀涼車から悪臭がたちのぼった。これをごまかすため、趙高らは始皇帝の命令と称して大量の塩魚を轀涼車に載せたという。文字どおり、胸のわるくなるようなグロテスクな話である。

丞相、腰斬の刑に処せらる

二世皇帝の胡亥は享楽的で無能な人物であり、権力奪取をめざす宦官趙高の言いなりだった。

即位した翌年の紀元前二〇九年、胡亥は趙高にそそのかされて、咸陽の市場で十二人の公子《こうし》（始皇帝の息子、胡亥の兄弟）を処刑し、郊外の杜《と》県（陝西省西安市の東南）で十人の公主《こうしゅ》（始皇帝の娘、胡亥の姉妹）を磔《はりつけ》にした。

さきごろ、西安の始皇陵《しこうりょう》の近辺で、虐殺のあとが歴然と残る、多数の貴公子のものとおぼしい人骨が、発掘されたというニュースがあった。おそらく胡亥が、このとき殺した兄弟姉妹のものであろう。はからずも、司馬遷《しばせん》の『史記《しき》』「始皇本紀《しこうほんぎ》」および「李斯列伝」の記述の正確さが立証されると同時に、二千年以上の歳月を経て、胡亥・趙高の無道ぶりが白日のもとにさらされたことになる。

競争者になる可能性があるとして、胡亥に肉親を根こそぎ殺させた趙高は、秦政権の中軸となる重臣をもまた次々に抹殺させた。沙丘の陰謀の共犯者李斯も、その魔手から逃れることはできなかった。二世皇帝の二年（前二〇八）、李斯は反乱のかどで逮捕され、五刑を備えた腰斬《ようざん》の刑（鼻、耳、舌、足を順番に切り、鞭うったあと腰を切るという極刑）に処せられた。

二男ともども刑場に引き出されるとき、李斯は二男に向かってこういった。「おまえともう一度、黄色い犬を連れて、生まれ故郷の上蔡《じょうさい》（河南省）の東門を出て猟に行き、兎を追いかけたいと思っていたが、それも今はかなわぬ夢となった」。

他国者でありながら、爽やかな弁舌によって始皇帝の懐刀となり、冷酷無比の政治手法を駆使した秦の丞相李斯。戦国時代の遊説家、パフォーマーの最後の一人ともいうべき李斯とて、無知無能の皇帝胡亥の心をしっかりつかんだ悪の化身、宦官趙高にかかっては手も足も出ず、無惨な最期を遂げるしかなかったのである。

王侯将相、寧んぞ種あらんや

胡亥と趙高は殺戮をかさねる一方で、莫大な経費と労力を濫費して、始皇帝が着手した豪華宮殿、阿房宮《あぼうきゅう》の造営を続行した。当然、民衆の怨嗟《えんさ》は深まり、胡亥が即位した翌年、はやくも反乱が勃発した。

辺境の漁陽《ぎょよう》（河北省）守備を命ぜられ、九百人の人夫を率いて任地に赴いた人夫頭の陳勝《ちんしょう》と呉広《ごこう》が、大雨にたたられ、とても期日までに到着できなくなったのが、そもそもの発端だった。秦の法は厳格であり、期日までに任地に到着しなければ死刑になる。

破れかぶれになった陳勝と呉広は、「王侯将相《おうこうしょうしょう》、寧《いずく》んぞ種《しゅ》あらんや」（王侯も将軍・大臣も生まれついての区別なんかあるものか）と威勢よく開き直り、人夫を率いて秦王朝に叛旗を翻《ひるがえ》した。これを契機に、各地で秦王朝から任命された長官を殺害して自立する動きがおこり、始皇帝に滅ぼされた戦国の六国の残存勢力を核として、反乱はたちまち燎原《りょうげん》の火のように中国全土に広がった。

危機的状況をよそに、李斯を排除した趙高は丞相となって、宮廷内部で猛威をふるい、二世皇帝胡亥は完全に傀儡《かいらい》と化した。

そんなある日、趙高は胡亥に鹿を献上し、「これは馬でございます」といった。胡亥が笑って「いやちがう。これは鹿だ」といいながら、周囲に居並ぶ臣下にただした。すると、鹿だと明言する者もいれば、趙高に気を兼ねて馬だという者もいる。このようすをじっくり観察していた趙高は、鹿だといった者に対して、あとで口実を設けて罪を着せ、処刑してしまった。ふるえあがった群臣は以後、いっさい異を唱えなくなり、つけあがった趙高は紀元前二〇七年、とうとう胡亥を殺害するに至る。

秦朝たった四十年

趙高は自ら皇帝になるつもりだったが、さすがに群臣がこぞってそっぽを向いたために、やむなく生き残りの皇族、胡亥の兄の公子《こうし》嬰《えい》を即位させた。いつなんどき趙高に殺されるかも知れないと、脅《おび》えた公子嬰は身近に仕える宦官と図り、隙をみて趙高を殺害した。しかし、時すでにおそく、反乱軍のリーダーの一人、劉邦《りゅうほう》（漢《かん》の高祖《こうそ》。前二五六もしくは前二四七〜前一九五）の率いる軍勢が咸陽に迫っていた。

公子嬰が妻子を引き連れて、首に組紐をかけ（いつでも自殺する用意があることを示す）、天子の玉璽《ぎょくじ》を捧げて、劉邦に降伏したのは、それからまもなくのことであった。けっきょく公子嬰が帝位にあった期間はわずか三ヵ月にすぎない。

始皇帝が築いた空前の大帝国秦はこうして、始皇帝の死後三年にして、あっけなく崩壊した。便利使いをするだけで、問題にもしていなかった宦官の趙高が、裏切りの急先鋒となって権力を奪取し、あっというまに鉄壁の国家基盤を掘り崩してしまうとは、さすがの始皇帝も夢にも思わなかったことだろう。

やがて、ライバル劉邦を追い出し、咸陽を制圧した諸侯同盟軍のリーダー項羽《こうう》（前二三二〜前二〇二）の軍勢は、破壊と略奪の限りを尽くし、咸陽は火の海と化した。阿房宮をはじめとする豪華な秦の宮殿群、想像を絶する規模をもつ始皇陵（驪山陵《りざんりょう》）もすべて灰燼《かいじん》に帰し、降伏した公子嬰もこのとき殺害された。

ここに秦王朝は、物理的な意味においても、あとかたなく消滅し去った。紀元前二四七年、始皇帝が秦王になったときを起点にすれば、秦王朝はたった四十年しか持たなかった勘定になる。

はやくも外戚の弊あり――漢王朝の成立

秦末の騒乱状態のなかで、他の群雄を押しのけて浮かび上がったのは、先述の項羽と劉邦の二人であった。項羽が戦国時代の南の大国楚の豪族出身であるのに対し、劉邦は沛《はい》（江蘇省）の無頼漢あがりだった。

紀元前二〇二年、壮絶な戦いの果てに、勝利を占めたのは、出自の芳《かんば》しくない劉邦の方である。項羽を滅ぼした直後、劉邦は帝位につき、前後あわせて四百年続く漢王朝（前漢は前二〇六～後八。後漢は二五～二二〇）の創設者となる。

漢の初代皇帝、高祖劉邦の皇后が、かの悪名高い呂后《りょこう》である。呂后は、紀元前一九五年、高祖が死去したあと、息子の恵帝《けいてい》（前一九五～前一八八在位）が即位すると、高祖の寵姫だったライバルの戚《せき》夫人に残酷な体罰を加えるなど、恐るべき貌《かお》をあらわにした。

母呂后のあまりの残忍さに衝撃を受けた恵帝は酒色に溺れ、若くして死んだけれども、呂后は平然たるものだった。次々に幼い傀儡皇帝を立てて形式を整えながら、完全に実権を掌握し、政治・軍事の重要なポストを、すべて実家の呂氏一族で占めさせたのである。

紀元前一八〇年、高祖劉邦の死後十五年にわたり、猛威をふるった呂后は死去した。時に六十二歳。その直後、待ちかねたように重臣がクーデタをおこし、呂氏一族を全滅させたのだった。

呂后を皮切りに、漢王朝では皇后や皇太后が強い発言力をもち、これにともなって彼女たちの実家の一族（外戚《がいせき》）が擡頭する現象が、繰り返された。詳しくは後述にゆずるが、この章の主人公王莽《おうもう》（前四五～後二三）もまた外戚であり、漢王朝独特の気風が生んだ存在にほかならない。

る。

文帝と景帝──中央集権体制確立の時代

さて、クーデタ成功後、漢王朝の重臣たちは協議のすえ、高祖劉邦の息子代王《だいおう》（代は山西省北部）劉恒《りゅうこう》を、第五代皇帝の座につけた。すなわち文帝《ぶんてい》（前一八〇〜前一五七在位）である。

重臣たちが文帝を選んだのは、文帝の母が控えめな性格であり、後ろ盾になるりっぱな実家もなかったためだった。文帝は、呂后およびその一族の専横にこりごりした重臣一同の皇太后アレルギー、外戚アレルギーのおかげで、僥倖《ぎょうこう》にめぐまれたのである。

文帝の息子で第六代皇帝となった景帝《けいてい》（前一五七〜前一四一在位）の時代には、その母の竇太后《とうたいこう》や妻の王《おう》皇后（第七代皇帝武帝《ぶてい》の母）のあまり芳しくない外戚が、政治機構の中枢を占める現象がみられた。だが、父の文帝と同様、景帝もまたすこぶる有能な君主であり、無能な外戚に左右されるようなヤワな代物《しろもの》ではなかった。

文帝と景帝はじわじわと行政や経済の機構を整備し、社会に繁栄をもたらした。とりわけ景帝は、紀元前一五四年、地方の領地を支配する漢王朝の一族の諸王がおこした、「呉楚七《ごそしち》国《こく》の乱」を鎮圧し、皇帝が中国全土を直接支配する中央集権体制を確立した。漢王朝が成立してから半世紀後のことである。始皇帝が短兵急に実施し、その死後たちまち破綻した中央集権政策を、漢王朝は半世紀かけて、ゆるやかに実現させたといえよう。

武帝即位――儒教を国教化

紀元前一四一年、武帝（前一四一～前八七在位）は父景帝の死後、十六歳で即位した。

漢王朝は成立当初、秦王朝が厳格な法家思想をふりかざしたために、民衆の怨嗟の的となり、短期間に潰《つい》えたことに鑑《かんが》みて、無為自然《むいしぜん》を説くノンシャランな道家老荘《どうかろうそう》思想を信奉した。

しかし、道家はもともと国家体制には馴染まない思想である。このため、文帝から景帝の時代を通じて、しだいに忠義や孝行を根幹とする礼教イデオロギーを以て、政治機構や官僚機構を整備しようとする儒家《じゅか》思想・儒教《じゅきょう》が優勢になった。

こうした動きを受けて、武帝は即位当初から、積極的に儒家思想をマスターした人材を登用しようとした。しかし、威圧的な祖母の竇太后が、道家思想の熱烈な支持者で、徹底した儒教嫌いだったため、なかなか思うにまかせなかった。

即位の六年後、竇太后が死去するや、待ってましたとばかりに、武帝は大儒学者の董仲舒《とうちゅうじょ》（前一七六？～前一〇四？）を重用し、儒教を国教化した。

董仲舒の思想は、自然現象を社会現象の予兆・予告ととらえるなど、はなはだ神秘的色彩を帯びたものであった。この神秘的儒家思想が、以後、前漢・後漢を通じて思想界の主流として、受け継がれてゆく。

栄光と悲惨

武帝は儒教を軸として内政面の充実に力をそそぐ一方、北方異民族の匈奴《きょうど》を撃破して、版図を拡大するなど、対外的にも輝かしい成果をあげた。

武帝の対匈奴作戦の主力となった二人の将軍、衛青《えいせい》（?〜前一〇六）と霍去病《かくきょへい》（前一四〇〜前一一七）は、武帝の妻衛《えい》皇后（衛子夫《えいしふ》）の一族であった。

衛皇后は、武帝の姉平陽公主《へいようこうしゅ》の女奴隷（歌舞団の歌手）だったが、武帝に見染められて、その後宮に入り、元朔《げんさく》元年（前一二八）、武帝にとって最初の息子（戻太子《れいたいし》）を生み、皇后に立てられた。女奴隷から皇后へ、衛皇后は夢物語を地でいったわけだ。衛青はこの衛皇后の弟、霍去病は甥（姉の息子）にあたる。

美貌の歌手衛子夫が皇后になり、その有能な外戚が大活躍した、紀元前一二八年から十年ほどの期間が、武帝にとっても漢王朝にとっても、絶頂期だったといえよう。

武帝は十六歳から七十歳まで、実に五十五年間、皇帝の座にあった。長すぎた在位期間は悲劇を生んだ。晩年の武帝は神仙思想にかぶれたり、老いて容色の衰えた衛皇后を見限って、絶世の美女李《り》夫人にうつつをぬかしたり、老耄《ろうもう》の兆しがめだつようになる。

雲行きただならぬ情勢のもと、征和《せいわ》二年（前九一）、三十一年間も太子の座にあった戻太子はついにクーデタに踏み切る。結果は悲惨だった。武帝の手で難なく鎮圧され、戻太子も母の衛皇后も追いつめられて自殺したのである。この「巫蠱《ふこ》の乱」の四年後、武帝は死んだ。

二十四歳まで民間で育った皇帝

武帝の死後、拳《けん》夫人なる女性が生んだ、八歳の昭帝《しょうてい》（前八七〜前七四在位）が即位した。この昭帝が二十一歳で夭折《ようせつ》したあと、事態は意外な方向に展開する。

昭帝に子供がなかったため、武帝の孫の昌邑王《しょうゆうおう》が即位したが、この人物は素行がわるく、朝廷の実力者霍光《かくこう》（？〜前六八）によって、わずか二十七日で退位させられた。このあとを受けて、かの戻太子の孫が選ばれ、皇帝の座についたのである。

「巫蠱の乱」の後、戻太子の関係者は皆殺しになったが、乳飲み子だった戻太子の孫だけは難を免れ、母方の曽祖母に育てられた。昌邑王を追放し、後継皇帝を物色していた霍光は、この太子の孫に目をとめ、漢王朝第十代皇帝の宣帝《せんてい》（前七四〜前四九在位）とした。

霍光は、衛皇后の姉の息子霍去病の異母弟だから、衛皇后の曽孫宣帝とは、直接、血のつながりはないが、因縁が深いことは確かだ。霍光は、この因縁浅からぬ宣帝を皇帝にすれば、彼を思いのままに動かし、自らの勢力をますます強化できると考えたのだろう。

二十四歳まで民間で育った宣帝は、諸事万端に通じ、人の心の裏表をよむ洞察力も兼ね備えていたため、霍光の思惑など百も承知だった。それでも霍光の在世中は、宣帝は言われるがままに霍光の娘を皇后に迎え、外戚となった霍氏一族が我が世の春を謳歌するのを、黙過していた。

宣帝が即位してから七年目の地節《ちせつ》二年（前六八）、霍光が死去すると、宣帝は霍氏一族の粛清に着手した。実は、宣帝には民間にいたころ、結婚した妻があり、即位すると彼女を皇后（許后《きょこう》）に立てた。しかし許后は息子を生んだ直後、娘を皇后にしたいと陰謀をめぐらす霍光の妻の差し金で、毒殺されてしまう。霍光の娘が皇后になったのは、それからまもなくのことだった。

宣帝は、糟糠《そうこう》の妻許后を殺された怨みをけっして忘れなかった。霍光の死の二年後の地節四年（前六六）、宣帝は許后毒殺の一件を暴露して、霍氏一族を追いつめ全滅させた。むろん霍皇后も廃した。こうして武帝末期から勢力を誇った霍氏一族を一掃し、自己権力を確立した宣帝は以後、行政に軍事に辣腕《らつわん》をふるい、傾きかかった漢王朝を再生させた名君とうたわれるに至る。

王氏の擡頭

宣帝の死後、第十一代皇帝となった元帝《げんてい》（前四九〜前三三在位）は、毒殺された許后の息子である。シビアな宣帝と異なり、おだやかな性格で儒教を好んだ元帝は、かつて宣帝が酷《こく》吏《り》（苛酷な役人）を使い、法に背いた者を容赦なく摘発・処罰するのを見かねて、儒教を学んだ者を官吏に採用し、徳化政策を行ったほうがよいと主張したことがあった。

このとき、宣帝は顔色を変えて反論した。「儒教が手本とする、周《しゅう》王朝の古くさい徳治主義では、大王朝の漢を経営してゆくことはできない。おまけに俗儒《ぞくじゅ》どもは時代の変化がわからず、いたずらに復古主義をとなえて、人を混乱させるばかりだ。あんな者どもは任用する

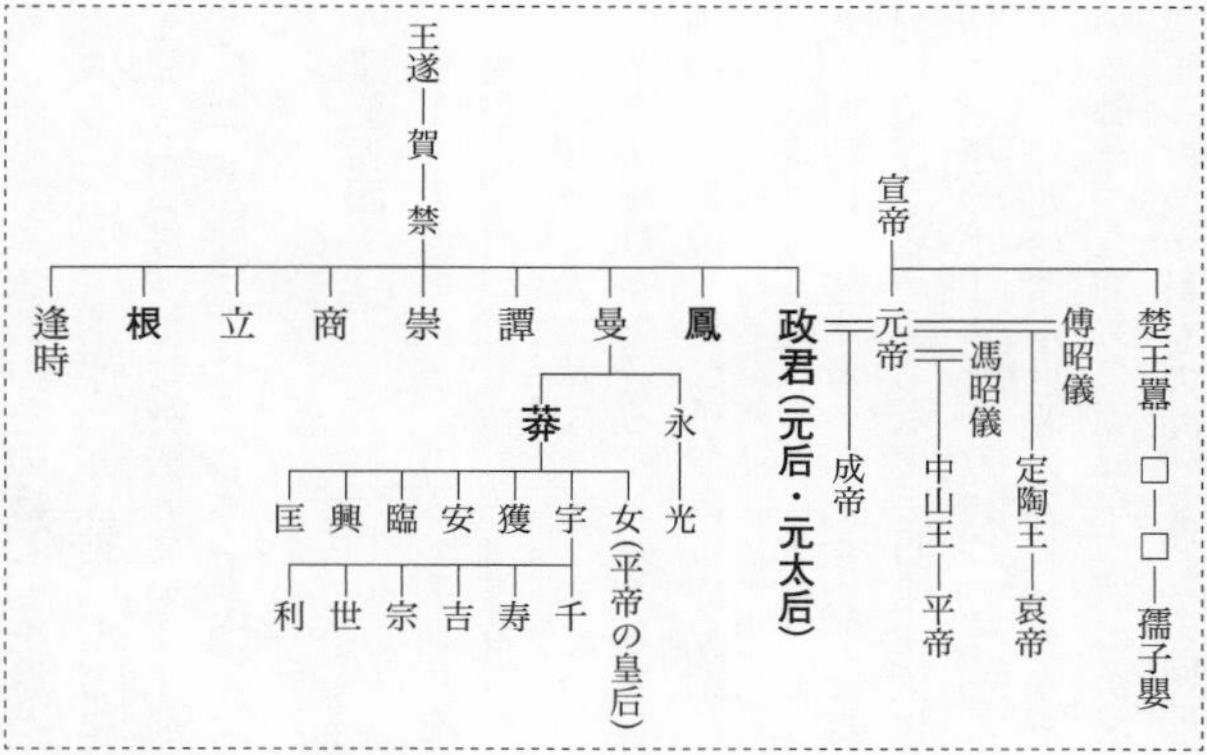

王氏と漢帝室との関係

までもない」。言い終わったあと、宣帝は「将来、漢王朝を乱すものは、この太子だろう」といいながら、深々とためいきをついたという。

宣帝の予言どおり、元帝は柔和な反面、軟弱で指導力がなく、彼の在位期間を機に、漢王朝は衰退しはじめた。漢王朝衰亡の過程において、きわめて重要な役割を演じたのは、元帝の皇后の王《おう》氏（元后《げんこう》。成帝《せいてい》即位後は元太《げんたい》后《こう》）と彼女の一族である。

竟寧《きょうねい》元年（前三三）、元帝の死後、元后の息子の成帝（前三三〜前七在位）が漢王朝第十二代目の皇帝となった。成帝は、ダンサーあがりの痩身の美女趙飛燕《ちょうひえん》を熱愛し、皇后に立てたかと思うと、その妹の趙昭儀《ちょうしょうぎ》（昭儀は女官の名称）に心を移したり、要は淫蕩にして無能、典型的な放蕩天子であった。

成帝が遊び惚《ほう》けている間に、母の元太后の

兄弟がみるみる勢力をのばし、王鳳《おうほう》が大司馬《だいしば》・大将軍になったのを筆頭に、朝廷の要職を独占するに至る。河平《かへい》二年（前二七）には、元太后の八人の兄弟のうち、先に侯に封ぜられた王鳳、およびすでに死去していた王曼《おうまん》・王崇《おうすう》の三人を除き、五人が同日に侯《こう》に任ぜられ、「五侯」と称せられるなど、王氏一族の勢いは止まるところを知らなかった。

蓬髪垢面

つごう九人の列侯《れっこう》、五人の大司馬を出し、栄耀栄華を極めた元太后の外戚王氏の一族でありながら、当初、王莽《おうもう》だけは陽のあたらない場所にいた。元太后の異母弟にあたる、彼の父王曼が早死したためである。

華やかな日々を送る従兄弟たちを横目でみながら、貧しく恵まれない王莽は、ある決意を固めた。贅沢な貴公子である従兄弟たちの徹底的な逆をいこうとしたのである。そこで、まず先生について儒教の聖典である「五経《ごきょう》」の一つ、『礼記《らいき》』を学び、礼教の規範を体得した。同時に、儒学者の粗末な衣服を身につけ、母と兄嫁（亡兄の妻）にうやうやしく仕え、兄の遺児を養育するなど、日常生活においても礼教規範を忠実になぞり、絵にかいたような聖人君子のポーズをとりつづけた。

これでだいぶん世間の評判があがったところに、陽朔《ようさく》三年（前二二）、たまたま王氏一族の総帥だった伯父の王鳳が重病にかかった。とるものもとりあえず、王鳳の枕辺にかけつけた王莽は数ヵ月もの間、「蓬髪垢面《ほうはつこうめん》」（髪はバサバサ、顔は垢まみれ）、不眠不休の献身的看護をつづけた。恩にきた王鳳が死の直前、成帝と元太后に、王莽のことを頼んでくれたおかげで、王莽は黄門郎《こうもんろう》に任命され、官界に入ることができた。ときに王莽二十四歳。

これを機に、王莽の展望はしだいに開けた。官界に入って数年後、王氏一族の叔父たちの王莽評価はぐんと高まり、儒教を信奉する朝廷の重臣も大いに王莽に肩入れするようになった。このため、永始《えいし》元年（前一六）、成帝は王莽を新都侯《しんとこう》に封じ、南陽《なんよう》郡新野《しんや》県の千五百戸を領地として賜った。これでようやく王莽も、他の王氏一族と肩を並べるところまで来たわけだ。官位のほうも格段にあがり、やがて皇帝の顧問役の侍中《じちゅう》に任命され、政治機構の中枢を占めるようになる。

出世に加速度がつきはじめると、王莽はますます気を引き締め、車馬や衣服を惜しみなく賓客に与え、自分の手元には何も残さないというふうに、つとめて身奇麗を装った。この結果、高潔な人格者だと評判になり、王莽の人気は高くなる一方だった。

政敵抹殺

綏和《すいわ》元年（前八）、やはり王莽の叔父で、王鳳の死後、大司馬になった王根《おうこん》が病気にかかり、引退を表明した。後任の大司馬最有力候補は、元太后の姉の息子（王莽の従兄弟）の淳《じゅん》于長《うちょう》であった。

成帝の大のお気に入りだったことが、淳于長の立場をいやがうえにも有利にした。成帝がダンサーの趙飛燕を皇后に立てようとしたさい、難色を示す元太后を言葉を尽くして説得したのは、ほかならぬ淳于長だった。恩にきた成帝は、以来、淳于長に目をかけるようになる。

同世代の従兄弟、淳于長にここで大司馬になられると、自分の出る幕がなくなってしまう。危機感をつのらせた王莽は勝負に出た。もともと素行のわるい淳于長の身辺をひそかに調査して、致命的な不倫スキャンダルをつきとめるや、現大司馬の王根にご注進に及んだのだ。案の定、王根は激怒して、さっそく元太后に報告した。

元太后は身内の不始末に怒りを爆発させ、ただちに淳于長を逮捕・処刑させた。もともと元太后は、趙飛燕の一件で甥の淳于長に言いくるめられ、心証を害していた。そこにスキャンダラスな事件がもちあがったものだから、これをもっけの幸いと、淳于長を始末してしまったのであろう。それにしても、息子成帝の寵臣もなんのその、即断即決で処刑してしまう元太后の権威には、測りしれないものがある。

あっぱれ偽君子ぶり

聖人君子の仮面のかげで謀略をめぐらして、実力者の元太后を動かし、ライバルを打倒した王莽は、日ならずして、首尾よく王根の後任の大司馬となった。

朝廷トップの座についたあとも、王莽は謹厳実直、清廉潔白のポーズを崩さなかった。あいかわらず他人に気前よく金品をばらまき、自分はあくまで倹約して地味に暮らしつづけた。

たとえば王莽の母が病気になり、朝廷の重臣の夫人がこぞって見舞いにやってきたときのこと、王莽夫人は、なんとツンツルテンの短い衣服に前垂れ、下女とみまごう貧相な姿で挨拶にあらわれた。大司馬になったあとも、みじんも驕《おご》ったところのない、王莽夫妻のこうした生活態度が称賛を浴び、ますます王莽人気を高めたのはいうまでもない。実はこのすべてが、効果を計算し尽くしたパフォーマンスだったのだから、まったく堂に入った偽君子《ぎくんし》、偽善者ぶりではあった。

どうして至尊と肩を並べられよう

綏和二年（前七）、王莽が大司馬に就任してから約一年後、成帝が急死した。荒淫の果ての死だったが、死因に不審な点があるとして、捜査がおこなわれることになり、これを恐れた寵姫の趙昭儀は自殺した。

成帝に息子がなく、ほかに適任者もなかったため、成帝の異母弟の息子定陶王《ていとうおう》（定陶は山東省）が後継の座につき、第十三代皇帝となった。哀帝《あいてい》（前七～前一在位）である。この哀帝の即位は、実は元太后にとってはなはだ不本意であった。

哀帝の祖母の傅《ふ》氏（傅昭儀）は、元帝にもっとも愛された女性であり、彼女の生んだ息子もなかなか優秀だった。このため、元帝は享楽的な成帝を太子の座から下ろし、傅氏の息子を代わりの太子に立てたいと願ったが、正妻で成帝の生母である元太后に気をかね、なかなか踏み切れなかった。

そうこうするうち、元帝はこの世を去り、論議の余地なく成帝が即位した。これにともない、元太后を悩ませたライバルの傅氏母子は、領地の定陶に追いやられた。哀帝は、この傅氏の息子定陶王と丁姫《ていき》なる女性の間にできた子だったのである。

遠い昔の因縁をひきずる哀帝の即位は、たちまち波紋を巻きおこした。当時、哀帝の祖母すなわち元太后の宿敵の傅氏、および母の丁姫はともに存命していた。このため、さっそく哀帝のご機嫌をうかがい、傅氏に太皇太后、丁姫に太后の尊号を与えるべきだと進言する者があらわれた。

王莽はこの提案に断固として反対した。そんなおり、宮中で宴会が開かれ、元太后(哀帝の即位後は「太皇太后」となっていた)の座席と並び、傅氏の座席がしつらえられた。これを見るや、王莽は「定陶太后(傅氏)は側室にすぎない。どうして至尊《しそん》(元太后)と肩を並べられよう」と怒鳴りつけ、ただちに傅氏の座席を撤去するよう命じた。プライドを傷つけられた傅氏は立腹したけれども、朝廷の重臣の多くは、筋の通った王莽の主張にひそかに喝采を送ったという。

世評のためなら息子も殺す——領地で再起を期す

この宴会事件の直後、王莽は自らの意志で大司馬を辞し、名のみの名誉職を与えられて、二年間、私邸に蟄居《ちっきょ》したあと、哀帝の命を受けて領地の新都に赴いた。

哀帝の側近には、このさい王莽のすべての官位を剥奪し領地も没収して、完全に失脚させるべきだと、強硬意見を吐く者もいた。しかし、哀帝は、宮中でなおも隠然たる勢力を保つ元太后をはばかり、名誉職に在任させたまま、王莽を領地に送り出した。いわば、ていよく目の上のコブの王莽を厄介ばらいしたのである。

王莽の領地暮らしは三年間つづいた。この間、長安の宮廷では、哀帝が美青年の董賢《とうけん》に惚れこみ、大司馬に任じて勝手放題をやらせるなど、頽廃《たいはい》の度が深まっていった。祖母の傅氏・母の丁姫もそれぞれ自分の一族を高位高官につけ、やっきになって勢力拡大につとめた。いくら焦っても、元太后の身内の王氏一族が、二十年がかりで築きあげた強固な地盤を突き崩す段階には、とうてい至らなかったけれども。

長安の情勢を横目で見ながら、王莽はお得意の偽君子ぶりを縦横に発揮し、人気取り対策に没頭した。ちょうどそのころ、二男の王獲《おうかく》が召使いを殺すという事件がおこる。このとき王莽は不肖の息子をきびしく叱責し、いさいかまわず自殺させた。この毅然たる態度は、不正行為を犯した者はたとえわが子でも容赦しないという、王莽の厳格さを、人々につよく印象づけた。

息子の不祥事を逆手にとって株をあげる一方、王莽はせっせと領民をいたわり善政をしいた。効果は抜群、やがて感激した官吏や住民のなかから、朝廷に対して、王莽の無実を訴え、復活を嘆願する者が続出するに至る。

頃やよし、朝廷内部の王莽擁護派も動きだし、その朝廷復帰を要請したため、哀帝もやむなく王莽を召し返さざるをえなくなる。

王莽が三年におよぶ領地暮らしをきりあげ、長安にもどってから一年余りたった元寿《げんじゅ》二年(前一)、哀帝が死去した。このとき、祖母の傅氏も母の丁姫もすでにこの世を去っていた。ずっと宮中でがんばりつづけた元太后は、ただちに王莽を呼び寄せ、事後処理に着手させた。王莽は元太后の期待にこたえて、手際よくこの重責をこなした。

王莽はまず、哀帝の寵愛を笠にきて、専横をふるった大司馬の董賢を追い込んで自殺させ、大司馬の地位に返り咲いた。哀帝の即位とともに失脚して、長安で二年、領地の新野で三年、つごう五年の蟄居生活をくぐりぬけての復活であった。

復活——平帝を擁立

乾されつづけた五年の歳月によって、一段としたたかになった王莽は、子供がなかった哀帝の後継者に、やはり元帝の孫だった中山王《ちゅうざんおう》(中山は河北省定県を中心とする地域)を選び、哀帝没後の政局の主導権を完全に掌握する。

王莽の推挙により、第十四代皇帝平帝《へいてい》(前一～後五在位)になった中山王は、このときわずか九歳。彼の祖母の馮氏《ふう》(馮昭儀)は元帝の後宮において、哀帝の祖母傅氏と寵を争ったライバルであった。馮氏も傅氏のケースと同様、元帝の死後、息子の中山王について、領地に赴いた。平帝はこの中山王と衛姫《えいき》なる女性の間にできた子にほかならない。

げに恐ろしきは老女の怨念

王莽が平帝に白羽の矢をたてたのには、わけがある。傅氏は孫の哀帝が即位すると、昔の怨みをはらすべく、ライバル馮氏に苛烈な攻撃を開始した。この結果、馮氏は処刑こそ免れたものの、監禁され命を落とすに至った。

馮氏の一族をはじめ中山国の多くの官吏が殺され、中山国は壊滅的打撃を受けた。この異変のなかで、平帝はまだ幼かったため、辛うじて命拾いすることができた。でしゃばりの傅氏と丁姫のせいで、失脚する羽目になった王莽は、主導権をにぎるや、これみよがしに、傅氏に圧迫されたライバル馮氏の孫を担ぎだし、鬱憤《うっぷん》をはらしたというわけだ。

こうしてみると、いずれも元帝の孫にあたる哀帝と平帝は、祖母たちの女の闘いの後遺症をひきずって、帝位についたことになる。これにもう一人、元帝の正妻だった元太后が絡むのだから、ますます以て、末期にさしかかった漢王朝は、老女の怨念の戦いの舞台になったといえよう。

王莽は、この老女の戦いの因果関係を利用し、元太后の心理の動きを巧みによみとりながら、じりじりと権力奪取を図った。付言すれば、平帝を帝位につけた直後、王莽は、まだ生き永らえていた成帝の趙皇后（趙飛燕）および哀帝の傅皇后（祖母傅氏の一族と思われる）を自殺させ、前代の皇后をすべて抹殺しつくした。

白い雉

元始《げんし》元年（後一）、平帝が即位した翌年、王莽はさっそく一羽の白い雉《きじ》を道具に使って、ある仕掛けをおこなった。もともと白い雉は瑞祥《ずいしょう》とされ、伝説では、儒教の聖人周公旦《しゅうこうたん》が、周王朝成立当初、幼い甥の成王《せいおう》を輔佐したとき、その功績を称えて出現したという。王莽はこの伝説を利用し、ひそかに白い雉を調達、元太后に献上して、さらに自分の地位を引き上げようと図った。

ちなみに、漢王朝が下り坂にさしかかり、社会全般に先行き不透明な不安感が広がるにつれ、人々の間にオカルト志向が強まった。王莽はこの風潮を最大限に利用し、瑞祥や符命《ふめい》（天が誰かを皇帝にしようとするときにあらわす印）を連発、権力奪取の道具立てとした。

しかしながら、王莽は『漢書』の著者班固《はんこ》が「王莽伝」において、「王莽は、うわべはきびしい態度と厳格な言葉づかいをとりつづけ、なにか要求したいことがあると、ちらっと素振りにあらわす。腹心の者がその意を汲みとり、表立って上奏すると、王莽は地に頭をすりつけて拝礼し、泣きながら、断固として［そんな大任や厚遇は］お受けできないと譲ってみせる」と記しているように、瑞祥を盾にとって、自ら地位の向上を要求するような、露骨な真似はしなかった。

白い雉が出現した以上、王莽に伝説の聖人周公旦なみの待遇を与えて太傅《たいふ》に任じ、「安漢《あんかん》公《こう》」の称号を与えるべきだと、息のかかった重臣に上奏させ、恐れ多いと何度も何度も辞退したうえで、最後にやむなく受諾するという形式をとったのである。以後、王莽は、重臣たちの上奏とこれに対する執拗な辞退という、煩瑣《はんさ》な手続きを、飽くことなく繰り返しながら、権力の高みに上りつめてゆく。

またも息子を殺す

さて、首尾よく太傅・安漢公となった王莽は、ついで、高齢の元太后をいたわるという、おためごかしの理由で、彼女から完全に実権を奪い取った。もっとも、元太后は依然として漢王朝の大地母神のような存在だったから、最後の最後まで、王莽は少なくとも表面的に彼女を尊重し、またその権威を利用しつづけたことはいうまでもない。

翌元始二年（後二）、例によって、重臣一同の推薦に対し、王莽が恐懼《きょうく》して何度も辞退する、噴飯ものの茶番劇が繰り広げられたあげく、十四歳の王莽の娘が十一歳の平帝の皇后に選ばれた。まさに順風満帆、出世街道まっしぐらの王莽に、元始三年（後三）、ショックを与える事件がおこる。

前皇帝の哀帝の時代、祖母の傅氏と母の丁姫が威勢をふるった事実に鑑み、王莽は平帝の即位後も、その母の衛姫を領地の中山に残留させ、長安の宮廷に近寄らせなかった。王莽の

八月辛丑大司徒宮下小府安漢公大（太）傅大司馬大師大保車騎

（『居延漢簡甲編』より）

王莽の官名の入った木簡

長男王宇《おうう》は、母子を引き離すこうした王莽のやり方が、災いを招くのではないかと懸念し、王莽の気持ちを変えようと、妻の兄の呂寛《りょかん》らとあれこれ画策した。

このとき、迷信深い王莽を恐れさせるために、なんと王宇は呂寛に命じて、王莽の屋敷の門に血を浴びせかけるという、はなはだ不穏当な手段を用いた。この一件が露見すると、たちまち王莽は王宇を逮捕して投獄、王宇は毒をあおいで自殺するに至る。王莽が息子を死なせたのは、先述した二男の王獲につづき、これで二人である。

王莽は肉親の愛に溺れず、不肖の息子を切り捨てるヒロイズムを気取り、儒教的倫理観にどっぷり浸かった人々は、これをいかにも厳格な正義だと称賛する。そんなムードに乗って、王莽の人気はまたまた高まった。

持ちつ持たれつ

白い雉の瑞祥といったオカルト的手法を用いて、王莽を周公旦に擬したり、あるいは不肖の息子を死に追いつめ、彼に厳父を演じさせたりして、世論を操作し、王莽人気を盛り上げる筋書きをかいたのは、王莽のブレーンの「古文派」の儒学者劉歆《りゅうきん》であった。

秦の始皇帝の焚書事件以後、漢代に入るや、失われた経典《けいてん》を復元すべく、儒学者が暗記していたテキストを、「今文《きんぶん》」すなわち漢代当時の文字（隷書《れいしょ》）で、書きあらわすという作業がおこなわれた。一方、孔子《こうし》の住居跡の壁のなかから、秦以前の古い文字「古文《こぶん》」で書かれた、儒教の経典があらわれたのをはじめ、各地で続々と「古文」のテキストが発見された。

この結果、漢代の儒者は前者を尊重する「今文派」と、後者を尊重する「古文派」の二派に分かれ、激しい対立を繰り返すに至る。

武帝が儒教を国教化して以来、優位を占めてきたのは、「今文派」のほうだったが、漢末の「古文派」のリーダー劉歆は、王莽と密着することにより、一転、巻き返しをはかろうとした。権力奪取のために、利用できるものはすべて利用して道具立てを整えようとする王莽と、王莽の力を利用し、「古文派」による儒学界制覇を狙う劉歆のもくろみが、期せずして合致し、持ちつ持たれつ、強固な協力関係ができあがったというわけだ。

知恵袋の劉歆の助言よろしきを得た王莽は、元始四年（後四）、こんどは殷《いん》王朝の湯王《とうおう》を輔佐した伊尹《いいん》の官位「阿衡《あこう》」と、先述のとおり周王朝の成王を輔佐した周公旦の官位「太《たい》宰《さい》」をミックスして、「宰衡《さいこう》」なる官位をデッチあげ、これに就任した。まさに、古代の聖人・偉人、総動員である。

この「宰衡」就任が、例によって、重臣の上奏と王莽の辞退という、もったいぶった手続きを念入りに踏んで、ようやく行われたことはいうまでもない。恐縮のきわみという風情で、しぶしぶ「宰衡」になった王莽が、就任直後、ずらずらと自分の官位を並べ立てた、「宰衡太傅大司馬印」なる印章を作らせて悦に入り、自ずと馬脚をあらわしたのは、とんだお笑い草ではあった。

一服盛る

「宰衡」王莽が、まっさきに取り掛かった大事業は、学問の殿堂の建設と学者の招聘だった。彼は、儒教の経典の『周礼《しゅらい》』や『礼記』の記述にのっとって、「明堂《めいどう》」（政治的・宗教的儀式を行う建物）、「辟雍《へきよう》」（大学）、「霊台《れいだい》」（霊気を観測する建物）等々を建てたうえ、一万戸に上る宿舎を作り、各地から数千人の学者（古文派の儒者）を呼びあつめた。この学者のなかには、王莽が皇帝になる日を射程に入れて、天文や図讖《としん》（予言書）の専門家もしっかり入っていた。

学者をあつめて用意周到に理論武装し、また世論操作をおこなって前人気をあおるだけあおったあげく、元始五年（後五）、王莽は皇帝になる前段階として「九錫《きゅうしゃく》」（天子が功績ある臣下に賜る、車馬や弓矢など九種類の品）を受けた。まもなく平帝が死去、王莽はさらに一歩、皇帝の座に近づくことになる。

あまりにタイミングのよすぎるこの平帝の死は、実は王莽が一服盛った結果であった。平帝を毒殺しておきながら、手続きにこだわる形式主義者の王莽はもう一芝居うつ。帝位は空けたまま、宣帝の玄孫でまだ二歳の孺子嬰《じゅしえい》を太子に立て、自分は仮《か》皇帝・摂《せっ》皇帝（天地宗廟の祭のさいには「仮皇帝」と称し、官吏や民衆には「摂皇帝」と呼ばせる）と称し、あくまで臨時の皇帝として幼帝を輔佐するポーズをとりつづけたのだ。

デッチあげの符命、伝国の玉璽

長安城南郊建築址。明堂の遺構と推定される。（『新中国的考古収穫』より）

王莽が名実ともに皇帝となり、漢王朝を滅ぼし新《しん》王朝を立てたのは、この三年後、初始《しょし》元年（後八）のことである。即位を正当化するためにむろん、ここを先途《せんど》と、はなばなしいオカルト的な仕掛けが用いられた。

決め手になったのは、立身出世をはかる哀章《あいしょう》なるほら吹き男が捏造《ねつぞう》した符命だった。哀章は二つの銅製の箱を作り、それぞれの箱のなかに、「金匱図《きんきず》」および「金策書《きんさくしょ》」と称する符命をしのばせた。

内容は、いずれも「王莽よ、真の天子たれ。皇太后は天命に従え」といったものであった。さらに、ごていねいにも王莽の腹心の大臣八人の名前を連記したうえ、王興《おうこう》・王盛《おうせい》という二つのめでたい名前を書き添え、ドサクサ紛れに自分の名前まで書きこんで、つごう十一人で皇帝王莽を輔佐せよと天が命じている形に、仕立てあげた。

哀章のデッチあげたこの符命に、王莽は渡りに船とばかりに飛びついた。いよいよ真の皇帝になる決意をかためた彼は、親類で腹心の王舜《おうしゅん》を元太后のもとに差しつかわし、皇帝の玉璽《ぎょくじ》をわたすよう要求した。

元太后が保管していたこの玉璽は「伝国《でんこく》の玉璽」と呼ばれ、もともとは漢王朝の始祖高祖劉邦が、秦王朝最後の皇帝公子嬰から贈られたものだった。漢王朝創設後は、これが帝位の証《あかし》となり、代々の皇帝に伝えられていた。

もはや後の祭り——元太后の抵抗

王莽が玉璽を要求していると伝えられた元太后は、激怒して叫んだ。「おまえたち一族は漢王朝のおかげで、代々富貴《ふうき》を得てきたのに、その恩返しをしないのみならず、身寄りのない孤児（太子の孺子嬰）を預かりながら、機会に乗じて国を奪い取ろうとするとは、なんたる恩知らずか。（中略）金匱の符命によって新の皇帝になり、暦や服色の制度を改めようとするのなら、かってに璽を作ればよい。どうして亡国の不吉な璽をほしがるのか。私は漢王朝の老いさき短い寡婦《かふ》ゆえ、この璽といっしょに葬ってもらいたい。ぜったいに渡さぬ」。しかし、王舜は頑強に抵抗しつづける彼女を言葉をつくしてなだめた。その結果、元太后はついに「おまえたちは必ず族滅（一族全滅）するだろう」と呪詛《じゅそ》しつつ、玉璽を地面に投げつけるに至る。

元太后は実家の王氏一族の繁栄を願いはしたが、漢王朝そのものを滅ぼすことなど夢想だにしていなかった。王莽はそんな伯母の元太后を素知らぬ顔で徹底的に利用し、最後にドンデン返しを食わせたのである。

王舜から伝国の玉璽を受け取った王莽は喜色満面、いよいよ即位の儀式にとりかかった。

先にはれいれいしく官位を列挙した印章をほしがり、今度はこうして玉璽に執着するなど、まったく王莽という人物は、あくまで型にこだわる偏執狂的形式主義者というほかない。

帝位を譲りうける儀式の最中、王莽は幼い孺子嬰の手をとり、すすり泣きながら、「むかし、周公旦はさいごに成王に位を返したのに、私は威厳にみちた天帝の命令に迫られ、それもできない」と、嘆いてみせた。真に迫ったこの名演技は、どうやら王莽自身、ウソかまことか、その境界がはっきりしなくなったところから、生まれたようにみえる。

門番と饅頭売り——「文化的」簒奪の裏側

平帝の即位後えんえん九年にわたり、王莽は自らを周公旦に擬して、権力奪取のプロセスを正当化してきた。いまや、皇帝となり新《しん》王朝の始祖となった以上、いつまでも輔佐役の周公旦というわけにはいかない。だれか別のモデルをもってきて、即位を理論的に正当化しなければならない。

なにしろ王莽のまわりには、劉歆はじめワンサと古文派の儒学者が結集していたのだから、そんな造作はたやすいこと、戦国時代以来の五行説《ごぎょうせつ》（各王朝の変遷を木・火・土・金・水の五つの元素にあてはめて解釈する説）を、ちょっと細工すればすんでしまう。

すなわち、神話時代の聖天子堯《ぎょう》を「火」に配列し、漢王朝の劉氏を堯の子孫として系統づける一方、同じく聖天子の舜《しゅん》を「土」に配列し、王莽をこの舜の子孫として系統づける。こうすれば、五行説で「土」は「火」を継承することになっているから、漢王朝（火）から新王朝（土）へのバトンタッチが正当化できる。おまけに、堯には舜を見込んで帝位を譲ったという禅譲《ぜんじょう》伝説があるから、舜の子孫の王莽が堯の子孫の漢王朝に取って代わったことも、これまた難なく正当化できる。

王莽は、何事も聖なる過去の時代や人物と対応させて把握しようとする、儒教特有の尚古《しょうこ》主義に助けられ、自らの裏切り行為を「理論的」に正当化することに成功した。かくして心おきなく、先にほらふき男の哀章がデッチあげた符命どおり、十一人の輔佐の大臣を任命して、新をスタートさせた。

十一人の大臣のうち八人の腹心と符命の報告者の哀章はすんなり任命できたが、めでたい名前の王興と王盛の二人については、該当者がいなかったため、急遽、同姓同名のものを捜しだして、これに当てた。にわか大臣になった二人のうち、なんと王興はもと門番、王盛はもと饅頭《マントウ》売りだったという。

外戚王莽の権力奪取・漢王朝簒奪《さんだつ》は、せんじつめれば、品行方正・人格高潔の君子を装いつづけて獲得した、絶大な名声をバックに、ブレーンの古文派の儒者と一致協力して、周公旦もどきの表看板をかかげ、当時、一世を風靡したオカルト志向を巧みに利用しながら、着々と自己権力を強化することによって、成し遂げられた。それは、軍事力をいっさい行使しない、いたって「文化的」な文脈による簒奪であった。

こんな簒奪者は長い中国の歴史においても、他に類をみない。軍事力こそ行使しなかったものの、平帝を毒殺したのをはじめ、この王莽の「文化的」な簒奪が、おびただしい血の生贄《い》け贄《にえ》によって隠微に彩られていることは、紛れもない事実ではあるが。

貨幣が二十八種類

「文化的」簒奪を成し遂げた王莽は、皇帝になって以後、アナクロニズムの権化になった。彼は、「古文派」のブレーンの説く復古主義的理想論にかぶれて、『周礼』や『礼記』など儒教の経典に合わせて、中央官庁の官職名を改称し、地方の行政機構を再編成した。

王莽自身は制度さえ作れば、あとは自然にうまくゆくと、たかをくくっていた。いかにも型と形式を最優先する王莽の考えそうなことだが、実際の行政はそうはいかない。

実情にあわない制度は浮き上がり、中央・地方をとわず、行政機構は大混乱に陥ってしまった。そのうえ、いっこうに機能しないとみるや焦って、制度や法令をくるくる変えるものだから、ますます収拾不能となる。皇帝王莽は夜もろくに寝ないで、各地からの報告や嘆願の書類に目を通したけれども、とうていさばき切れない。処理が停滞し野放しになるうち、官吏がこぞって不正を働く最悪の事態に立ち至る。

一事が万事この調子だった。新しい貨幣を発行し、塩・鉄・酒を専売にして物価を安定させようとしたが、これまた新貨幣が二十八種類も発行されるという始末で、経済機構は破綻してしまった。

土地制度にも手をつけ、豪族の土地兼併を廃すべく、耕地をすべて国有化して平等に再分配する「井田法《せいでんほう》」を施行したところ、豪族の猛反発をくらったのみならず、主旨とはうらは

王莽の制定した貨幣（『新疆出土文物』より）
右が「貨布」、中央二列が「大泉五十」、左は「貨泉」である。

らに一気に流民が増大してしまう。かてて加えて、異民族対策を誤り、横柄な態度でのぞんだために、彼らから総スカンを食い、反乱をおこされる始末。

なにひとつ順調に運ばず、王莽の新政策はすべて失敗に終わった。とどのつまり、王莽が短兵急に実現しようとした、儒教理念による復古主義的なユートピアは、当時にあっては、明らかに現実を無視したアナクロニズムにすぎなかったのだ。

威斗――迷信ボケの末期症状

王莽は、こんなことが通用すると、本気で考えていたのだろうか。おそらく、真剣に君子を装っているうち、いつしか自分を正真正銘の君子と思い込み、周公旦の再来を真に迫って演じているうち、ウソとまことの境界がぼやけてしまったように、彼は制度さえ整えれば、自分の手で儒教的ユートピアを再現できるという、誇大妄想にとらわれていったように見える。

滑稽にして悲惨な王莽のアナクロニズムが、繕《つくろ》いようのないかたちであらわになるや、王莽人気はたちまち地に落ちた。

天鳳《てんぽう》四年（一七）、琅邪《ろうや》（山東省）で、息子を上役の役人に殺された呂母《りょぼ》なる女性が、百人ほどの人数を集めておこした小規模な反乱は、またたくまに数十万の流民や貧窮した民衆を吸収し、「赤眉《せきび》の乱」（一八〜二七）と呼ばれる大反乱に膨れ上がった。つづいて、奇《く》しくも王莽のかつての領地、南陽一帯を根拠地とする漢王朝の末裔《まつえい》の劉玄《りゅうげん》（更始《こうし》帝《てい》。?〜二五）および劉秀《りゅうしゅう》（後漢《ごかん》の光武《こうぶ》帝《てい》。前六〜後五七）らの豪族も反乱に踏み切り、王莽の新は創設後、十年たたずして、騒乱の渦に巻き込まれる。

政治的ペテンならお手のものの王莽も、この危機的状況にあってはただ狼狽するしか能がなく、オカルト好きの体質をむきだしにして、人々の失笑をかうだけだった。

たとえば、呂母の乱が勃発した直後、王莽は「威斗《いと》」を鋳造させた。威斗は五種類の鉱石と銅で作られた、まじない用の道具で、ヒシャクのような形をし、これに向かって呪文をとなえれば、たちどころに反乱軍が退散するというもの。王莽は、いつも護衛官にこれを背負わせ、自分の側から離れないようにさせたという。迷信ボケの末期症状というしかない。

まだ二人いる

最終局面が近づくにつれ、肉親もブレーンも、王莽を見放し離反しはじめた。いらだちをつのらせた王莽は、天鳳五年（一八）、孫の王宗《おうそう》（長男王宇の息子）を反乱のかどで自殺させたのにつづき、地皇《ちこう》二年（二一）には、太子に立てていた四男の王臨《おうりん》を自殺に追い込んだ。けっきょく、王莽は正妻の生んだ息子四人のうち三人（王宇・王獲・王臨）まで、自らの手で死なせたことになる。王莽の神経には、なにか決定的な欠落があったというしかない。

王臨が死に至った状況は以下のようなものであった。王莽の正妻は二人の息子（王宇・王獲）を殺された悲しみのあまり、失明していた。このため王莽は王臨を宮中に住まわせ、母に孝養を尽くさせようとした。このとき、王臨は、母の侍女と深い関係になり、この侍女が王莽の思い者であったことから、事態が紛糾する。地皇二年、正妻つまり王臨の母が死去した後、王臨は逮捕され、獄中で自殺させられた。ただ一人、生き残った正妻の息子で、もともと病身だった王安《おうあん》も、王臨が死んでまもなく病死した。正妻および四人の息子がここにすべて死に絶え、王莽の家は完全に崩壊してしまった。

しかし、王莽自身はまったく痛痒《つうよう》を感じる気配がなかった。実は、彼には二十年あまり前、南陽の領地にいたとき、侍女に生ませた二人の息子があった。君子の評判高い身ゆえ、世間体をはばかりひた隠しにしていたその息子たちを、正妻の四人の息子が全滅するや、平然と都に呼び寄せ、後継ぎに不足のないところを示したのだから、まさにウソで固めたその人生、驚き入ったる偽君子ぶりではある。

膾切りに切りきざまれて……

地皇四年（二三）、赤眉の民衆反乱と劉氏一族の豪族反乱が合流して力を増し、王莽の新王朝が風前の灯になった時点で、王莽が官界にデビューして以来、四十年を越える長いつきあいだったブレーンの劉歆が、ついに他の重臣と共謀、叛旗を翻そうとした。計画は事前に漏れ、反乱グループは一網打尽となり、劉歆は自殺した。こうして新王朝の中枢部分が崩壊してしまったことにより、王莽は完全に裸の王様となった。

同年十月、他の反乱勢力に先んじて長安城に入ったのは、南陽の劉玄の率いる豪族軍であった。王莽は、反乱軍よけの威斗を後生大事に抱えて、逃げ惑ったあげく、膾《なます》切りに切りきざまれ、無惨な最期を遂げた。時に王莽六十九歳。彼の作った虚構の儒教王国新は、わずか十五年で滅び去ったのである。

ちなみに、『漢書』の著者班固は、王莽の風貌をこう記している。

> 王莽は口が大きくて顎《あご》がみじかく、出目で瞳が赤く、大きなガラガラ声を出す。身長は七尺五寸（約一七三センチ）もあるのに、底の厚い靴と高い冠を好み、ごわごわした張りのある毛を衣服に入れ、胸をそらして高い所を見、遠くをながめるような目付きで、左右の者を見る。（以下略）　（「王莽伝」）

虚勢を張って、自分の柄を大きく見せることに熱中し、胸は野望ではちきれんばかり。自分の周囲に細やかな視線を注ぐことなど、とんと考えおよばない。そんなバーバラスな野心家の姿が、ここにあざやかに寸描されている。三人の息子を我が手で死なせ、妻を失明させながら、自作自演の途方もない大芝居を打ちつづけた王莽の生涯が、この短い評言に凝縮されているといってもよかろう。

まさに宿痾

さて、先んじて長安に入り、王莽の新を滅ぼした劉玄（更始帝）は、たちまち乱れて遊興に身を持ち崩し、漢王朝の末裔というふれこみの劉盆子《りゅうぼんし》を戴く、赤眉の反乱軍に追われて、悲惨な最期を遂げた。

けっきょく赤眉の反乱軍を降伏させ、最後の勝利をおさめたのは、もう一人の南陽の豪族劉氏すなわち劉秀だった。建武《けんぶ》元年（二五）、劉秀は即位して、漢の系統を受け継ぐ後漢《ごかん》王朝を立てて、初代皇帝となる。光武帝（二五〜五七在位）である。

以後、洛陽《らくよう》を首都とする後漢は、建安二十五年（二二〇）、「三国志」世界の英雄、曹操《そうそう》の子孫の立てた魏《ぎ》に決定的に滅ぼされるまで、名目的には約二百年（実質的には約百七十年）存続した。

後漢は、先行する二つの古代王朝、すなわち宦官の趙高にかき回された秦、外戚の王莽に滅ぼされた漢の病根まで、そっくり受け継いだかにみえる。なぜなら、最後の古代王朝たる後漢の宿痾《しゅくあ》は、宦官と外戚の相剋《そうこく》にほかならなかったのだから。

第四章　持続する裏切り

――司馬懿

清流派――曹操のブレーンたち

王莽《おうもう》の新《しん》を滅ぼした光武帝《こうぶてい》を始祖とする後漢《ごかん》王朝（二五～二二〇）は、その成立の当初から外戚《がいせき》と宦官《かんがん》の勢力争いに揺れつづけた。

二世紀後半、貪欲《どんよく》な宦官派がヘゲモニーをとるや、ただでさえ不安定な後漢王朝の統治力は加速度的に失われ、中国全土は群雄割拠の騒乱状態におちいった。しのぎをけずる激戦のすえ、三世紀前半、北中国を支配する曹操《そうそう》（一五五～二二〇）の魏《ぎ》、益州《えきしゅう》（四川省）を支配する劉備《りゅうび》（一六一～二二三）の蜀《しょく》、江南を支配する孫権《そんけん》（一八二～二五二）の呉《ご》の三国分立、三極分化へと、天下の情勢は固まってゆく。

三国分立とはいえ、圧倒的優勢を誇ったのは、曹操の魏だった。曹操は、建安《けんあん》十三年（二〇八年）、「赤壁《せきへき》の戦い」で、孫権と劉備の連合軍に大敗を喫し、天下統一こそならなかったものの、政治・文化の中心地である北中国を支配し、南中国の地方政権にすぎない蜀や呉をはるかに凌駕《りょうが》する、強力な政権を保持しつづけた。

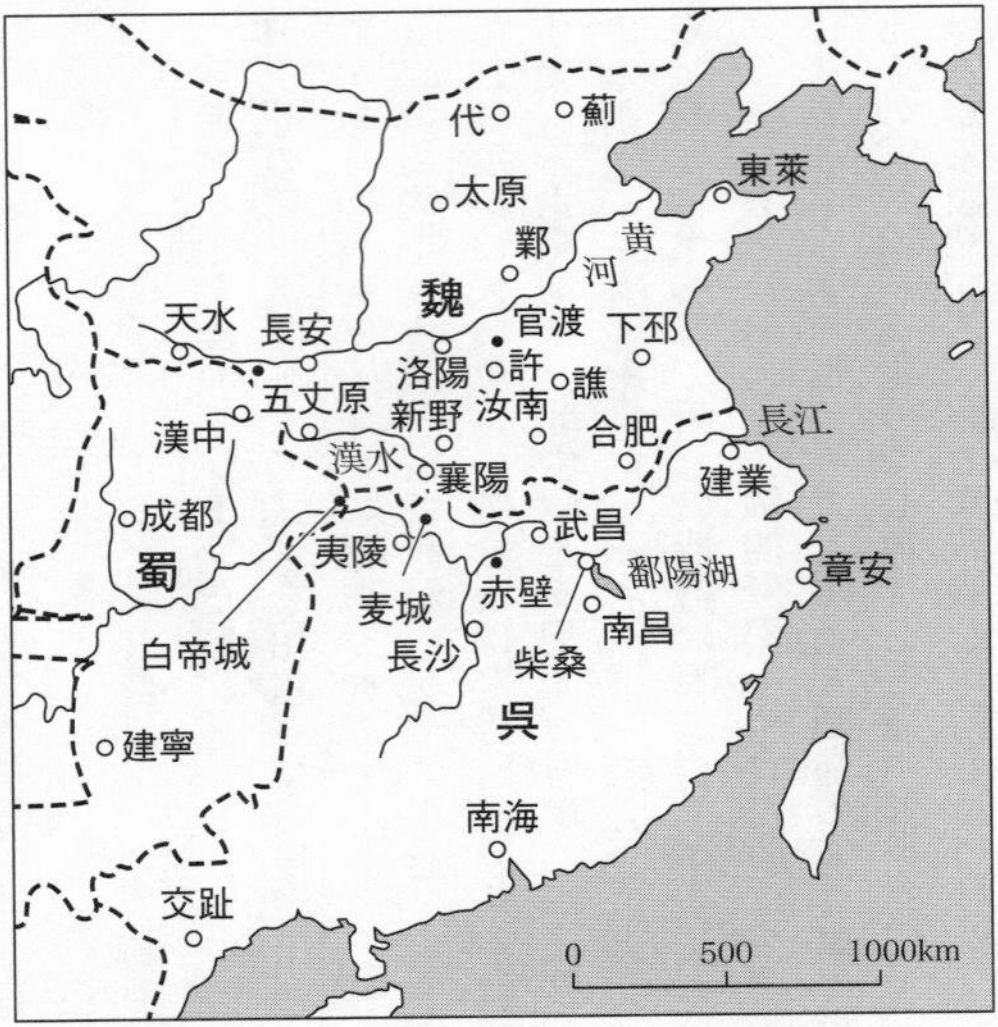

三国分立図

曹操を群雄のトップに押し上げた軍師の荀彧《じゅんいく》（一六三～二一二）は、もともと後漢末、きびしい弾圧にさらされながら、宦官およびこれと結託する悪徳官僚を批判しつづけた、知識人グループ「清流派《せいりゅうは》」の有力なメンバーであった。曹操こそ乱世をおさめ、太平の世をもたらす人物だと見込んだ荀彧は、初平《しょへい》二年（一九一）、東郡《とうぐん》（河南《かなん》省濮《ぼく》陽《よう》県付近）に自立の拠点を得たばかりの曹操の協力者となった。

以来、荀彧は、清流派知識人のネットワークを通じて、次々に有能な人材を推挙し、着々と曹操政権の基盤を固めた。こうして荀彧がデザインした強力な頭脳集団に支えられ、曹操は、建安五年（二〇〇）、軍事力にまさるライバルの袁紹《えんしょう》を撃破したのを皮切りに、華北《かほく》さらには北中国を制覇しえたのだった。その後、政治・経済のテクノクラートとなった清流派出身の知識人は、軍人をおさえて曹操の魏政権の中枢を占めるに至る。

出仕のいきさつ

のちに曹操の子孫の立てた魏王朝の脅威となった、司馬懿《しばい》あざな仲達《ちゅうたつ》(一七九〜二五一)も、もともとは荀彧に推挙され、曹操の傘下に入った清流派知識人である。父の司馬防《しばぼう》(一四九〜二一九)は、後漢末、首都洛陽《らくよう》の知事をつとめた人物であり、若き日の曹操を洛陽北部尉《ほくぶい》(洛陽北部の警察署長)に推薦したこともあったという。司馬防には、「八達《はったつ》」と称される八人の優秀な息子があった。八人ともあざなに「達」がつくため、こう呼ばれたのである。司馬懿はその二男だった。

司馬懿は、曹操が「官渡《かんと》の戦い」で袁紹を撃破し、華北の覇者となった翌年の建安六年(二〇一)、二十三歳のとき、出身地河内《かだい》郡(河南省)の地方役人になった。まもなく荀彧の推薦により、曹操は彼を中央に任用しようとした。

曹操にしてみれば、昔、父の司馬防に世話になったこともあり、息子の司馬懿を引き立ててやろうという気もあったのだろう。しかし、司馬懿のほうは、権謀術数に富む曹操の政治手法に違和感をもち、病気(風痺《ふうひ》すなわち関節麻痺)を口実に召聘《しょうへい》に応じなかった。仮病でないかと疑った曹操が人をやって、就寝中の司馬懿を針でつかせたところ、司馬懿はピクリともせず、完璧に関節麻痺を装いとおした。

しかし、曹操はいったんこれと目をつけた者は、どうあっても傘下に加えなければ気のすまない性格である。建安十三年（二〇八）、北中国を完全制覇し、丞相《じょうしょう》となるや、ふたたび司馬懿を召し出し、文学掾《ぶんがくえん》に任用しようとした。応じなければ、逮捕も辞さない構えである。

かくて司馬懿はやむなく出仕に踏み切ったのだった。

『晋書《しんじょ》』武帝紀は、司馬懿が曹操政権に加わった最初の風景を、以上のように描いている。演技か本心か定かでないが、司馬懿が欣喜雀躍《きんきじゃくやく》して曹操の傘下に入ったのでないことだけは、確かだ。ちなみに、このときすでに長兄の司馬朗《しばろう》（一七一～二一七）は曹操政権のスタッフであり、すぐ下の弟の司馬孚《しばふ》（一八〇～二七二）も、まもなく曹操の息子曹植《そうしょく》（一九二～二三二）の文学掾に起用されている。

しぶしぶ出仕したにしては、その後の司馬懿は、官吏として順調に昇進をつづけた。司馬懿に幸いしたのは、曹操の後継者として最有力視される、曹操の息子曹丕《そうひ》（一八七～二二六）とウマが合ったことだった。こうして早くから曹丕と深く結び付いたことが、後年、司馬懿を大きく飛翔させる原動力となる。

とはいえ、文武両面にわたって、超一流の人材がひしめく曹操政権において、頭角をあらわすのは、容易なことではなかった。

司馬懿は、曹操が群雄の一人として旗揚げした当初から、曹操に協力した荀彧ら第一世代の重臣に比べると、格段に年も若く（荀彧より十六歳下）、いわば曹操政権の第二世代に属している。このため、表舞台に出て、はなばなしい活躍をする機会に恵まれないまま、数年ってくる。

が経過した。がまん強く機会を待ったかいあって、とうとう時節到来、司馬懿に出番がまわってくる。

望蜀——第一世代の退場のあとで

北宋の歴史家司馬光《しばこう》（一〇一九〜一〇八六）が著した編年体の歴史書『資治通鑑《しじつがん》』に、司馬懿が本格的に登場するのは、建安二十年（二一五）からである。

この年、曹操は大軍を率いて、漢中《かんちゅう》（陝西省西南部《せんせい》）に依拠する道教系の新興宗教、五斗米道《ごとべいどう》の教祖張魯《ちょうろ》の討伐に向かった。首尾は上々、曹操は張魯を降伏させ、首尾よく漢中を制覇することができた。おりしも、この前年の建安十九年（二一四）、劉備は漢中に隣接する蜀を手中におさめたばかりであった。

当時、丞相主簿《しゅぼ》（総務部長格）として、曹操に随行していた司馬懿は、蜀の国内情勢がまだ安定していない今こそ、千載一遇の好機、蜀に進撃すべきだと進言した。「いま漢中が陥落したため、益州ははげしく動揺しております。軍を進め攻撃したならば、必ず瓦解するでありましょう。聖人は天の与えた時にしたがってはならぬもの、時機を失ってはなりません」と。

しかし、曹操は「すでに隴《ろう》（甘粛省）を得たのに、このうえまだ蜀を望むとは」と、強引な彼にしてはめずらしく弱気なところを見せ、司馬懿の時宜をえた提案を受け入れなかった。この『資治通鑑』の記述から、けっきょく曹操を動かすことはできなかったものの、建安二十年の時点で、司馬懿の存在感が増しているさまが読み取れる。

ちなみに、曹操の最良の軍師だった荀彧は曹操とそりが合わなくなり、すでに建安十七年（二一二）、迫られて服毒自殺をしている。晩年に入った曹操は権力欲をつのらせ、後漢王朝最後の皇帝献帝《けんてい》に取ってかわろうとしはじめた。もともと後漢末の清流派知識人が、宦官の専横による政局の腐敗をきびしく糾弾したのは、後漢王朝の浄化を願ったためであった。そんな彼らにはむろん、後漢王朝じたいを否定する発想はない。

こうした清流派の伝統を受け継ぐ荀彧が、簒奪の意図をあらわにした曹操と、最終的に対立する羽目になったのも、当然といえば当然である。荀彧の死の二年後の建安十九年（二一四）、荀彧に勝るとも劣らぬブレーンだった荀攸《じゅんゆう》（荀彧の従子。一五七〜二一四）も病死した。

こうして曹操政権を支えた第一世代の重臣が、一人また一人と退場するにつれ、その欠を補うべく、司馬懿が徐々に前面に出てくるわけだ。さらに司馬懿に幸いしたのは、建安二十二年（二一七）、曹丕が魏王曹操の後継者に指名され、太子となったことだった。これによって、曹丕と結び付きの深い司馬懿の展望は、いっきょに開ける。

曹丕をバックアップ

周知のごとく、曹操の後継の座をめぐり、曹丕と同母弟の曹植は、骨肉あい食《は》む凄絶な争いを繰り広げた。長幼の序からいえば曹丕のほうが、上であるにもかかわらず、曹操は迷いに迷い、なかなか後継者を決めることができなかった。曹丕が冷静で緻密な反面、陰湿で爽快感に欠けるのに対し、曹植のほうはノンシャランな性格で、才気煥発、型にはまらない魅力があった。かてて加えて曹植は傑出した詩的才能の持ち主であり、自らも詩人である曹操の好みにピッタリだった。

地味で堅実な曹丕か、はなやかで奔放な曹植か。さすがの曹操も決心がつきかね、後継者決定を先延ばしにするうち、曹丕・曹植双方の側近の鍔《つば》ぜり合いが白熱化し、曹操政権を二分しかねない勢いになる。しかし、けっきょく軍配は曹丕にあがった。名うての謀士賈詡《かく》を筆頭とする、曹丕のブレーンが、秘術を尽くして曹丕のイメージアップをはかり、重臣の多くを曹丕支持にまわらせたこと。かたや詩人肌の曹植はこの大事なときに失態を繰り返し、曹操を大いに失望させたこと。こうした要因が重なり、ついに曹操は決断を下し、曹丕を後継者に指名したのだった。

司馬懿はこの凄まじい後継争いにさいし、表だった動きはしていない。しかし、曹丕を強力にバックアップし、陰の参謀として重要な役割を演じたことは、まずまちがいない。それを裏書きするかのように、曹丕がめでたく後継の太子となった直後、司馬懿は太子中庶子《たいしちゅうしょし》に就任、直属のブレーンとして曹丕に厚く信任された。やがて司馬懿は軍司馬（幕僚長格）に栄転、魏軍の中枢幹部となる。これを契機に、司馬懿は魏軍の内部に深く食い込み、じりじりと人脈を広げながら、自らの軍事力を強化してゆくのである。

一族の結束が最優先

司馬懿の後任の太子中庶子に就任したのは、弟の司馬孚だった。先に述べたように、司馬孚は当初、文学掾として曹植に仕えた。司馬孚は硬骨漢であり、ともすれば才に溺れ、人の神経を逆なでする行為におよぶ曹植をみかね、しばしばきつく諫《いさ》めた。最初はうるさがった曹植も、やがてその誠意にうたれたという。そんな司馬孚が一転して、曹植を蹴落として太子になった曹丕に仕えたのだから、不思議といえば不思議だ。

九十三歳の長寿を保った司馬孚は、後年、司馬懿の子孫が手段を選ばぬえげつないやり口で、魏王朝簒奪のプログラムを推し進める過程においても、それなりに筋を通しつづけた。ただ、司馬孚にとって、もっとも大切だったのは自分の家、つまり司馬氏一族にほかならなかった。兄の司馬懿が栄転したあとを受け、がっちり曹丕の脇を固めたのも、なにはさておき、司馬氏一族の利益を最優先したためだと思われる。こうした司馬孚の動きに、後年、司馬懿を嚆矢《こうし》とし、三代四人がかりで魏王朝を掘り崩した司馬氏一族の結束の強さを、かいま見ることができる。

関羽に弱みを見せてはならない

それはさておき、軍司馬となった司馬懿は、曹操の参謀として、ここぞというときに、きわめて時宜に合った提言をおこない、ますます株をあげる。建安二十四年（二一九）、蜀の荆州《けいしゅう》軍事責任者の関羽《かんう》が、根拠地の江陵《こうりょう》（湖北省沙市《さし》市）から北上、魏の荆州軍事責任者である曹仁《そうじん》（一六八〜二二三）が駐屯する樊《はん》（湖北省襄樊市《じょうはん》）を急襲した。当初、関羽の勢いには当たるべからざるものがあり、曹操軍団きっての猛将曹仁は関羽軍に十重二十重《とえはたえ》に包囲され、救援に向かった名将于禁《うきん》もあえなく生捕りにされるなど、関羽に押されっぱなしの状況が続く。

関羽の勢いが強まるにつれ、名のみとはいえ、依然として皇帝の座にあった後漢の献帝の御所のある首都許《きょ》（河南省許昌市《きょしょう》）以南では、関羽に呼応する者が続出するありさま。危機感をつのらせた曹操が遷都しようとしたとき、司馬懿はここで関羽に弱みを見せてはならないと、強く反対する。かねて関羽と不仲の呉の孫権を動かし、関羽を攻撃させたほうが得策だという司馬懿の提言を受け入れ、曹操はようやく遷都を思い止まった。

けっきょく関羽は呉軍と魏軍の挟み撃ちにあって敗北、孫権の手の者に捕らえられて斬殺された。こうした一連の展開が、司馬懿の情勢判断の正確さと読みの深さを、見せつける結果になったことはいうまでもない。

関羽敗死の翌月、建安二十五年（二二〇）正月、曹操は洛陽で死去する。司馬懿は曹操の葬儀を厳《おごそ》かに取りしきったあと、柩《ひつぎ》を護衛しながら洛陽から曹操の根拠地鄴《ぎょう》（河北省臨漳県《りんしょう》の西南）へもどり、人々の動揺を抑えきった。このとき司馬懿は、まさしく文武両道、戦いの場面においても政治的な場面においても、ケースバイケース、すばやく対応しうる、恐るべき才能の片鱗をあらわしたのだった。

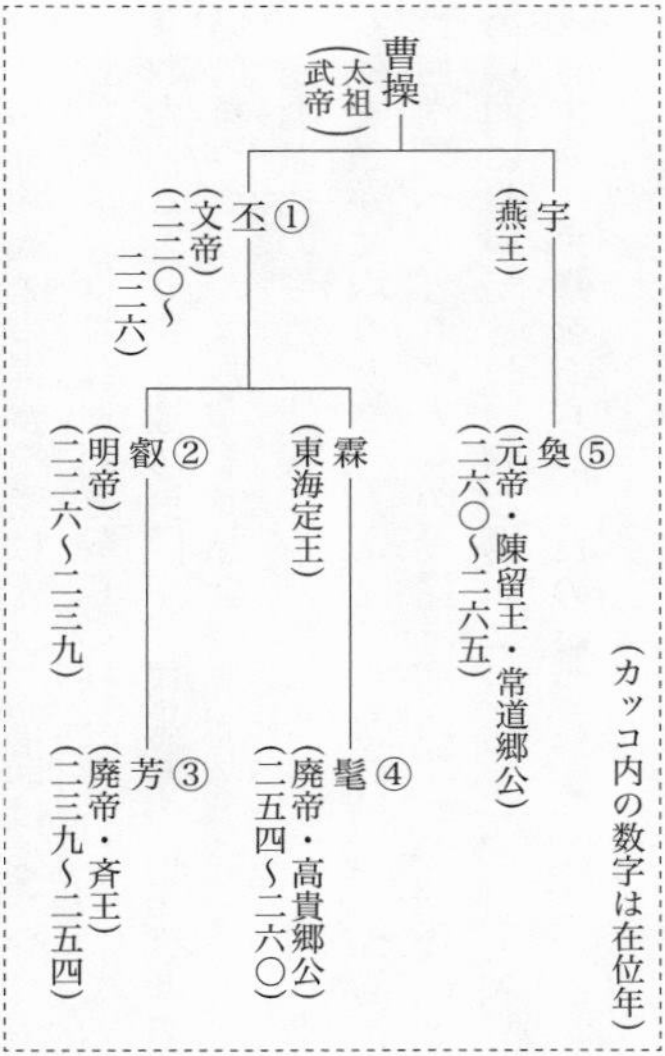

魏王朝系図

私と憂いを分かち合ってほしい

帝位まであと一歩のところまで迫りながら、曹操は皇帝にならないままこの世を去った。荀彧ら清流派知識人の協力をえて、後漢末の乱世を平定すべく戦いつづけた曹操は、ついに欲望むきだしの王朝簒奪者になりきれなかったのである。

しかし、後継者の曹丕は、そんな父のこだわりとは無縁だった。彼は曹操の死後わずか九ヵ月で、後漢王朝最後の皇帝献帝から形式的な禅譲《ぜんじょう》を受けて、魏王朝を立て、皇帝（文帝《ぶんてい》。二二〇～二二六在位）となった。

曹丕の即位と同時に、司馬懿は行政機構の中枢をなす尚書省《しょうしょしょう》の要職を歴任、その出世には加速度がつく。黄初《こうしょ》五年（二二四）から六年にかけ、文帝自ら魏軍を率い呉に遠征したさいには、司馬懿を撫軍将軍《ぶぐんしょうぐん》・録尚書事《ろくしょうしょじ》に任命して、許に駐留させ留守を預からせた。

あまりの重任だと、司馬懿が固辞したところ、文帝は「私は夜となく昼となく仕事に追われ、休む暇もない。きみを撫軍将軍に任じるのは、なにも名誉のためではない。ただ、私と憂いを分かち合ってほしいだけだ」と説得した。曹丕はこれほど司馬懿の能力を高く買い、深く信頼していたのだ。

遠征からもどった曹丕は、司馬懿のみごとな留守居役ぶりに大いに満足し、「私が東に行くときは、撫軍が西のことを取りしきり、私が西に行くときは、撫軍が東のことを取りしきってくれ」と、今後も遠征のさいには、後のことはすべて司馬懿に任せると宣言した。まさしく手放しの信頼というべきであろう。

しかし、文帝曹丕は二度とふたたび遠征の途につくことはなかった。黄初七年（二二六）、重病にかかり、再起不能となったのである。

臨終にあたり曹丕は、中軍大将軍の曹真《そうしん》（?～二三一）、鎮軍大将軍の陳羣《ちんぐん》（?～二三六）、征東大将軍の曹休《そうきゅう》（?～二二八）、および撫軍大将軍司馬懿に、後継者の長男曹叡《そうえい》を輔佐するよう遺言して絶命した。

遺命をうけた四人のうち、曹真と曹休は曹氏一族（二人とも曹操の族子）、陳羣と司馬懿は清流派出身の重臣である。親族と重臣を二対二に配分するなど、さすがバランス感覚抜群の曹丕らしく芸が細かい。

ちなみに、早くから曹操政権に加わった陳羣は、官吏登用法の九品官人法《きゅうひんかんじんほう》を立案するなど、法制のテクノクラートであり、司馬懿ともきわめて親しい間柄だった。明帝《めいてい》曹叡（二二六～二三九在位）のお目付役の一人となった司馬懿は、端倪《たんげい》すべからざる軍事的才能を発揮し、自他ともに許す魏軍の第一人者となってゆく。

電光石火の孟達征伐

明帝が即位した翌年、太和《たいわ》元年（二二七）に、司馬懿は驃騎《ひょうき》大将軍に昇進、都督荊揚二州《ととくけいようにしゅう》諸軍事《しょぐんじ》（荊州・揚州方面軍総司令官）に任命され、宛《えん》（河南省南陽県）に駐留した。宛は、西方の蜀、南方の呉双方に睨みをきかせる、魏の重要な軍事拠点の一つである。

付言すれば、司馬懿と前後して、曹真は大将軍・都督雍涼《ようりょう》二州諸軍事（雍州・涼州方面軍総司令官）に任命され、蜀に備えて長安《ちょうあん》（陝西省西安市）に駐留し、曹休は大司馬に任命され、呉に備えて寿春《じゅしゅん》（安徽《あんき》省寿県）に駐留することになった。明帝にしてみれば、お目付役が四人も側にいられては、けむたくてたまらない。そこで、陳羣一人を残し、他の三人を地方の軍事拠点に移すという措置をとったのだろう。

ともあれ、文帝時代は留守居役として、もっぱら後方守備に当たっていた司馬懿は、ここに来て一転、前線基地の総司令官となった。そんな司馬懿に、まもなく軍事家としての手腕を示す絶好の機会がおとずれる。太和二年（二二八）正月、司馬懿の管轄区域で、太守《たいしゅ》として新城《しんじょう》（湖北省房県を中心とする地域）に駐留していた孟達《もうたつ》が反乱をおこしたのである。これを始末するのが、司馬懿の荊州方面軍総司令官としての初仕事となる。

そもそも孟達は劉備が蜀を支配した当初からの協力者であり、蜀側の荊州の軍事拠点を確保すべく、軍勢を率いて蜀境に近い上庸《じょうよう》（湖北省竹山県の西）に駐留していた。しかし先述のごとく、建安二十四年（二一九）、樊に駐留する曹仁を攻撃し危機に陥った関羽が、樊の西方の上庸にいた孟達と劉封（劉備の養子）に救援を求めたにもかかわらず、彼らはまったく応じようとしなかった。

関羽が敗死すると、孟達は劉備に処罰されることを恐れ、魏に降伏してしまう。文帝はそんな孟達を厚遇したが、その頼みの綱の文帝が死去し明帝が即位すると、うしろ暗い過去をもつ孟達の不安はつのった。おりしも、孟達の動揺を見透かすかのように、北伐《ほくばつ》（魏への挑戦）をめざす諸葛亮《しょかつりょう》（一八一～二三四）から秘密文書がとどき、蜀への復帰をすすめてきた。孟達は渡りに船と諸葛亮の呼びかけにとびつき、魏に叛旗をひるがえしたのだった。

孟達の計算では、司馬懿が宛から上庸に到達するまで、朝廷との連絡もあり、一ヵ月はかかるはずであった。ところが、案に相違して、司馬懿は宛から千二百里（約五二〇キロ）の道程を昼夜兼行で軍勢を進め、わずか八日で上庸に到達、包囲すること十六日で上庸城を陥落させ、孟達を斬殺してしまう。この電光石火の孟達征伐によって、司馬懿は卓越した軍事的手腕をみせつけ、魏軍になくてはならない存在であることを身をもって示した。

転変つねなき孟達を味方に引き入れてまで、荊州に拠点を確保しようとした諸葛亮のもくろみは、先手をうって孟達を叩きつぶした司馬懿に阻まれ、水泡に帰した。この結果、諸葛亮は荊州と蜀の両方のルートから北上、魏に一斉攻撃をかけようとする当初の計画を断念し、蜀ルート一本槍で北伐を繰り返さざるをえなくなる。孟達事件を機に、攻める諸葛亮と阻む司馬懿の宿命的対決の幕が、切って落とされたというべきであろう。

孔明、ついに動く

司馬懿のライバル諸葛亮あざな孔明《こうめい》は、周知のごとく、建安十二年（二〇七）、曹操に華北を追われ、荊州に身を寄せていた劉備の三顧の礼をうけ、その軍師となった。翌建安十三年、曹操が公称百万の軍勢を率いて江南に進撃すると、諸葛亮は、呉の孫権を説得して劉備と同盟を結ばせた。首尾よく周瑜《しゅうゆ》の率いる呉軍が「赤壁《せきへき》の戦い」で曹操軍を撃破すると、諸葛亮は劉備に自立の拠点を得させ、持論の「天下三分の計」を実現すべく着々と手を打った。かくて曹操の撤退後、間髪を入れず荊州諸郡を攻略、これを足掛かりに劉備を蜀に攻め込ませ、建安十九年（二一四）、ついに蜀を完全制覇した。軍師諸葛亮の戦略が図に当たったのである。

曹丕が即位し魏王朝を立てた翌年の黄初二年（二二一）、劉備に勧めて蜀王朝を立てさせるなど、諸葛亮はあくまで魏と対抗する姿勢を明確に打ち出す。劉備を表看板とする、こうした派手な政治的パフォーマンスの裏で、蜀の丞相諸葛亮は、持ち前の行政手腕を発揮して内政の整備につとめ、成立まもない蜀王朝の基盤を固めた。

ところが、劉備自身は皇帝になったものの、義兄弟の関羽が呉の孫権に殺されたことが悔しくてならない。とうとう諸葛亮らの反対を押し切って呉に攻め込み、大敗北を喫したあげく、黄初四年（二二三）、諸葛亮に愚かな息子の劉禅《りゅうぜん》を託して死んでしまう。諸葛亮は劉備の捨て身の信頼にこたえて、暗愚な劉禅を守りぬき、小国蜀を支えきって、死に至るまで誠実に尽くしつづけたのだった。

それはさておき、もともと諸葛亮の天下三分の計は、呉と同盟しつつ、曹操（魏）と対抗するのが基本方針である。そこで劉備の死後、諸葛亮はまず呉との同盟関係の修復につとめ、これに成功すると、黄初六年（二二五）、自ら大軍を指揮して南征を敢行、叛旗を翻した南中《なんちゅう》（雲南省および貴州省）の異民族を平定する。こうして後顧の憂いをすべて取り除いたあと、いよいよ宿願の魏への挑戦、北伐に踏み切る決意を固めるのである。

おりしも黄初七年（二二六）五月、魏では文帝が死去し明帝が即位した。すわチャンス到来、この交替期の動揺をついて出撃すべく、諸葛亮は戦略を練った。孟達にコンタクトをとり、蜀への復帰を呼びかけたのは、この時期である。

先述のとおり、この孟達抱き込み作戦は、司馬懿に阻まれ失敗に終わった。しかし、あくまで北伐に執念を燃やす諸葛亮は、すばやく態勢を立て直し、太和元年（二二七）、後主《こうしゅ》劉禅に「出師《すいし》の表《ひょう》」をささげ、北伐の前進基地漢中（建安二十四年、劉備は曹操との漢中争奪戦に勝利、以後、漢中は蜀の勢力圏に入った）へと軍を進める。

直接対決へ

つごう五回（六回とする説もある）、通算八年に及んだ諸葛亮の北伐を阻止すべく、魏軍を率いた司馬懿が前面に出てくるのは、太和五年（二三一）の第四次北伐の時点からである。ちなみに、太和二年の第一次北伐は、諸葛亮の絶妙の迂回作戦が図に当たり、曹真をリーダーとする魏軍はきりきり舞いをさせられた。

しかし、先鋒隊を指揮し街亭《がいてい》（甘粛省荘浪県の東）に陣取った諸葛亮の愛弟子馬謖《ばしょく》が、初歩的な作戦ミスを犯し、長安から派遣された魏軍のベテラン将軍張郃《ちょうこう》にこっぱみじんに撃破されたために、けっきょく失敗、諸葛亮は漢中に撤退せざるをえなくなる。この後、諸葛亮は第二次・第三次と矢つぎばやに北伐を繰り返すが、さしたる戦果をあげることはできなかった。

太和四年（二三〇）、今度は魏が攻勢に出た。このとき司馬懿は、関中方面軍の総司令官曹真と呼応し、蜀に向かった。司馬懿軍は、荆州の西城《せいじょう》（湖北省安康県）から蜀に入って曹真軍と合流、成固《せいこ》の赤坂《せきはん》（陝西省漢中市の東）に陣取る諸葛亮と対峙《たいじ》したが、長雨にたたられ撤退のやむなきに至る。実際に戦いをまじえるに至らなかったものの、これが諸葛亮と司馬懿の戦いの序盤戦となる。というのも、翌太和五年（二三一）、曹真が病死し、司馬懿が後任の都督雍州諸軍事すなわち関中方面軍総司令官となり、諸葛亮と直接対決することになったからである。

明帝の遺命をうけた四人の重臣のうち、曹休は太和二年（二二八）、呉の名将陸遜《りくそん》と戦い大敗を喫したショックがもとで、すでに死亡していた。いま曹真も死去したことにより、司馬懿の上位にいた曹氏一族の軍事責任者は、二人とも退場したことになる。

曹休にせよ曹真にせよ、それなりの軍事的才能はあったものの、やはり親族で曹操軍団きっての猛将だった夏侯惇《かこうとん》（？〜二二〇）や曹仁には及ぶべくもない。けっきょく彼らは、曹仁や夏侯惇らが、曹操の後を追うように次々とこの世を去ったあと、曹氏一族であることが買われて浮かび上がった、二番手、三番手の存在にすぎなかった。いずれにせよ、曹氏一族の上役がきれいさっぱりいなくなったことにより、司馬懿には思う存分腕をふるう条件が整ったわけだ。

風雲、五丈原

そうしたなかで、太和五年（二三一）、諸葛亮は第四次北伐を敢行した。これまで三度の北伐の経験から、蜀の険しい桟道《さんどう》を越えて、食糧や軍需物資を円滑に輸送するため、諸葛亮は新型輸送器械の木牛《もくぎゅう》（轅《ながえ》が前についた一輪車）・流馬《りゅうば》（轅が後ろについた一輪車）を考案した。こうして万全を期したうえで、第一次と同じルートをとり、祁山《きざん》（甘粛省天水市の西南にある山）に出撃したのである。

これに対し、「西方（蜀）のことは、君以外にはまかせられない」と明帝によって、曹真の後任の関中方面軍総司令官に任じられた司馬懿は、諸葛亮の進撃を阻むべく、ただちに長安から大軍を率いて出動した。この前年、司馬懿はすでに大将軍に昇進しており、曹真亡き後、名実ともに魏軍のトップリーダーにのしあがっていた。

しかし、諸葛亮との最初の正面対決において、司馬懿は思わしい戦果をあげることができなかった。とりわけ、三ヵ月に及ぶ持久戦のあげく、食糧切れで撤退する諸葛亮軍を深追いし、歴戦のベテラン将軍張部を戦死させたのは、司令官司馬懿の失敗であった。張部という貴重な戦力を失ったのは痛かったが、戦局全体からみれば、とにもかくにも司馬懿が諸葛亮の第四次北伐をくい止めたのは、まぎれもない事実ではある。明帝はこの点を評価し、司馬懿の功績を称えたのだった。

かたや張郃を射殺し、魏軍の猛追撃をふりきって撤退した諸葛亮は、この後四年間、出陣せず、周到に準備を重ねた。青龍《せいりゅう》二年（二三四）四月、満を持した諸葛亮は十万の軍勢を率い、これまでもっとも東寄りのコースをとり、斜谷道《やこくどう》（陝西省眉県の西南を通る道）から出撃、武功《ぶこう》郡五丈原《ごじょうげん》（陝西省宝鶏市の東南）に本陣を敷いた。この第五次北伐において、諸葛亮は食糧切れに泣いたこれまでの経験を踏まえて、本陣のまわりに屯田《とんでん》を開き、長期戦に備えた。

死せる孔明、生ける仲達を走らす

これに対し、司馬懿は急遽、軍勢を率いて長安から出動、諸葛亮軍と対峙《たいじ》した。このとき司馬懿は、明帝の意をうけて、遠来の諸葛亮軍の食糧切れを待つべく、持久戦の構えをとりつづけ、諸葛亮があの手この手で挑発しても、まったく応じようとしなかった。ただ諸葛亮が女々しい奴だとからかい、女物の頭巾と服をとどけて来たときには、さすがの司馬懿も激怒し、撃って出ようとした。このとき、お目付役の辛毗《しんぴ》が明帝から授けられた節（旗）をついて、軍門に立ちはだかって制止したため、ようやく思いとどまったのだった。もっともこの情報を得た諸葛亮が、「やつには戦う気はない。出陣の構えを示したのは、士気を鼓舞するためだ」と喝破したとおり、これは司馬懿のポーズにすぎず、その本心は、あくまで持久戦に持ち込むところにあったといえよう。

こうして対峙すること百日あまり、青龍二年八月、諸葛亮は五丈原の陣中で病没した。この少しまえ、たまたま訪れた蜀軍の使者に、司馬懿が諸葛亮の近況をたずねたところ、使者は「諸葛公は朝早く起き深夜やっとお休みになります。鞭打ち二十以上の刑はすべて自分で処理され、食事は二、三合（当時の一合は現在のほぼ十分の一）しかお召しあがりになりません」と答えた。こんな無理がつづけば衰弱するのは目に見えている。このとき司馬懿は、諸葛亮の死が近いことを予感する。

予感はあったけれども、諸葛亮の遺言により、その死を伏せたまま、蜀軍が突如撤退しはじめたとき、司馬懿は深追いして失敗した前回の苦い経験もあり、徹底的に追撃しようとはしなかった。この詰めの甘さによって、「死せる孔明、生ける仲達を走らす」と笑われる羽目になったけれども、司馬懿自身は、「生きている者の行為は推測できるが、死んだ者のことはわからない」と平然たるものだった。

蜀軍がひきはらったあと、五丈原に置かれた諸葛亮の本陣を視察した司馬懿は、「天下の奇才である」と、舌をまいたという。士気を鼓舞するための司馬懿のポーズを見抜いた諸葛亮、諸葛亮の天才に感嘆をかくさなかった司馬懿。相手の真価を認識しあった彼らは、語の真の意味で好敵手だったといえよう。

一年で充分です——遼東征伐

いずれにせよ司馬懿は、残《のこ》りの命を燃やし尽くす諸葛亮執念の第四次北伐・第五次北伐を、阻みとおした。一度も正面から戦うことなく、ひたすら諸葛亮が自滅するのを待ちつづけたのだから、司馬懿の粘り強さはなまなかなものではない。ただ、曹操や劉備のように、火花を散らし白熱の戦いを演じた「三国志」世界、第一世代の英雄に顕著な攻めの爽快感は、司馬懿にはない。彼は基本的に守りに徹し、最後に粘り勝ちするタイプなのだ。こうした司馬懿の姿勢は、曲折に富む晩年に至るや、ますます顕著になる。

諸葛亮の北伐を防いだ功績により、青龍三年（二三五）、司馬懿は大将軍から太尉《たいい》に昇進、ますます魏軍の実力者として勢力を強めた。ちなみに、ともに文帝の遺命をうけ、行政面で明帝を輔佐しつづけた司馬懿の盟友陳羣は、この翌年の青龍四年死去、遺命の臣《けいしょ》はついに司馬懿一人となる。日増しに存在価値を増す司馬懿の声望をさらに高めたのが、景初二年（二三八）の遼東《りょうとう》征伐である。

遼東郡（遼寧省）は後漢末から公孫《こうそん》氏一族の支配下にあった。公孫氏は代々、曹操政権から魏王朝へと服従しつづけたが、お家騒動がおこり、太和二年（二二八）公孫淵《こうそんえん》がヘゲモニーをとったころから、がぜん雲行きがおかしくなる。

野心家の公孫淵は表向きは魏に服従しつつ、呉の孫権ともコンタクトをとるなど、敵対的姿勢をちらつかせたあげく、景初元年（二三七）、ついに魏に叛旗をひるがえした。魏では幽州《ゆうしゅう》刺史の毌丘倹《かんきゅうけん》を差し向け、これを征伐しようとしたが、長雨が降りつづき遼水《りょうすい》が氾濫したため、毌丘倹を召し返し、攻撃を中止した。毌丘倹の軍勢が撤退したあと、公孫淵は自立して燕王と名乗り、官吏を任命し、独自の年号を建てるに至る。

これは放置できないと、景初二年正月、明帝は、太尉に昇進したあとも依然として長安に駐屯していた司馬懿を、洛陽に呼び寄せ、四万の軍勢を率いて遼東の公孫淵征伐に向かわせた。
出陣に先立ち、明帝が「往復に何日かかるか」とたずねたところ、司馬懿は「往きに百日、攻撃に百日、もどりに百日、六十日間を兵士の休息にあてます。こうすれば、一年で充分です」と答えた。このとき司馬懿はすでに六十歳。諸葛亮との対決を通じて鍛えられ、いまや場数を踏んだ老練の司令官となった司馬懿にとって、遼東の田舎軍閥公孫淵を討伐することなど朝飯前、最初から勝算は立っていたのである。

酸鼻のきわみ――公孫氏滅亡

司馬懿の遼東征伐はプログラムどおり、順調に進行した。ただ、公孫淵の本拠襄平《じょうへい》（遼寧省遼陽市）に到達した時点で、長雨にたたられ攻撃を中断せざるをえなくなる。そこは粘り強い司馬懿のこと、じっくり構えて襄平城に立て籠もる公孫淵軍の食糧切れと雨があがるのを、ひたすら待ちつづけた。こうして一ヵ月、雨があがると同時に、襄平城を包囲し、昼夜をわかたず猛攻を加えた。追いつめられた公孫淵は使者を派遣し、降伏を乞うたが、司馬懿はにべもなく拒絶した。

司馬懿の遼東征伐の方針は、あくまで公孫淵の勢力を根絶やしにすることにあった。このため、景初二年九月、襄平城を陥落させるや、公孫淵を斬殺したばかりか、その臣下や住民に対し大殺戮をおこなった。

すなわち、襄平城内に残っていた十五歳以上の男子を皆殺しにして、京観《けいかん》（死体を積み上げ、その上に土盛りをして作った台）を築き、見せしめにしたうえ、公孫淵が任命した二千人以上の官吏や将校を処刑したのである。司馬懿の底知れぬ冷血を示すこの殲滅《せんめつ》作戦により、五十年以上も遼東に割拠しつづけた公孫氏政権はついに滅亡した。

二通の詔書

当初のもくろみどおり、遼東を完全制覇した司馬懿は威風堂々、凱旋の途についた。ところが、河内（河南省武陟《ぶちょく》県付近）まで来たとき、どうしたわけか、早馬で立てつづけに二通の詔書がもたらされる。一通はこのまま駐屯地の長安に直行せよというものであり、もう一通は明帝の自筆で、ただちに洛陽の宮殿に参内せよというものであった。異変を感じた司馬懿は、追鋒車《ついほうしゃ》（高速車）を飛ばし、四百里（約一七四キロ）の道程を一昼夜で駆け抜けて洛陽に到着、嘉福殿《かふくでん》の明帝の寝室に入ると、そこには病み衰えた明帝が横たわっていた。

実は、景初二年十二月、明帝の病状がにわかに改まると、その死後、誰が幼い次期皇帝を輔佐し実権を握るか、朝廷内部ではげしい権力闘争がおこった。死期が近いことを悟った明帝は最初、信頼する叔父の燕王曹宇《そうう》（曹操の子）を大将軍に任じ、やはり親類の夏侯献《かこうけん》・曹《そう》肇《ちょう》・曹爽《そうそう》（？～二四九）、および秦朗《しんろう》とともに、次期皇帝の輔佐にあたらせようとした。

ところが、長らく明帝の側近として威勢をふるった劉放《りゅうほう》と孫資《そんし》は、夏侯献や曹肇と不仲であり、こんな後継体制になれば、失脚の憂き目にあうのは目に見えている。猛然と巻き返しに出た彼らは、病床の明帝に必死で揺さぶりをかけた。これが効いて、明帝はコロリと気が変わり、燕王宇に代わって曹爽を大将軍に任じ、手ずから詔を下して急遽、司馬懿を召し寄せたのだった。曹爽以外の四人がこの措置により、即刻罷免されたことは、いうまでもない。

司馬懿が相反する内容の二通の詔を受け取ったのは、この後継体制をめぐる暗闘のためであった。つまり、長安に直行せよと命じた初めの詔は、燕王宇らの意志によるものであり、ただちに洛陽の宮殿に参内せよと命じた二度目の詔は、彼らを追い落とした劉放と孫資らの意志によるものだったのである。

明帝崩ず

ともあれ、明帝の臨終に間に合った司馬懿は、燕王宇に代わり大将軍に任命された曹爽とともに、明帝の遺命を受けた。明帝は司馬懿の手をにぎり、まだ八歳の皇太子、斉王曹芳《せいおうそうほう》を目で示しながら、「曹爽とともにこの子を輔佐してやってほしい」と頼んだ。これに対し、司馬懿は「陛下は、先帝が陛下のことを私にお頼みになったのを、ごらんになったではありませんか」と答え、あくまで斉王芳の支えとなることを請け合ったのだった。司馬懿に後事を託した直後、明帝は息をひきとった。ときに景初三年（二三九）正月、まだ三十五歳の若さであった。

こうして司馬懿は明帝の遺命をうけ、正式に後継体制の要《かなめ》となったわけだが、それにしても明帝が重態になってからの事態の展開は、どうもただごとではない。いくら遼東征伐に赴き、洛陽を離れていたとはいえ、文帝以来の実力者にして、魏軍のトップリーダーである司馬懿の存在を無視して、最初、後継体制が決定されたことじたいに問題がある。おそらく司馬懿が遠征中であるのをもっけの幸いに、夏侯献・曹肇・秦朗ら反司馬懿派が結束して、明帝と親しい燕王宇を担ぎだし、新体制のお膳立てを整えたのであろう。

これに待ったをかけ、形勢を逆転させた劉放・孫資の明帝側近グループが、司馬懿と気脈を通じていたかどうか、資料的に立証することはできない。しかし、そこは用意周到な司馬懿のこと、長年、洛陽を留守にし、宛から長安へと駐屯地に滞在しつづけていた期間、万一に備えて、ひそかに明帝側近グループと連携を強め、彼らを遠隔操作するシフトを敷いていたことは、充分、考えられる。いずれにせよ、舞台裏の暗闘を見て見ぬふり、平然と司馬懿は幼帝のお目付役におさまった。まったく老獪《ろうかい》としかいいようがない。

曹爽派との暗闘

明帝の死後、即位した斉王芳《せいおうほう》（二三九〜二五四在位）は、実は明帝の子ではない。明帝は歳月の経過とともに政治に倦《う》み、国家経費を濫費して大宮殿を造営し、後宮に数千人の女を置いて歓楽にふけるなど、享楽に溺れるようになった。荒淫の祟《たた》りか子供もできなかったので、やむなく斉王芳を後継者に仕立てた。斉王芳は曹氏一族の子とされるが、その出自は不明である。明帝晩年の失政でガタが来たところに、後継体制をめぐる暗闘、出自不明の幼帝の即位と、悪条件が重なったことによって、魏王朝は権力基盤を失い、以後、弱体化の一途をたどることになる。

斉王芳の即位後、司馬懿は太尉からさらに太傅《たいふ》に昇進し、官位の上では朝臣のトップに立った。しかし、この昇進には裏があった。もう一人の輔佐役、大将軍曹爽のブレーン丁謐《ていひつ》らが画策して、司馬懿を位は高いが実権のない太傅に祭りあげ、主導権をにぎろうとしたのである。新体制がスタートした時点から、早くも司馬懿と曹爽派の暗闘が始まったわけだ。

それでも最初の数年間は、曹爽自身は年長の司馬懿に敬意をはらい、なにくれとなく相談して事を運んだために、大きな亀裂は生じなかった。ちなみに曹爽は、かつての司馬懿の上役、かの関中方面軍総司令官曹真の息子にほかならない。このため司馬懿も曹真に免じて、曹爽の未熟さを大目に見たのであろう。

太傅に祭りあげられた後も、魏軍を掌握する司馬懿は、呉の動きを牽制すべく、連年、自ら軍勢を率いて南征を繰り返した。この軍事行動には、しだいに専横の度を加える曹爽一派を牽制する意味もあったと思われる。これに対し、曹爽は取り巻き連中におだてられ、正始《せいし》五年（二四四）、父曹真の遺志を受け継ぐ気になって、対蜀戦のプロ司馬懿の反対を押し切り、十万の軍勢を率いて蜀征伐に向かった。しかし、戦いの経験のない曹爽は案の定、蜀軍にさんざん打ち破られ、ほうほうのていで逃げ帰った。

この事件を境に、司馬懿と曹爽の対立の構図があらわとなる。曹爽のブレーン、とりわけ何晏《かあん》（一九〇?〜二四九）・鄧颺《とうよう》・李勝《りしょう》・丁謐・畢軌《ひつき》の五人はここぞとばかりに、司馬懿を露骨に排除し、政局を壟断《ろうだん》するようになった。

この五人はいずれも宮廷サロンの花形であり、なかでも何晏は哲学談議「清談《せいだん》」の創始者として知られる。母が曹操の側室となったため、宮中で育った何晏は、人目をひく美貌と才気の持ち主だったが、自意識過剰のスタイリストで、どんなときでも白粉を手放さず、歩くときにも自分の影をふりかえって眺めるほどだったという。この貴族趣味の申し子のような何晏が吏部尚書《りぶしょうしょ》として、官吏の登用を牛耳ったものだから、曹爽派の勢いはますます強まった。

七十一歳のクーデタ——政敵皆殺し

坊ちゃん育ちの曹爽とこれを取り巻く宮廷才子にみくびられ、押しまくられた司馬懿は、正始八年（二四七）五月以降、病気を理由に出仕しなくなった。曹爽らは仮病を使っているのではないかと疑い、司馬懿に対する警戒を解かなかった。

しかし、曹爽のブレーンの一人李勝が出身地の荊州に赴任するにあたり、挨拶がてら偵察に訪れたとき、司馬懿は迫真の演技で、李勝を欺《あざむ》く。すっかり老い衰えたふりをし、お粥《かゆ》をダラダラこぼしたかと思えば、李勝が「本州（出身の州。ここでは李勝の出身地の荊州［湖北省」を指す）に赴任します」というのを、わざと「幷州《へいしゅう》（山西省）」と聞き違えたふりをして、何度も訊き返したりしたのだ。先述の通り、司馬懿はその若き日、曹操の召聘を断るために、関節麻痺を装った前歴がある。仮病を使うのはお手の物なのだ。年期の入った司馬懿の演技力にすっかり騙《だま》され、李勝が「司馬公はもう衰えきっていますから、心配ありません」と報告したため、曹爽一派は安心し、司馬懿に対する警戒を完全に解いた。

その油断をみすまし、司馬懿は、正始十年（二四九）正月、曹爽兄弟が斉王芳のお供をして郊外の陵《みささぎ》に参拝に出かけた隙をつき、一気にクーデタをおこす。これに先立ち、司馬懿は曹爽の専横を弾劾《だんがい》し、解任を求める上奏文を郭《かく》太后（明帝の皇后）に提出していた。こうして自らの行為を正当化する手続きを踏んだうえで、長男の司馬師《しし》、弟の司馬孚をはじめ一族郎党を要所に配置し、あっというまに洛陽を武力制圧したのである。

このとき、司馬懿は自ら完全武装の軍隊を率いて、洛水《らくすい》の浮橋に陣取り、斉王芳の帰還を待ちかまえた。老獪な司馬懿は、斉王芳に曹爽の罷免を求める上奏文を捧げる一方、曹爽のもとに使者を派遣し、免官の処置だけですますゆえ、武装を解いて帰還するよう説得した。曹爽はこれを真に受け、「首になっても金持ちの旦那でいることはできる」などと世迷い言をいい、知恵袋の桓範《かんはん》の反対を押し切って説得に応じた。

洛陽城内の私邸にもどった曹爽のもとに、捕吏が踏み込んで来たのは、その四日後だった。罪状は反逆罪。曹爽と同時に、弟の曹羲《そうぎ》と曹訓《そうくん》、何晏・鄧颺・丁謐・畢軌・李勝・桓範らのブレーンも一斉に逮捕され、一人残らず処刑された。累は彼らの親族にまでおよび、三族（父母・妻子・兄弟姉妹）皆殺しになった。

こうして血みどろの曹爽一派殲滅作戦を完了、執念の巻き返しに成功した司馬懿は、ついに魏王朝の実権を掌握するに至る。ときに司馬懿七十一歳。建安十三年（二〇八）、曹操のもとに出仕してからすでに四十三年の歳月が流れていた。なんとも恐るべき息の長さというべきであろう。

対照的な二人

曹爽一派にやりたい放題をさせること十年、土俵際ギリギリまで下がりながら耐えつづけ、相手がボロを出した瞬間、電光石火、一気にひっくりかえしたこのクーデタには、司馬懿の特徴が、よくあらわれている。

敵の不意をつく電撃作戦は、孟達征伐以来、得意中の得意だし、また軍事・政治の両面において、まず相手に打たせるだけ打たせ、その弱点を見定めたうえで、必殺のリアクションをかけるのは司馬懿の常套的手法なのだ。遼東征伐しかり、明帝の後継体制をめぐる権力闘争しかりである。「肉を切らせて骨を切る」この司馬懿が、ひたすら待ちの姿勢に終始するだけで、どうしても攻勢に転ずることができなかった相手が一人だけいる。諸葛亮だ。実力伯仲の諸葛亮と司馬懿は、まさしく「三国志」第二世代の雄というべきであろう。

だが、この二人の雄の生き方は対照的であった。諸葛亮が死ぬまで暗愚な劉備の遺児劉禅を輔佐しつづけ、千古にその誠実さを称えられるのに対し、司馬懿は文帝・明帝の遺命を受けながら、最終的に魏王朝の簒奪をもくろむ裏切り者の烙印を、これまた千古に押されつづけるのだから。

司馬懿がいつから魏王朝簒奪を射程に入れ始めたか、定かではない。積極的に簒奪を意図したというより、先にも縷々《るる》述べたように、明帝晩年の失政を機に、魏王朝じたいが擁護すべき正当性を失ってゆく過程で、曹氏一族の曹爽が、無謀にも排除の論理をふりかざしたことがダメ押しとなり、ついに司馬懿は簒奪へ向け舵を切ったといえよう。

どこか救いがたく陰惨

クーデタ成功の二年後、嘉平三年（二五一）、司馬懿は七十三歳でこの世を去った。このとき、やはり魏王朝と縁続きの夏侯玄《かこうげん》（二〇九〜二五四）に対し、「もう大丈夫だ」という友人がいた。夏侯玄は曹爽と親しく、クーデタ直後の一斉逮捕は辛うじて免れたものの、いつ何時災いがふりかかってくるかわからず、戦々兢々の日々を送っていた。

司馬懿が死んだ以上、もう心配はないとする友人に、夏侯玄はこう言った。「きみはなんて見通しがきかないんだ。あの人（司馬懿）はそれでも私を、先代以来、交際のある家の後輩として待遇してくれたが、子元《しげん》（司馬懿の長男司馬師）や子上《しじょう》（司馬懿の二男司馬昭《しばしょう》）はけっして私を見逃さないだろう」。ちなみに、夏侯玄の父の夏侯尚《かこうしょう》（?〜二二五）は、曹操軍団の猛将として知られる夏侯淵《かこうえん》（?〜二一九）の従子《おい》である。夏侯玄の予測は正鵠《せいこく》を射ていた。司馬懿の死の三年後、彼は司馬師の手で委細かまわず、処刑されてしまうのである。

野望は長男の司馬師（二〇八〜二五五）、司馬師の死後は二男の司馬昭（二一一〜二六五）へとバトンタッチされた。司馬懿の後継者たちはもはや、魏譜代の重臣だった父司馬懿の屈折やこだわりとは無縁だった。かつて父曹操のこだわりを薬にもしたくないと、曹丕が後漢王朝を簒奪したのと同じパターンである。

司馬懿の周到さを受け継いだ息子たちは、魏王朝簒奪にピタリと照準を当てつつ、念入りにプログラムを進めた。かくして敵対者を完全に押しつぶし念願成就、ついに魏王朝を滅ぼして司馬氏の西晋王朝が成立したのは、泰始《たいし》元年（二六五）、司馬懿の孫にして司馬昭の息子、司馬炎《しばえん》（二三六〜二九〇）の代になってからだった。司馬懿が死んでから十四年後のことである。

まさに三代四人がかりの裏切りの意志の持続——。代を重ねるごとに腐蝕の度を増す、この裏切りの土壌に咲いたあだ花、西晋王朝が、成立の当初から救いがたく陰惨なものを含み、すでに根底的に深く病んでいたのは、むしろ当然のなりゆきだったのかもしれない。

第五章　気のいい反逆者
――王敦と桓温

西晋滅亡

曹《そう》氏の魏《ぎ》王朝を簒奪《さんだつ》し、司馬懿《しばい》の孫司馬炎《しばえん》（武帝《ぶてい》。二六五～二九〇在位）が立てた西晋《せいしん》王朝（二六五～三一六）は、太康《たいこう》元年（二八〇）、魏・蜀《しょく》・呉《ご》の三国のうち、最後まで持ちこたえた呉を滅ぼし（蜀は二六三年滅亡）、中国全土を統一した。しかし、この統一は実質的に、わずか二十年あまりしか続かなかった。

西晋は、司馬氏三代四人がかりの簒奪劇の後遺症をひきずり、濃厚な頽廃《たいはい》の気配に包まれた王朝であった。貴族化した高級官僚が奢侈《しゃし》に走る一方、観念的な哲学談議「清談《せいだん》」に熱中するなど、申し合わせたように現実に背を向け、物質的・精神的快楽に耽溺したのは、その端的な例である。

武帝司馬炎は当初、こうした事態を憂慮し、なんとか歯止めをかけようとした。しかし、呉を滅ぼし、おびただしい財宝と、呉最後の皇帝孫晧《そんこう》の後宮の美女数千人をいっきょに獲得したとたん、武帝自身が精神のバランスを崩して快楽の虜《とりこ》となり、とても貴族をセーブする

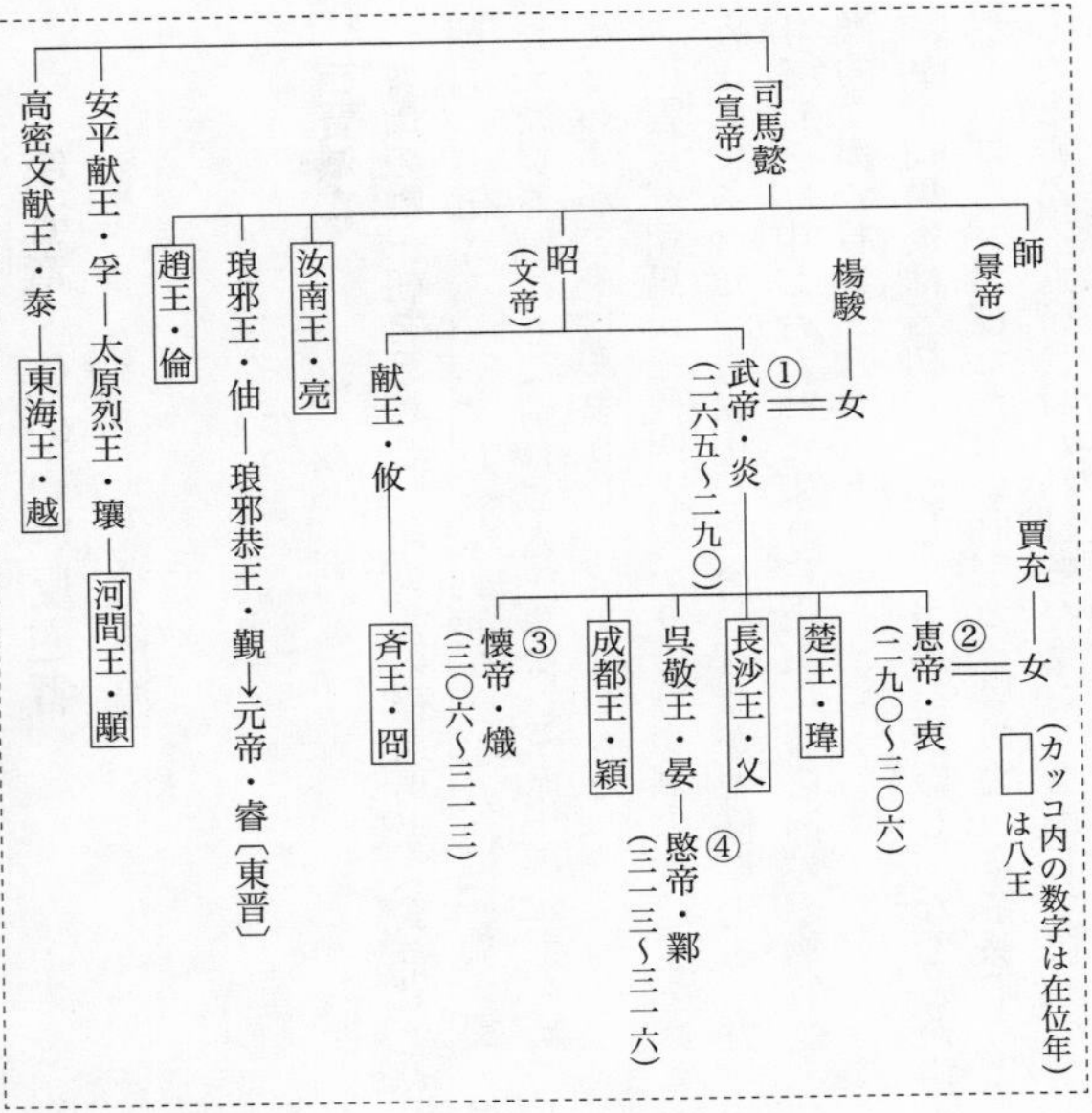

西晋王朝系図

どころではなくなってしまう。皇帝から貴族まで狂ったように遊びほうけている間に、西晋政権はみるみるうちに空洞化していく。

　西晋貴族の祖先には、後漢末の批判勢力「清流派」知識人の出身者が多い。曹操政権の首脳となった清流派知識人の多くは、そのまま横すべりして、魏王朝の高級官僚となった。この過程で貴族化した彼らの子孫はやがて、やはり清流派出身の司馬懿を祖とする司馬氏一族に加担し、しぶとく魏晋交替期をくぐりぬけた。かくして西晋成立後も、彼らは依然として政権の中枢部を占めたのだった。

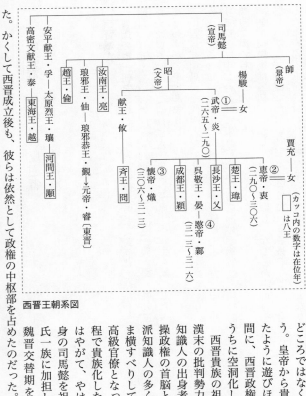

つまるところ、西晋が司馬氏一族の裏切りの意志の持続によって、成立した王朝だとすれば、これを支えた貴族層もまた変節によって、魏から西晋へと時代を越えて生きのびた者たちであった。裏切りと変節の果てに誕生した西晋王朝が、成立の当初から多くの病根を抱え、皇帝から貴族まで破滅衝動に憑《つ》かれたように、遊び狂う羽目になったのも、むしろ当然の帰結だったのかもしれない。

荒淫で身を持ち崩した武帝が永熙《えいき》元年（二九〇）、五十五歳で死去し、その息子で史上まれにみる暗愚な恵帝《けいてい》（二九〇～三〇六在位）が即位するや、西晋の内部崩壊に加速度がつく。皇后の賈后《かこう》が夫恵帝の無能を幸いに実権を掌握、猛威をふるったのが発端となり、中国各地で司馬氏一族の諸王が武装蜂起し、凄絶な奪権闘争が繰りかえされる。永寧《えいねい》元年（三〇一）から始まった、この「八王《はちおう》の乱」は、えんえん数年もうちつづき、これによって西晋王朝の屋台骨は完全に傾いてしまう。

内乱で死に体となった西晋王朝の息の根を止めたのは、華北に侵攻してきた北方異民族だった。永嘉《えいか》五年（三一一）、匈奴《きょうど》軍の攻撃を受けて西晋の首都洛陽《らくよう》は陥落、恵帝の死後に即位した懐帝《かいてい》は匈奴軍に拉致された。

この「永嘉の乱」によって、西晋王朝は事実上、滅亡したといってよい。この後、長安《ちょうあん》で愍帝《びんてい》（三一三～三一六在位）が即位するが、建興《けんこう》四年（三一六）、匈奴軍の攻撃を受け長安が陥落したさい、愍帝もまた匈奴軍に拉致され、ここに西晋は完全に滅亡、以後、華北は五胡《ご》十六国《こじゅうろっこく》が乱立する異民族の天下となった。

江南へ——東晋王朝の成立

永嘉の乱で華北が騒乱状態に陥ると、人々は続々と江南に避難した。やがて彼らは西晋王朝の一族、琅邪《ろうや》王司馬睿《しばえい》（二七六～三二二）を中心に結束し、西晋王朝の復興をはかる。司馬懿の曽孫にあたる司馬睿は、永嘉の乱がおこる四年前の永嘉元年（三〇七）、八王の乱で混乱する華北に早々と見切りをつけ、祖父以来の領地である琅邪（山東省）を離れて南下、幕僚の王導《おうどう》（二七六～三三九）とともに江南に渡り、建鄴《けんぎょう》（三国呉の旧都建業、のちの建康《けんこう》。江蘇省南京市）を根拠地とした。

司馬睿をサポートした王導は、親孝行で名をあげた王祥《おうしょう》（王導の大叔父）を祖とする、魏以来の名門貴族「琅邪の王氏」の出身で、琅邪王の司馬睿とはかねて親しい間柄だった。司馬睿は、この王導の政治手腕に支えられ、西晋に滅ぼされた怨みをもつ呉の土着豪族を傘下におさめ、建康政権の基礎を築いてゆく。

王導の最大の協力者は、従兄の王敦《おうとん》（二六六～三二四）だった。軍事的才能のある王敦は、司馬睿に従わない江州刺史《こうしゅうしし》（江州［江西省］の長官）華軼《かいつ》を討伐したのを皮切りに、江州から荆州《けいしゅう》（湖北省）にかけての長江中流域を制圧、司馬睿政権の支配領域を拡大した。

王導の政治力と王敦の軍事力。この二人の「琅邪の王氏」の絶妙のコンビネーションによって、建興四年（三一六）、西晋王朝が滅亡した時点で、すでに建康の司馬睿政権の基盤はしっかり固まっていた。このため、西晋滅亡後まもなく司馬睿（元帝《げんてい》。三一七～三二二在位）は即位し、その支配圏を江南に限った漢民族の亡命政権、東晋《とうしん》王朝（三一七～四二〇）を成立させることができたのである。東晋王朝は、「王（敦・導）は馬《ば》（司馬睿）と天下を共にする」と喧伝《けんでん》されたとおり、まさしく司馬氏と琅邪の王氏の連合政権の様相を帯びて誕生したといえよう。

皇帝を恫喝――王敦、反乱す

東晋王朝が成立すると、華北から避難する人々はますます増えた。

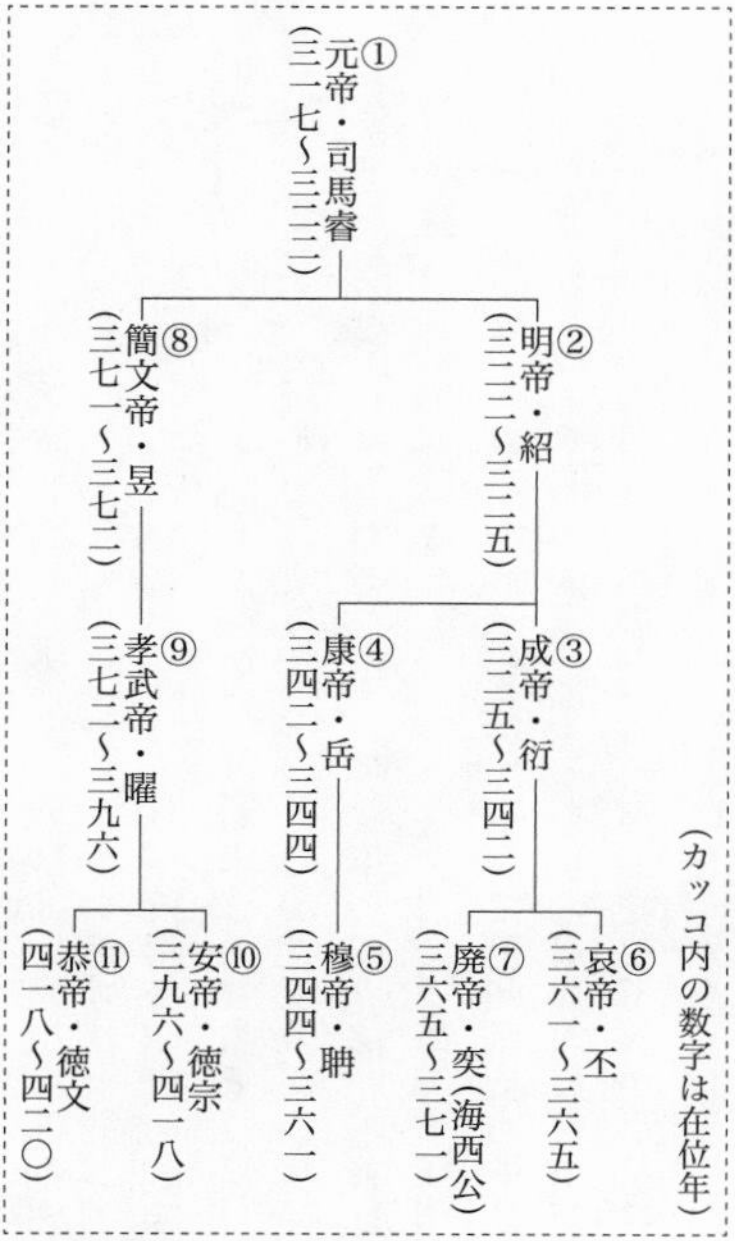

東晋王朝系図

驃騎《ひょうき》大将軍の肩書を以て、司馬睿すなわち東晋の元帝を輔佐した王導は、柔軟な政治的センスとバランス感覚を駆使し、北来の人士と土着の呉の人士の軋轢《あつれき》を緩和する役割をみごとにこなした。異質な分子の寄り合い所帯である東晋王朝を、とにもかくにも軌道に乗せ

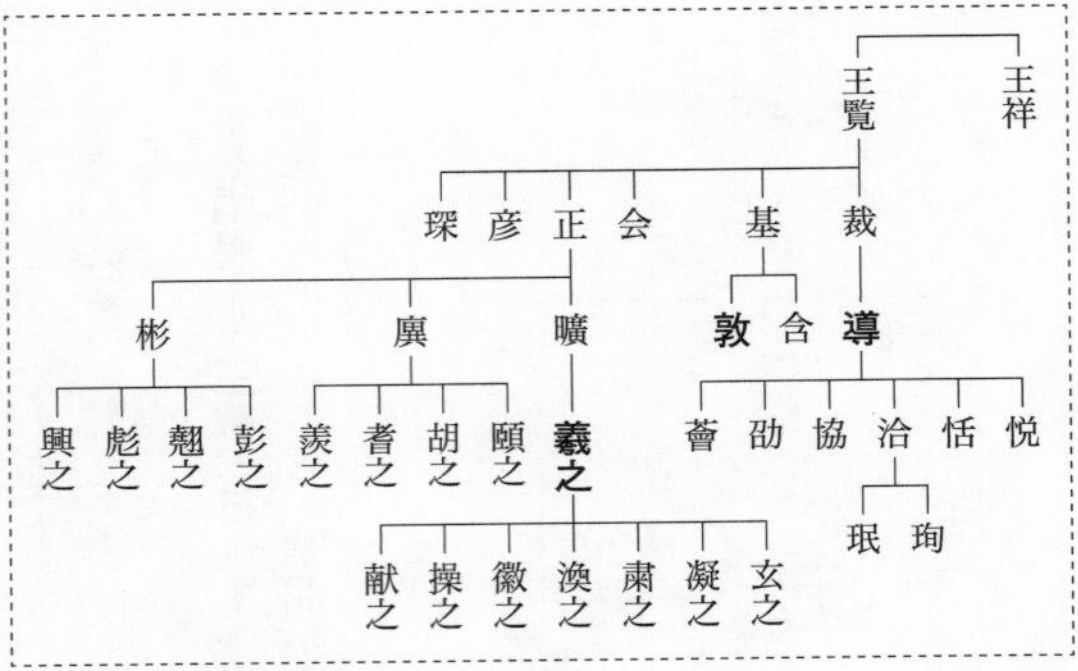

琅邪の王氏系図

たのは、ひとえに王導の功績にほかならない。にもかかわらず、元帝はやがて功労者の王導をけむたがり、狡猾な側近の劉隗《りゅうかい》や刁協《ちょうきょう》を重用、王導を遠ざけるようになる。こうした元帝のやり方に猛反発したのが、王敦だった。

東晋成立後、王敦は侍中《じちゅう》（天子の顧問）・大将軍（最高位の将軍）・江州刺史（江州の長官）となり、やがて荊州刺史も兼任、長江中流域を抑えて、皇帝をしのぐ強大な軍事力を有するに至った。この王敦が、従弟王導がボイコットされる事態を黙過できないと、永昌《えいしょう》元年（三二二）、劉隗ら「君側《くんそく》の奸《かん》」を除くとの名目で、駐屯地の武昌《ぶしょう》（湖北省鄂城《がくじょう》市）で挙兵、一気に都建康にほど近い石頭《せきとう》まで攻めよせたものだから、東晋王朝はたちまち混乱の極に達した。うろたえた元帝は、「私に取って替わりたいなら、そう言えばいい。私は琅邪に帰るまでだ」などと口走る始末だった。

こうして元帝を恫喝《どうかつ》した王敦は、丞相《じょうしょう》（非常時に置かれる最高責任者）の地位を手に入れ、実権を掌握するや、いったんさっと本拠地の武昌に引きあげる。むろん王敦にはこれで終わりにする気などさらさらない。この年、元帝が崩御し、長男の明帝司馬紹《めいていしばしょう》（三二二〜三二五在位）が即位するや、ふたたび出兵して、建康のすぐ西南の姑孰《こじゅく》（安徽《あんき》省当塗《とうと》県）に駐屯、揚州牧《ようしゅうぼく》（揚州［江蘇省］の長官。揚州は首都建康を含む）に就任し、東晋朝廷を威嚇《いかく》しつづけた。

簒奪も時間の問題とみえたが、王敦はすでに深く病み、太寧《たいねい》二年（三二四）、東晋軍との戦闘のさなか死去した。ときに王敦五十九歳。成立まもない東晋王朝を根底から揺さぶった王敦の乱は、ようやく終息したのだった。

豪快無比

魏晋の名士のエピソード集『世《せ》説新語《せつしんご》』には、東晋の元勲から反逆者に変貌した王敦の逸話が、数多く収録されている。一つ例をあげてみよう。

王大将軍（王敦）は若いころ、もともと田舎者だといわれ、言葉つきにも田舎なまりがあった。（西晋の）武帝が当時の名士を呼び集め、ともに技芸のことを話し合ったところ、人々はおのおの多くのことを知っていたが、王敦だけはまったく口をさしはさめず、たいへん不機嫌な顔をしていた。自分から太鼓の打ち方を知っていると言いだしたので、武帝が太鼓を取り寄せ彼に渡したところ、その席で腕まくりして立ち上がり、バチをあげて激しく打ち鳴らした。音節は調子に乗って速く、気力も豪快に昂揚し、傍らに人無きがごときありさまだった。一同こぞってその勇壮さに感嘆したのだった。（豪爽篇）

西晋が土崩瓦解《どほうがかい》する以前、都洛陽の武帝の宮廷における、若き日の王敦の姿を寸描する話である。

王敦は名門の出身だが、なにぶん琅邪の田舎育ち。趣味人ぞろいの名士たちの話題についていけず、宮廷サロンで一人浮き上がってしまう。しかし、王敦はそれでおめおめ引き下がるような、ヤワな神経の持ち主ではない。腕も折れよとばかりに太鼓を打ち鳴らし、その気迫によって、無粋な彼を内心バカにしていた人々を、ねじふせてしまうのである。いうまでもなく、このエピソードの眼目は、名門の貴公子らしくもなく、繊細な貴族的美意識を一気に吹き飛ばした王敦の豪快さを称え、積極的に評価するところにある。

壮心已まず

王敦のテンションの高さは、西晋から東晋へと激動する時代を乗り切り、晩年に至るや、最高潮に達する。

王処仲《しょちゅう》（王敦）は酒を飲んだあといつも

老驥伏櫪　　老驥《ろうき》は櫪《うまや》に伏すも
志在千里　　志は千里に在り
烈士莫年　　烈士莫年《ぼねん》
壮心不已　　壮心已《や》まず

を歌い、如意《にょい》で痰壺を打ったので、壺の口がすっかり欠けてしまった。　（豪爽篇）

王敦が愛してやまなかったこの詩は、曹操の「歩出夏門行《ほしゅつかもんこう》」（全五首）の一首「亀は寿《いのちなが》しと雖《いえど》も」の一節で、「老いたる名馬は廐《うまや》に寝そべっていても、なお千里の道を走ることを夢み、気概のある勇者は晩年になっても、意気さかんに情熱を燃やしつづけるものだ」の意。王敦はこの詩を歌いつつ、東晋王朝相手に乾坤一擲《けんこんいってき》、最後の大勝負に出るべく、老いのパトスを燃やしたのである。

ただ、このエピソードで、王敦が歌いながら如意棒でその口が欠けるほど、痰壺を打ったとされているのは、なかなか興味深い。痰壺などというものは、どうみても美的とはいいがたい代物だ。王敦の豪快さを称えながら、よりによって、こんな小汚い小道具を持ち出してくるところに、この逸話の作者および伝承者の、王敦に対する揶揄《やゆ》が透けてみえる。

ナツメ食う将軍――東晋貴族の意地わるい視線

『世説新語』は、五世紀中頃、東晋につづく劉宋《りゅうそう》の時代、皇族の劉義慶《りゅうぎけい》（四〇三～四四四）

のもとに集まった文人たちの共同編集によって成ったとされる。ここに収録された合計一一三〇条のエピソードの背後に流れる時間帯は、後漢末から東晋末までほぼ二百年に及ぶが、中心になるのはあくまで編者に近い東晋の時代である。

魏から西晋へ、さらに江南の亡命王朝東晋へと、時代を越えて生きのびた貴族たちは、代を重ねるにつれ、いやがうえにも美意識を磨きあげ、感覚の洗練度を高めた。この結果、東晋貴族社会においては、無粋・無骨な言動を忌避し、嘲笑する傾向がますます強まる。こうした東晋のエトスを、臨場感ゆたかに伝える『世説新語』の世界では、先にあげたエピソードの「痰壷」の例に明らかなように、貴族社会の異端児王敦は、豪快ではあるが、デリカシーに欠ける人物として、揶揄されてしまうのだ。

ちなみに、『世説新語』にはそのものずばり、王敦が非常識な失態を演じ、失笑を買ったエピソードもみえる。王敦は武帝司馬炎の娘の襄城公主《じょうじょうこうしゅ》と結婚したのだが、とんと宮廷作法にうとく、恥のかきどおしだった。

王敦は襄城公主と結婚したてのころ、厠《かわや》に行くと、うるしの小箱に乾したナツメが盛ってあるのが目に入った。もともとは鼻をふさぐためのものである。王敦は厠にも果物が置いてあるのかと思い、すっかり食べてしまった。もどって来ると、侍女が金のたらいに水を入れ、瑠璃《るり》のお碗に澡豆《あらいまめ》を盛って捧げていた。そこで水のなかにぶち込み、それを飲んでしまった。乾飯《ほしいい》だと思ったのである。侍女たちはみな口をおおって笑った。

（紕漏篇）

悪臭をふせぐため鼻につめるナツメはむしゃむしゃ食べてしまうわ、石鹸がわりの澡豆は手洗い用の水といっしょに飲みこんでしまうわ、ここで提示される王敦のイメージは、無知で滑稽な田舎者そのものだ。侍女たちの笑い声に重なり、バーバラスな異端者王敦を揶揄する、東晋貴族の意地わるい笑い声が響いてくるようなエピソードである。

こうした『世説新語』における王敦のイメージから、東晋の貴族たちが、王敦を無粋な田舎豪傑として戯画化する操作を通じて、その毒性を薄め、東晋政権を根底から揺さぶった「王敦の乱」もまた、ちょっとしたコップのなかの嵐として、片付けてしまおうとしたことが、よみとれる。王敦の軍事力も、清談で鍛えたしたたかな貴族のレトリックの詐術《さじゅつ》にかかっては、まったくかたなしである。

後世の人はきっとわかってくれるだろう——その後の王導

名門貴族琅邪の王氏のれっきとした一員でありながら、強引に力を誇示したために、東晋貴族社会において、道化役《どうけ》の田舎豪傑にされてしまった王敦に比べると、従弟の王導ははるかに巧妙だった。二年に及んだ王敦の乱の間、王導は少なくとも表面的には、ひたすら従兄の不始末を陳謝するというポーズを崩さなかった。

王導が冷遇されたことが、王敦挙兵の直接のきっかけになったのだから、両者の間に暗黙の了解があったことは、まずまちがいない。しかし、どう転んでも琅邪の王氏一族を存続させるべく、最後の最後まで王導は東晋朝廷の側に立ち続けた。結果として、王導の計算は図

に当たる。

王敦の死の翌年、有能だった東晋第二代皇帝の明帝《めいてい》は、王敦の乱平定にエネルギーを使い果たしたかのように、二十七歳で夭折《ようせつ》した。その後は幼帝や無能な皇帝がつづき、ただでさえ弱体な東晋の皇帝権力はますます弱まる。こうした皇帝権力の弱さも幸いして、王敦の反逆ものかは、王導は平然と難局を乗りきり、六十四歳でこの世を去るまで、東晋政権のトップの座を占めつづけるのである。

晩年、王導はますますノンシャランになり、ただ政治書類を箱に入れて封をし、よし、よしというだけだった。「憒憒《かいかい》（混乱したさま）」になったのではないかという風聞が立つと、ためいきをつきながら、「後世の人はきっと私の「憒憒」の意味をわかってくれるだろう」と、つぶやいたという。剛腕をふるって失敗した従兄王敦を反面教師としながら、老練の大政治家王導はすれた貴族たちを刺激することなく、あたうる限りソフトな手法で、ゆるやかに東晋政権を運営しようとしたのだ。

その後、琅邪の王氏はもはや、王敦や王導のような逸材を生み出しえなかった。しかし、代々つづいた家系ならではの美的鍛練の積み重ねのなかから、「書聖」王羲之《おうぎし》（三〇七？～三六五？）をはじめすぐれた芸術家を輩出、その文化的優越を武器に、東晋ひいては六朝きっての名門貴族として栄えつづけた。

蘇峻の乱を平定——郗鑒と陶侃

実は、王敦の乱が終息した三年後、動乱が勃発、東晋王朝はまたも存亡の危機に見舞われた。咸和《かんわ》二年（三二七）、王敦の乱の平定に功績のあった、北来の軍団長（華北からの避難民を組織した武力集団のリーダー）の一人、蘇峻《そしゅん》（？〜三二八）が突如挙兵したのである。

明帝の死後、即位した幼い成帝《せいてい》の伯父で、王導をしのぐ勢力を有した庾亮《ゆりょう》（二八九〜三四〇）が、粗暴な蘇峻を嫌い冷遇したのが、直接の原因だった。都建康に侵入した蘇峻の軍勢は、放火や略奪を繰り返して荒れ狂い、人々を恐怖のどん底に陥れた。

この蘇峻の乱は、強力な軍事力を有する郗鑒《ちかん》（二六九〜三三九）と陶侃《とうかん》（二五九〜三三四）が協力して征討に力を注いだ結果、咸和四年（三二九）、ようやく平定された。

二人の功労者のうち、郗鑒はやはりもともと北来の流民軍団のリーダーだったが、建康に拠点を置いたばかりの司馬睿から、名目的ながら兗州《えんしゅう》刺史に任命され、以来ずっと司馬睿政権と緊密な関係を保ちつづけた。

郗鑒は東晋王朝成立後、とりわけ第二代皇帝の明帝に信頼されて、兗州刺史・都督揚州江西諸軍事《ととくようしゅうこうせいしょぐんじ》（揚州・江西方面軍総司令官）に任命され、数万にのぼる軍団を率いて、長江の北の合肥《がっぴ》（安徽省合肥市）に駐屯した。強力な軍事力に加え、郗鑒は他の北来軍団のリーダーと異なり、教養と知性を備えた「儒雅《じゅが》の士」だったので、さしもの王敦も彼にだけは手が出せなかった。

王敦の乱後、こうした郗鑒の存在はますます重みを増す。太寧三年（三二五）、明帝が死去し、幼い成帝司馬衍《しばえん》（三二五〜三四二在位）が即位すると、郗鑒は車騎大将軍に昇進して、王導・庾亮らとともに成帝の輔佐にあたる一方、都督徐兗青三州諸軍事、兗州・徐州刺史として長江下流域の東晋軍を統率、首都建康に近い広陵（江蘇省揚州市）に鎮を移した。蘇峻の乱が勃発したのはこの時点である。

蘇峻の乱平定のもう一人の功労者陶侃は、江南土着の生まれだが、軍事的才能に恵まれ、早くから王敦に協力して長江中流域の平定に死力を尽くした。その功績を買われて、東晋成立前の建興元年（三一三）、司馬睿の建康政権によって荊州刺史に任命された。しかし、陶侃の勢力がつよまることを恐れた王敦は、建興三年（三一五）、彼を広州刺史《こうしゅう》（広東省の長官）に左遷した。王敦はひとまず従弟の王廙《おうよく》を陶侃の後釜にしたものの、数年後、けっきょく自ら荊州刺史のポストにつき、長江中流域の軍事権を掌握したのだった。

王敦に煮え湯を飲まされ、辺境に飛ばされた陶侃は隠忍自重すること十年、王敦が死亡し乱がおさまった太寧三年（三二五）、ようやく荊州刺史の座に返り咲く。

トロイカ体制

もと北来流民軍団のリーダー郗鑒と江南出身の叩きあげの武将陶侃。このいずれ劣らぬ百戦錬磨の古つわものが一致協力して戦ったおかげで、蘇峻の乱は平定され、東晋王朝は救われた。この後、東晋王朝では、司徒《しと》（最高位の三人の大臣である三公の一）の王導、司空《しくう》

（三公の一）の郗鑒、太尉《たいい》（三公の一）の陶侃の三人が最高首脳となる体制が確立、しばし平穏な状態がつづいた。

三人のうち、行政面をリードしたのはあくまで王導であり、郗鑒と陶侃の役割は軍事面にあった。郗鑒と陶侃が創設した二つの軍事組織は、その後長く受け継がれ、東晋の歴史に大きな影響を与えた。すなわち、長江下流域をテリトリーとする郗鑒の軍団は、やがて広陵からさらに建康に近い京口《けいこう》（江蘇省鎮江市）へと鎮を移し、首都を守備する朝廷に忠実な「北《ほく》府《ふ》軍団」となって、代々受け継がれていく。これに対し、長江中流域をテリトリーとする、陶侃の半自立的な軍団は、時として東晋朝廷を威圧する「西府《せいふ》軍団」となり、これまた代々受け継がれていくのである。付言すれば、この西府軍団の創始者陶侃こそ、かの隠遁詩人陶《とう》淵明《えんめい》の曽祖父にほかならない。

血のデビュー――桓温

東晋の平穏は、長くは続かなかった。まもなく王敦につぐ二人目の反逆者桓温《かんおん》（三一二～三七三）が舞台に登場、東晋に揺さぶりをかけはじめる。

譙国龍亢県《しょうこくりゅうこう》（安徽省懐遠《かいえん》県の北西）を本籍とする桓温の一族は、琅邪の王氏のような名門ではない。桓温の父桓彝《かんい》（二七六～三二八）が東晋の名臣となったのを機に、しだいに脚光を浴びるようになった新興の家系である。桓彝は若いころから人物鑑定の名手として名をあげ、のちに東晋王朝の首脳となった切れ者の庾亮とは、古くから親しい間柄だった。

西晋末の永嘉年間（三〇七〜三一二）初期、はやばやと南下した桓彝は、司馬睿の建康政権によって、まず長江の北（江北）の軍事拠点合肥《がっぴ》の南西、浚遒《しゅんじゅん》県の知事に任命された。建康政権では、華北から避難してきた人士を委細かまわず、ドンドン受け入れはしたものの、未知で信頼しがたいとみた人物は、江北にとどめ置き、長江の南にある建康から極力遠ざける措置をとった。これからみて、桓彝が当初、さほど司馬睿に信任されていなかったことがわかる。ちなみに、後年、東晋王朝の大立者となった郗鑒も、長らく江北に駐留、王敦の乱が終わったのち広陵に鎮を移し、最終的に江南の京口《けいこう》に鎮したのは、咸和四年（三二九）、蘇峻の乱の平定後である。

桓彝は、浚遒県の知事に任命されてから数年後、やっと建康政権の中枢部のポストについた。以来、とんとん拍子で出世し、東晋王朝成立後は中書郎《ちゅうしょろう》から尚書吏部郎《しょうしょりぶろう》（吏部尚書の下にあり、下級官吏の人事を司る）となり、頭角をあらわす。

とはいえ、東晋初期の貴族社会で、桓彝が注目されたのは、なにも行政官として有能だったためではない。彼は、胡毋輔之《こぶほし》・謝鯤《しゃこん》・阮放《げんほう》・畢卓《ひったく》・羊曼《ようまん》・阮孚《げんぷ》・光逸《こういつ》とともに、「八達《はったつ》（放達［自由奔放］八人衆）」と呼ばれるグループを作り、髪をふり乱し素裸になって飲酒にふけるなど、はなばなしいパフォーマンスを繰り広げた。これが、自由奔放な生き方をよしとする貴族たちに受け、桓彝はいちやく有名人となった。

こうしたパフォーマンスは、桓彝にとってある意味で計算ずくだった。根が真面目な桓彝は、首尾よく名士となるや、一転して愚直なまでに東晋王朝のために力を尽くしつづける。

王敦の乱のさいには、明帝の参謀となって奔走し、乱平定後は、少数異民族の蜂起に悩まされる宣城郡《せんじょう》（安徽省宣城県）の長官に赴任し、腕をふるって混乱をおさめ、ますます評判をあげた。

咸和二年（三二七）、蘇峻の乱が勃発すると、ただちに桓彝は義勇軍を募って建康に駆けつけ、東晋朝廷を救援しようとした。しかし、蘇峻軍に阻まれて果たせず、一年あまりも頑強に涇《けい》県（安徽省涇県）の砦《とりで》に籠城したものの、ついに砦は陥落、桓彝は蘇峻軍の将韓晃《かんこう》に殺害された。蘇峻の乱が平定されたのち、東晋王朝は、「死節」を尽くした桓彝の功績を高く評価し、高位を追贈したのだった。

桓彝が殺されたとき、長男の桓温はまだ十五歳だった。桓彝殺害の下手人が江播《こうは》という人物だと知った桓温は、戈《ほこ》を枕に眠り血の涙を流して復讐を誓う。三年後、江播は病死してしまうが、復讐の思いやまぬ桓温は、弔問客を装って江家に乗り込み、江播の三人の息子を斬り殺す。この凄絶な桓温の復讐を、当時の人々は手放しで称賛した。桓温はこうして人々に強烈なインパクトを与えつつ、さっそうと歴史の表舞台に登場したのである。

ある事情――「族滅」の過去

いずれにせよ、桓温は父桓彝の東晋王朝に対する貢献度の高さを土台にしつつ、自らの存在をアピールした。実は、桓彝・桓温父子には、ここまで徹底的にやらないと、東晋王朝の主、司馬氏一族に全面的に受け入れられない事情があった。前章で述べたとおり、正始十年

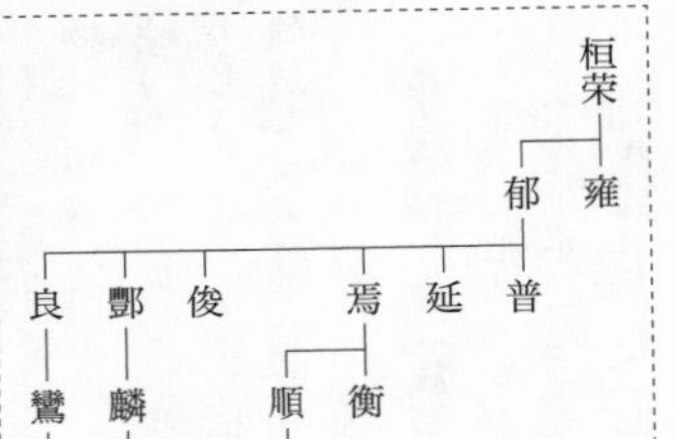

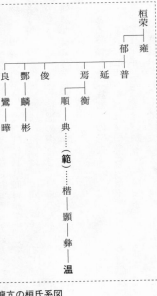

龍亢の桓氏系図

（二四九）、司馬懿がクーデタをおこし、曹爽《そうそう》一派を殲《せん》滅《めつ》したとき、曹爽の知恵袋と目された桓範《かんはん》も処刑され、三族（父母・妻子・兄弟姉妹）皆殺しになった。桓彝・桓温父子は、この桓範の後裔《こうえい》とおぼしいのである。

　三族皆殺しとはいえ、桓範の子孫のなかに、逮捕網をかいくぐって逃亡した者がいても不思議はない。世間の目を逃れ息をひそめている間に時が流れ、法網が緩み人々の記憶もうすれる。桓範の孫とおぼしい桓彝の父桓顥《かんこう》が、さしたる官位にはつけなかったものの、司馬氏の西晋王朝に仕えたのも、そんな記憶の風化がもたらした現象であろう。

　付言すれば、反逆のかどで司馬昭に殺された「竹林の七賢」の一人、嵆康《けいこう》（二二三〜二六二）の遺児嵆紹《けいしょう》（?〜三〇四）も、父の友人山濤《さんとう》に推挙されて西晋王朝に仕え、暗愚な西晋第二代皇帝恵帝を守りぬき、八王の乱の渦中で戦死している。この嵆紹のケースは、司馬氏と敵対関係にあった者の子孫が、ほとぼりがさめたのち、西晋政権に吸収されていった過程

学術をポケットに！

学術は少年の心を養い
成年の心を満たす

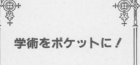

講談社学術文庫のシンボルマークはトキを図案化したものです。トキはその長いくちばしで勤勉に水中の虫魚を漁るので、その連想から古代エジプトでは、勤勉努力の成果である知識・学問・文字・言葉・知恵・記録などの象徴とされていました。

を端的に示すものである。

ただ、桓範はなにしろ三族皆殺し、すなわち「族滅」の重刑に処せられたのだから、子孫たちは、桓範の名をタブーとして秘めかくし、無縁を装いつづけた。祖先桓範の本籍地が曹操と同郷の沛国譙《はいこく》（安徽省亳《はく》県）であるのに対し、曽孫の桓彝および高孫の桓温が同地域ながら、やや離れた譙国龍亢を本籍と称したのも、そうした配慮によるものであろう。

東晋王朝の祖先と対立した家系上の問題を無化すべく、桓温の父桓彝は命を賭けて東晋王朝に献身した。しかし、父の築いた土台から飛躍した桓温は、恨みをのんで滅んでいった祖先の復讐を遂げんとするかのように、司馬氏の東晋王朝をぎりぎりまで追いつめた。まさしく、「めぐる因果は小車の……」というところである。

彼を抑えることもできなくなるだろう――荊州ゆき

父の仇討ちで名をあげた青年桓温は、見所のある人材だと注目され、やがて明帝の娘の南《なん》康長公主《こうちょうこうしゅ》の結婚相手に選ばれた。これが出世の糸口になり、以後、昇進を重ね、建元《けんげん》元年（三四三）には、徐州《じょしゅう》刺史（徐州［江蘇省］の長官）に任命され、北府軍団を率いて京口に駐屯した。北府軍団の初代リーダー郗鑒が死んでから四年後のことである。大任ではあるが、北府軍団は郗鑒の人脈でびっしり固められており、桓温が自己勢力を拡大する余地などなかったのは、いうまでもない。

そんなおり、桓温に千載一遇の好機がめぐってくる。永和《えいわ》元年（三四五）、長江中流域を管轄する荊州刺史に任ぜられ、西府軍団の指揮権を得る運びとなったのだ。野心満々の桓温は勇んで建康をあとにし、荊州の軍事拠点江陵《こうりょう》（湖北省沙市《さし》市）に向かった。桓温が荊州刺史に任命されたとき、彼をよく知る名士の劉惔《りゅうたん》が、「桓温を行かせれば、きっと西楚《せいそ》地方（長江中流域）を治めることができる。しかし、たぶん彼を抑えることもできなくなるだろう」と予言した。この予言は的中した。

西府軍団のリーダーである荊州刺史には、先述のとおり、王敦の乱後、まず陶侃が就任し、咸和九年（三三四）、陶侃が死去すると、陶侃と親しかった庾亮が後任となった。

庾亮は魏以来の名門「潁川《えいせん》の庾氏」の出身だった。潁川の庾氏は、庾亮の曽祖父庾遁《ゆとん》の兄庾嶷《ゆぎ》が、魏晋交替期に重要な役割を演じ、司馬氏の功臣となったために、隆盛となった一族である。ちなみに、西晋貴族社会きっての名士で、奇行をもって知られた庾敳《ゆがい》（二六二〜三一一）は庾遁の孫で、庾亮の父庾琛《ゆちん》の従兄弟にあたる。

棚からボタモチ——西府軍団を手中に

司馬氏とゆかりの深い家柄の出身であるうえ、すこぶる有能だった庾亮は、建康政権成立当初から司馬睿に信頼され、東晋王朝の功臣の一人となった。さらにまた、先にも述べたとおり、彼の妹は第二代皇帝明帝の皇后であり、第三代皇帝成帝の生母であった。外戚として優位に立った庾亮は、一時は王導をしのぐ勢力を誇るが、厳格な政治手法が仇となり、蘇峻の乱をひきおこしてしまった。

以後、庾亮は責任をとり、内政は王導にゆだね、地方の軍事拠点に駐屯する道を選ぶ。咸和四年（三二九）、庾亮は豫州《よしゅう》刺史（豫州［東晋の豫州は安徽省］の長官）となり、建康を離れて蕪湖《ぶこ》（安徽省蕪湖市）に駐屯、五年後、陶侃が死去すると、荊州刺史を兼任して武昌に鎮を移す。

内政は王導にまかせたとはいえ、もともとシビアな性格の庾亮は、ノンシャランな王導とそりが合わず、自らの擁する強大な軍事力を頼みに、王導打倒の計画を練ったこともある。これに待ったをかけたのが、娘を王導の従子《おい》の王羲之と結婚させ、すでに琅邪の王氏と深く結び付いていた郗鑒である。北府軍団を率いる郗鑒に反対されては、とてもクーデタが成功する見込みはなく、この一件はうやむやのうちに、沙汰やみとなった。

咸康《かんこう》五年（三三九）、王導と郗鑒が相継いでこの世を去り、その翌年、庾亮もまた在任のまま死去する。水面下ではげしく葛藤しながら、東晋王朝を支えた第一世代の功臣は、この数年前に死去した陶侃も含め、ここにこぞって退場したことになる。

庾亮の死後、弟の庾翼《ゆよく》（三〇五～三四五）が兄の軍事力をそっくり引き継ぎ、後任の荊州刺史となった。なかなか優秀な軍事家だった庾翼は、華北奪還をめざす北伐を行うべく北上し、西府軍団の根拠地を武昌から国境地帯の襄陽《じょうよう》（湖北省襄樊《じょうはん》市）へ移すが、事が端緒についたばかりの永和《えいわ》元年（三四五）、背中に悪性の腫瘍《しゅよう》ができて急死してしまう。

この結果、終始一貫、建康の東晋朝廷に対する強烈な反撥心をもって、陶侃から庾亮へ、さらに庾翼へと受け継がれ、長い時間をかけて鍛え上げられた荊州の西府軍団は、棚からボタモチ、そっくり桓温に引きわたされることになるのである。

荆州は対華北の重要な軍事拠点であり、無能な者にはまかせられないこと。にもかかわらず、死に瀕した庾翼が、後任に推挙した息子の庾援之《ゆえんし》が凡庸であったこと。はたまた桓温の父の桓彝が庾亮の親友であったこと。これらさまざまな条件が絡みあい、めだって有能な桓温が、荆州刺史に起用される幸運に恵まれたのであろう。

今日また官軍を目にするとは——北伐敢行

荆州に着任した桓温は、江陵に鎮を置くや、水を得た魚のように活躍しはじめる。西府軍団を完全に掌握した後、まず永和二年(三四六)から永和三年(三四七)にかけ、長年蜀(四川省)の堅固な地勢を頼み、自立政権を樹立していた氐《てい》族の李勢《りせい》の国成漢《せいかん》を滅ぼし、東晋朝廷を驚かせた。

この功績により征西大将軍《せいせいだいしょうぐん》に昇進した桓温は、前任の荆州刺史庾翼と同様、華北奪還をめざす北伐を願いでた。しかし、桓温の勢力がつよまることを恐れた東晋朝廷はこれを却下、かわりに揚州刺史の殷浩《いんこう》(?~三五六)に北伐を命じるという挙にでた。ところが、朝廷期待の桓温の対抗馬殷浩は軍事センス皆無であり、永和八年(三五二)、北伐を敢行して大失敗を喫し、二年後、桓温によってすべての官位を剝奪され、失脚してしまう。簒奪を射程に入れ、じりじり勢力拡大を図る桓温と、そうはさせじと対抗馬を立て、阻止しようとする東晋朝廷の息づまる戦いが、以後、桓温が死ぬまで二十年余りも続くことになる。

殷浩の失敗後、太尉となり、朝廷内外の大権を掌握した桓温は、永和十年（三五四）、四万の軍勢を率いて北伐を敢行する。桓温軍は、華北の異民族国家の混乱の隙をつき、苻健《ふけん》をリーダーとする氐族の国前秦《ぜんしん》の軍勢を撃破、覇上《はじょう》（陝西《せんせい》省西安市の東）まで到達した。覇上付近の漢民族の住民は、牛肉と酒を捧げて桓温軍を歓迎し、老人たちは「今日また官軍を目にするとは思いもよらなかった」と感涙にむせんだという。建興四年（三一六）、辛うじて長安で命脈を保っていた西晋王朝が、匈奴軍に滅ぼされてから、すでに四十年近くの歳月が流れていた。

そっくりですが……

得意の絶頂に達した桓温は、このとき、西晋末、北方異民族の進撃に抗し、華北で孤軍奮闘した劉琨《りゅうこん》（二七一〜三一八）の家妓だった老女と出会った。彼女は桓温を見た瞬間、さめざめと涙を流しながら、「殿は劉司空《りゅうしくう》（劉琨）にそっくりでいらっしゃる」といったので、劉琨を尊敬し、劉琨に似ていると自負していた桓温は、天にものぼる心地になった。そこで、ほんとうにそっくりだと言ってもらいたくて、わざわざ正装に着替え、もう一度、老女と対面したところ、彼女はしげしげと桓温をながめながら、こういった。「唇はそっくりですが、残念ながらちょっと薄く、眼はそっくりですが、ちょっと小さく、ヒゲはそっくりですが、ちょっと赤茶けており、背格好はそっくりですが、ちょっと小さく、声はそっくりですが、ちょっと弱々しくていらっしゃいます」。

劉琨に比べ、なにもかも小粒だというわけだ。がっくりした桓温は奥に入ると、正装をぬぎ捨てて横になり、何日もふさぎこんでいたという。野心家とはいえ、妙に可愛げのある桓温の姿を、彷彿《ほうふつ》とさせる話である。

洛陽奪還

老女に一本とられたとはいえ、第一回北伐を上首尾に終えた桓温は軍勢を率いて、ひとまず前線基地の襄陽にもどった。たまたま母が亡くなったため、しばらく北伐も中断したが、その喪《も》が明けた永和十二年（三五六）、桓温は第二回目の北伐を敢行、羌《きょう》族の姚襄《ようじょう》の軍勢を許昌《きょしょう》（河南省許昌市）で打ち破り、西晋の旧都洛陽の奪還に成功する。

洛陽に入城した桓温は、あわただしく西晋の皇帝陵に詣《もう》で、破壊された御陵の修理をすませると、わずかの守備軍を残して、さっと洛陽から引きあげた。桓温の北伐は、東晋朝廷に自らの軍事力をみせつけ、脅威を与えるのが主要な目的だったから、最初から洛陽に長居する気などなかったのだ。洛陽は、残留した東晋守備軍の手で辛うじて持ちこたえたが、支援の軍勢が到着しないまま孤立し、興寧《こうねい》三年（三六五）鮮卑《せんぴ》族の前燕《ぜんえん》軍の攻撃をうけ、ついに陥落する。

けっきょく一時的勝利にすぎなかったとはいえ、二度にわたる北伐の輝かしい戦果によって、桓温は当初のもくろみどおり、東晋朝廷を圧倒し、飛ぶ鳥を落とす勢いとなる。

なんと幕僚に——不敵な対抗馬、謝安

意気あがる桓温は帝位簒奪を最終目標として、東晋王朝に対し露骨な圧力をかけはじめた。慌てた東晋朝廷は、世評の高い謝安《しゃあん》（三二〇～三八五）を対抗馬に立て、桓温の野望を挫《くじ》こうと図る。

謝安は、陳国陽夏《ちんこくようか》（河南省太康県）を本籍とする貴族「陽夏の謝氏」の出身である。陽夏の謝氏は、魏以来の名門である琅邪の王氏とは異なり、もともとパッとしない田舎貴族だったが、西晋末から東晋初めにかけ、奇人として名を馳せた謝鯤（謝安の叔父）の代になって、脚光を浴びた。

ちなみに、桓温の父桓彝と謝鯤は、東晋初期の奇人グループ「八達」の仲間であり、奇行を誇示して東晋貴族社会で名をあげたところが、よく似ている。

陽夏の謝氏は謝鯤の息子で、謝安の従兄にあたる謝尚《しゃしょう》（三〇八～三五

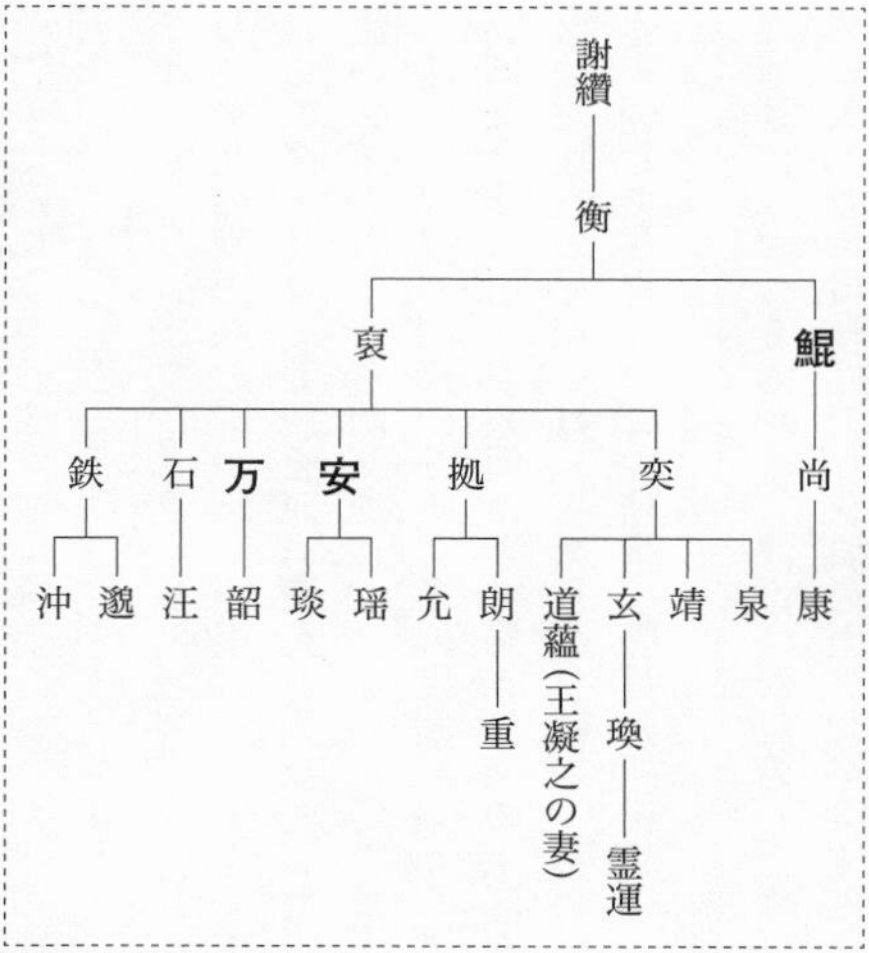

陽夏の謝氏系図

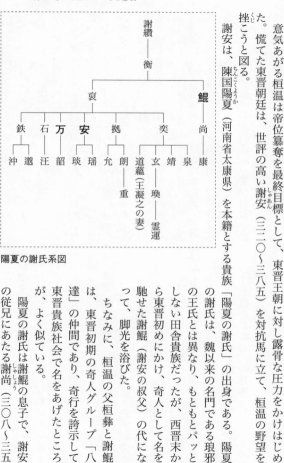

七）の活躍により、ますます隆盛となった。軍事的才能に恵まれた謝尚は、永和元年（三四五）、桓温の荊州刺史就任と時期を同じくして、豫州刺史に就任した。以来、升平《しょうへい》元年（三五七）、歴陽《れきよう》（安徽省和県）の鎮で死去するまで十三年間、この地位にあり、しばしば北上して華北の異民族と戦った。謝尚は軍事家として優秀であるのみならず、貴族社会で歓迎される人格・教養・美貌を兼ね備えた人物だった。こうした謝尚の存在が、暗黙のうちに、桓温の猛威をおさえる防波堤になっていたことは、まずまちがいない。

謝尚が陽夏の謝氏のリーダーの役割を果たしていた間、従弟の謝安は官途につかず、風光明媚な会稽《かいけい》（浙江省紹興市《せっこうしょうしょうこう》）で悠々自適の生活を送った。しかし、謝尚の死後、豫州刺史となった謝安の兄謝奕《しゃえき》は一年余りで急死し、その後任になった弟の謝万《しゃまん》は失態を演じ、あえなく失脚してしまう。この結果、陽夏の謝氏はついに長年の地盤、豫州刺史の座を失う羽目になる。

清談にうつつをぬかし、浮世ばなれのした生活を楽しんでいた謝安が、重い腰をあげて官界に入ったのは、謝万が失脚した翌年の升平四年（三六〇）である。東晋朝廷は、大人物だと下馬評の高い謝安を切り札に用いて、桓温を抑えようとしたのだが、謝安にすれば、自分が出馬しなければ、陽夏の謝氏一族が斜陽になるという危機感もあったのだろう。

ともあれ、衆望を担って政治の表舞台に上がった四十一歳の謝安は、なんと自ら志願して、まず桓温の司馬《しば》（幕僚）となった。ライバルの属官となって、その手のうちを知ろうとする不敵な試みである。もっとも、気のいいところのある桓温の方は、謝安の思惑を知ってか知らずか、その大人物ぶりに感嘆することしきり、一日中語り合って「ああいう男を見たことがあるかね」と、ためいきをつきながら、ほめちぎったりする始末だった。

桓温の性格の裏表を知り尽くした謝安はやがて桓温の司馬を辞し、その後、朝廷の要職を歴任して、本格的に桓温と対抗するに至る。

北府軍団をも支配

桓温はこの後もじりじりと勢力をつよめた。興寧元年（三六三）、太尉から大司馬に昇進、この翌年にはかつての王敦と同様、揚州牧の地位を獲得、その鎮を西府軍団の拠点江陵から、首都建康にほど近い姑孰《こじゅく》に移し、朝廷に睨みをきかせた。後任の荆州刺史に弟桓豁《かんかつ》を就任させ、依然として西府軍団を掌握しつづけたことは、いうまでもない。

太和四年（三六九）、桓温の軍事力はさらに強化された。郗鑒の息子郗愔《ちいん》（三一三～三八四）を押しのけて、徐兗二州刺史の地位を兼任し、郗鑒が創設した、東晋王朝の藩屏《はんぺい》たる京口の北府軍団をも完全に支配下に収めたのである。

郗愔の弟郗曇《ちどん》（三二〇～三六一）が長らくリーダーをつとめるなど、北府軍団はずっと郗氏一族の地盤であった。ただ、郗曇の死後しばらくして、この地位を引き継いだその兄の郗愔は、およそ無能な人物だった。郗愔とは対照的に、すこぶる有能な息子の郗超《ちちょう》（三三六～三七七）は、のほほんとしたお人よしの父が、謝安ら陽夏の謝氏に先を越されることに、かねがね不快感をつのらせ、その反動もあって、桓温の参謀となり、東晋王朝簒奪計画にも積極的に加担した。こうした事情によって、桓温の勢力拡大を最優先課題とする郗超が画策、情勢音痴の父を降ろしたために、桓温は北府軍団の指揮権を掌握することができたのである。

西府・北府両軍団を支配し、比類ない軍事力を擁するに至った桓温は、この年（太和四年）、三度目の北伐を敢行した。勝利をおさめ、これをダメ押しとして、一気に簒奪を実現しようという計画だった。しかし、桓温軍は黄河の渡河点枋頭《ほうとう》（河南省濬《しゅん》県）で、前燕の猛将慕容垂《ぼようすい》に撃破されて大敗北を喫し、この計画はあえなく水泡に帰す。

傀儡皇帝の意地

焦った桓温は郗超と相談して、政治的トリックを用いる方法に切り替えた。三度目の北伐に挫折した二年後の咸安《かんあん》元年（三七一）、第七代皇帝廃帝司馬奕《はいていしばえき》（三六五〜三七一在位）を退位させ、簡文帝司馬昱《かんぶんていしばいく》（三二〇〜三七二。三七一〜三七二在位）を即位させたのである。初代皇帝元帝の末子の簡文帝は、幼帝や短命の皇帝がつづいた東晋王朝において、年長の皇族としてしだいに重みを増したが、いかんせん、政治的センスは無きに等しかった。桓温は、この名望は高いが実力のない司馬昱を傀儡《かいらい》皇帝に仕立て、時機が来れば退位させて、自分が取って代わろうとしたのである。

ところが、簡文帝は即位の翌年に死去、この計画も頓挫する。桓温の言いなりだった簡文帝が、臨終にさいし、自分の息子の司馬曜《しばよう》（孝武帝《こうぶてい》。三七二〜三九六在位）を後継者に指名、桓温に幼い彼を輔佐するよう遺言したのだ。臨終のさい、自分に帝位が譲られるものと確信していた桓温はあてがはずれ、ますます焦った。

死を前にした簡文帝が、桓温の傀儡であることを拒否し、強気に出た理由はいくつか考えられる。第一に、桓温に利用されっぱなしだったことに対する反撥があったことはいうまでもない。

一方、桓温の方はさんざん簡文帝を利用しながら、いざ当の簡文帝と対面すると妙に気後れして、ろくにものも言えない始末だった。簡文帝は姿をあらわしただけで、あたりをパッと明るくするような、はなやかな雰囲気の持ち主だったので、名士に弱い桓温は気おされたのである。そんな状態だったから、簡文帝に強気に出られ、桓温はついうかうかと、その要求を受け入れてしまったのかもしれない。

こうして桓温の野望を挫くべく、その心理的弱みをつき、簡文帝から孝武帝へ、首尾よく帝位をバトンタッチする筋書きを書いたのが、当時、簡文帝の侍中の謝安と王坦之《おうたんし》（三三〇～三七五）の両者だったことは、推測にかたくない。

男は度胸

自らの簒奪計画に待ったをかけた張本人が、謝安と王坦之だと目星をつけた桓温は、やがて二人を呼び出し、殺してしまおうとする。『世説新語』（雅量篇）は、この場面を次のように描いている。

桓公（桓温）は武装兵をかくして宴会を催し、広く朝臣を招待して、その機会に謝安と王坦之を殺そうとした。王坦之ははなはだうろたえ、謝安にたずねた。「どうしたものだろう」。謝安は顔色も変えず、文度《ぶんど》（王坦之）にいった。「東晋王朝の存亡は、われらの行動ひとつにかかっているのだ」。

二人そろって桓温の前に進み出ると、王坦之の恐怖のさまはますます表情にあらわれ、謝安の落ち着きぶりはいよいよ顔にあらわれた。階段をめざし席に進んだそのとき、謝安は「洛下書生詠《らくかしょせいえい》」をうなり、「浩浩たる洪《おお》いなる流れ」の詩を歌った。桓温は謝安の気宇壮大をはばかり、そこで武装を解除させた。

王坦之と謝安はそれまで名声が等しかったが、これで初めて優劣の判定がついた。

謝安がいきなり鼻にかかった濁声《だみごえ》で「洛下書生詠」を歌いだして、桓温の度肝をぬいたとき、王坦之の方は手板《しゅはん》（礼服を着たときに持つ笏）をさかさまに持つ、うろたえぶりだったという。この王坦之は、やはり名門貴族「太原《たいげん》の王氏」の出身者である。

無念の死

もともと謝安に一目置いていた桓温は、その土壇場のパフォーマンスに圧倒されて殺害計画を断念、またもしてやられてしまう。それにしても、簡文帝には気おされ、謝安にはいいようにあしらわれ、桓温という人物はまったく可愛げがありすぎて、歯痒いほどだ。

　謝安の心理作戦にひっかかって矛《ほこ》をおさめた桓温は、簡文帝の死の翌年の寧康《ねいこう》元年（三七三）、病死した。死の直前まで、九錫《きゅうしゃく》（大功ある諸侯に対し、天子がたまわる車馬など九つの品物。これをたまわることは、やがて帝位を譲りわたすことを意味する。第三章参照）を要求しつづけた桓温に対し、その死が間近いことを察知した謝安は、のらりくらりと時間稼ぎし、応じようとしなかった。かくて、桓温は二十年以上にわたって東晋王朝を威圧し、簒奪を目前にしながら、空しく絶命したのだった。「芳《かぐわ》しい名声を後世に流すこともできず、悪名を万歳に残すこともできないのか」と、無念の言葉を残しつつ。

　桓温の死後、東晋朝廷の最高首脳となった謝安は、王導ばりの融通無碍《ゆうずうむげ》の政治手法を駆使し、しばし安定した社会状況をもたらした。

貴族社会のたそがれ――東晋王朝の滅亡

東晋王朝の二人の反逆者、王敦と桓温はいずれも強大な軍事力を掌握し、簒奪を目前にしながら挫折した。王導や謝安を代表とする東晋貴族が、彼らの反逆をいなしてしまったのだ。これら貴族たちのしたたかさに比べれば、力まかせ、欲望むきだしの王敦や桓温の方がいっそ無邪気にみえるほどだ。そのせいか、王敦や桓温に裏切り者の陰惨さはない。

　とりわけ桓温のイメージは、およそ裏切り者とはほど遠い。桓温は「鬢《びん》はさかだてたハリネズミの毛、眉は（とんがって）紫水晶の角のようだ。まさしく孫仲謀《ちゅうぼう》（孫権）や司馬宣王

（司馬懿）のたぐいの人物だ」（『世説新語』容止篇）と評されたように、容貌こそ猛々《たけだけ》しいが、所々で述べたように、弱気にも通じる繊細なところがあり、これが詰めの甘さにつながった。いわくのある家系の出身ながら、桓温自身、東晋貴族社会の一員であり、価値観を共有していたために、けっきょく彼らに敵対しきれなかったということであろう。

気のいい反逆者桓温に粘り勝ちした、したたかな謝安が太元《たいげん》十年（三八五）死去すると、東晋王朝は加速度的に衰えた。暗愚な皇帝、邪悪な側近、民衆反乱と、お定まりの王朝末期現象のなかで、桓温の息子桓玄《かんげん》（三六九～四〇四）は、元興《げんこう》二年（四〇三）、父が二十年以上もかかって達成できなかった東晋簒奪をあっけなく実現、皇帝となった。

しかし、桓玄の天下は百日しか続かなかった。桓玄を滅ぼしたのは、北府軍団叩きあげの軍人・劉裕《りゅうゆう》（三六三～四二二）である。これを機に主導権をにぎった劉裕は、永初《えいしょ》元年（四二〇）、東晋王朝を滅ぼし宋王朝を創設、宋の武帝となる。王敦と桓温に揺さぶられながら、しぶとく存続した東晋王朝は、こうして貴族社会と根っから無縁な軍人劉裕の手で、ついに滅ぼされたのだった。

第六章　危険な道化
――安禄山

赤光、咆哮、妖星

神龍《しんりゅう》元年（七〇五）、唐《とう》王朝の宮女から身をおこし、中国史上、唯一の女帝となった則天《そくてん》武后《ぶこう》（六二四〜七〇五）は、波瀾万丈の生涯を閉じた。そのころ営州《えいしゅう》（遼寧省朝陽県《りょうねい》）で、北方異民族の一種、トルコ系突厥《とっけつ》族、阿史徳《あしとく》氏出身の巫女《みこ》が、一人の男の子を生んだ。このとき、赤光《しゃっこう》が夜の闇を照らし、原野には猛獣の咆哮《ほうこう》が響き渡り、妖星が長く尾を引いて、今しも男の子が生まれた穹廬《テント》めがけて落ちるのが見えたという。

唐王朝を揺るがした大反乱の首謀者、安禄山《あんろくざん》（七〇五〜七五七）はこうしてこの世に生を受けた。安禄山の反逆の軌跡をたどるに先立ち、まず唐王朝の歴史をみてみよう。

唐王朝の成立まで

四世紀初め、北方異民族によって西晋《せいしん》が滅亡したのち、中国北部を異民族の王朝が支配し、南部を漢民族の王朝が支配する、南北分裂の時代（南北朝時代《なんぼくちょう》）が二百七十年余りつづ

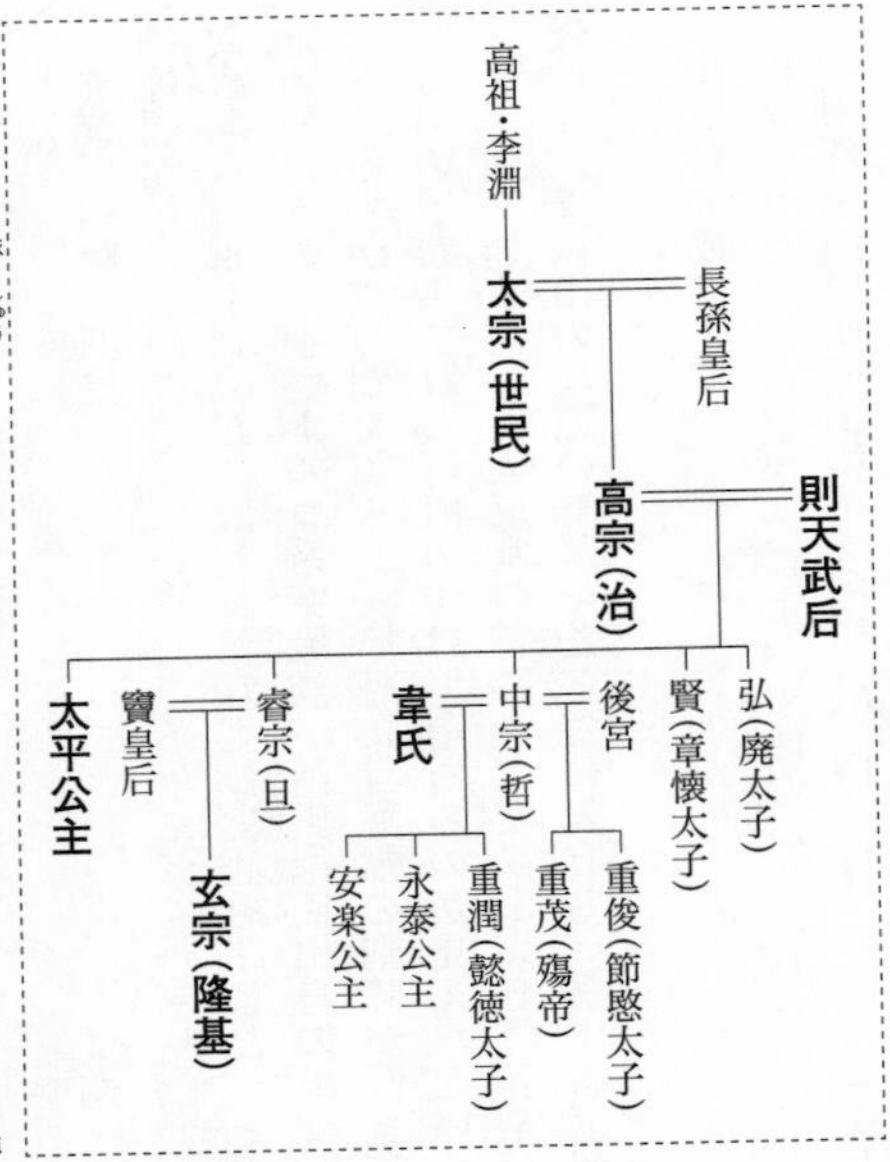

唐王朝系図

いた。この間、亡命王朝東晋《とうしん》の滅亡後、南朝では、劉宋《りゅうそう》・斉《せい》・梁《りょう》・陳《ちん》と五つの王朝が短い周期で興亡した。かたや北朝でも、五胡十六国《ごこじゅうろっこく》の乱立状態が百年余りつづいたあげく、五世紀中頃、ようやくトルコ系鮮卑《せんぴ》族、拓《たく》跋《ばつ》氏の北魏《ほくぎ》が北中国を統一したものの、やがて北魏もまた東魏《とうぎ》と西魏《せいぎ》に分裂、さらに東魏は北斉《ほくせい》へ、西魏は北周《ほくしゅう》へと交替するなど、いつ果てるともない混乱がつづいた。

混乱と分裂の南北朝時代に終止符を打ったのは、北朝隋《ずい》の文帝楊堅《ぶんていようけん》（五八一～六〇四在位）である。北斉を滅ぼし北中国を再統一した北周の外戚《がいせき》、楊堅は、開皇《かいこう》元年（五八一）、北周を滅ぼして自ら隋王朝（五八一～六一八）を立て、八年後の開皇九年（五八九）には、南朝最後の王朝陳をも滅ぼして、中国全土の統一に成功した。ここに後漢《ごかん》の滅亡から数えて、四百年に及ぶ南北分裂の時代はついに終わる。

しかし、隋は二代目の放蕩天子煬帝《ようだい》（六〇四～六一八在位）の失政がたたり、わずか四十年で滅亡してしまう。隋末の動乱を平定して成立した唐王朝（六一八～九〇七）もまた北朝系であり、始祖の高祖李淵《こうそりえん》（六一八～六二六在位）は、隋の煬帝の母方の従兄弟《いとこ》にあたる。彼らの母はいずれも鮮卑族拓跋氏きっての名門出身だった。

唐が多様な民族を受け入れ、豊かな国際性をもつ大王朝となったのは、こうして皇帝一族に異民族の血が流れていたことと、けっして無関係ではない。

則天武后

唐王朝繁栄の基礎を築いたのは、名君の誉れ高い二代目皇帝太宗李世民《たいそうりせいみん》（六二六～六四九在位）である。この太宗の後宮から恐るべき人物が出現する。武照《ぶしょう》のちの則天武后である。

太宗に格別愛されることもなく、後宮で不遇をかこっていた則天武后は、太宗の死の前後、その息子で三代目皇帝となった高宗《こうそう》（六四九～六八三在位）の目にとまった。太宗の死後、則天武后は他の宮女とともに尼になったが、あくまで彼女に執着する高宗は、還俗《げんぞく》させて自分の後宮に入れた。則天武后はこうして歴史の表舞台に登場したのである。

強烈な権力への欲望を満たすべく、則天武后は卓抜した政治センスを縦横に活用した。長い時間をかけて敵対者をすべて蹴落とし、載初《さいしょ》元年（六九〇）、ゆるぎない権力を手中におさめた時点で、彼女はついに皇帝となり周王朝を立てた。ときに六十七歳。太宗の後宮に入ってからほぼ五十年後のことである。この則天武后の「武周革命《ぶしゅう》」により、唐王朝はいったん断絶する。

さしもの則天武后も寄る年波には勝てず、神龍元年、重病にかかって病臥中、かつて退位させた実の息子、中宗《ちゅうそう》（六八三〜六八四、および七〇五〜七一〇在位）をかつぐクーデタが勃発、譲位をよぎなくされた。このとき、最晩年の則天武后に取り入り、宮中で威勢をふるった張易之《ちょうえきし》・張昌宗《ちょうしょうそう》なる美少年兄弟も、斬殺された。

ここに則天武后の周王朝はわずか十五年で消滅、中宗が復位し唐王朝は再興された。則天武后が波瀾万丈の生涯を終えたのは、その十ヵ月後のことだった。

韋后の禍

強烈な母の脅威をようやくふりはらって復位したものの、中宗には不運がついてまわった。弱気なこの皇帝は、猛妻の韋后《いこう》と娘の安楽公主《あんらくこうしゅ》にふりまわされたあげく、景雲《けいうん》元年（七一〇）、彼女たちの手で毒殺されてしまう。権力欲の権化の韋后母娘は、中宗を殺したあと、則天武后の先例に習って、母の韋后が皇帝に、娘の安楽公主が皇太女となる計画であった。

これに待ったをかけたのが、睿宗李旦《えいそうりたん》（六八四〜六九〇、および七一〇〜七一二在位）の息子李隆基《りりゅうき》と、その叔母の太平公主《たいへいこうしゅ》である。彼らは近衛兵を率いて宮中に突入、たちまち韋后母娘を誅殺《ちゅうさつ》したのち、手際よく睿宗を復位させた。

ちなみに、睿宗もまた則天武后の実子（中宗の弟）であり、かつて兄中宗の退位後、則天武后が即位するまで数年間、皇帝の座についたことがある。夫高宗の死後、則天武后は息子の中宗・睿宗を次々に傀儡《かいらい》皇帝に仕立てて時間を稼ぎ、機が熟したところで彼らをお払い箱にし、自ら皇帝となったのである。

玄宗（慶長版『君臣図像』より）

玄宗登場

クーデタの成功によって、復位したものの、もともと凡庸な睿宗はたちまち行き詰まった。最大のネックは同母妹の太平公主であった。強気でバイタリティのある太平公主は、もともと母則天武后の大のお気に入りだった。

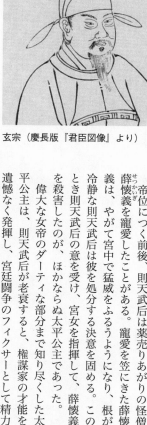

帝位につく前後、則天武后は薬売りあがりの怪僧薛懐義《せっかいぎ》を寵愛したことがある。寵愛を笠にきた薛懐義は、やがて宮中で猛威をふるうようになり、根が冷静な則天武后は彼を処分する決意を固める。このとき則天武后の意を受け、宮女を指揮して、薛懐義を殺害したのが、ほかならぬ太平公主であった。

偉大な女帝のダーティな部分まで知り尽くした太平公主は、則天武后が老衰すると、権謀家の才能を遺憾なく発揮し、宮廷闘争のフィクサーとして精力的に活動しはじめる。かくして兄の中宗をかつぎ則天武后に譲位を迫ったクーデタにおいても、韋后母娘を誅殺し、もう一人の兄睿宗を復位させたクーデタにおいても、彼女は重要な役割を演じ、みるみるうちに勢力をつよめていった。

権力欲の旺盛さこそ母親譲りだが、如何《いかん》せん、太平公主には則天武后の最大の長所だった、大局をみわたす政治的センスが決定的に欠けていた。兄睿宗がおとなしいのをいいことに、彼女は朝政の主導権をにぎり、七つある宰相ポストの五つまで自分の息のかかった者で占めさせる始末。韋后母娘打倒クーデタの共謀者であり、クーデタ成功後、皇太子となった李隆基は、当然、叔母の強引なやり方に反撥をつよめた。こうして李隆基と対立し、唐王朝を二分する勢力抗争を引き起こしたことが、太平公主の命とりとなる。

めざわりな甥を追い落とし、自ら皇帝にならんと野望を膨らませる太平公主。叔母の猛威をはねのけ、自らの立場を保持・強化しようとする李隆基。妹と息子の対立の激化に手を焼いた睿宗は、景雲《けいうん》三年（七一二）、帝位を李隆基に譲りわたし、上皇となる道を選んだ。ここに李隆基は、唐王朝第六代皇帝玄宗《げんそう》（六八五〜七六二。七一二〜七五六在位）となる。けっきょく睿宗は妹を切り捨て、息子を選んだといえよう。

即位の翌年の開元《かいげん》元年（七一三）、太平公主派は玄宗打倒のクーデタを計画、巻き返しをはかった。しかし、事前に露見し、あえなく一網打尽にされてしまう。太平公主は南山寺《なんざんじ》に逃げ込んだが、三日後、玄宗の腹心の宦官高力士《かんがんこうりきし》（六八四〜七六二）らに発見され、自殺に追い込まれた。

つまるところ、韋后母娘も太平公主も、偉大な女帝則天武后の卑小なエピゴーネンにすぎなかった。若き玄宗は、これらわずらわしい女たちを次々に滅ぼし、傾きかけた唐王朝の屋台骨の立て直しにとりかかったのだった。

宦官、高力士

玄宗が、巻き返しをはかる太平公主派を、先手必勝で叩きつぶし、主導権を確立するにあたり、すこぶる重要な役割を演じたのは、先述の宦官高力士である。

高力士は高州《こうしゅう》（広東省）の出身で、本名を馮元一《ふうげんいつ》という。西晋滅亡後、華北に侵入した異民族が興亡を繰り返した北朝において、五世紀初め、短期間ながら漢民族国家を成立させた北燕《ほくえん》（四〇九〜四三八）の君主、馮氏の末裔《まつえい》だとされるが、真偽のほどは定かでない。

高州の馮氏一族は唐代に入って隆盛となり、高力士の祖父は潘州《はんしゅう》（広東省）の長官をつとめた。しかし父が誣告《ぶこく》罪にとわれ、財産没収・戸籍剝奪のきびしい処分をうけたために、一家離散の憂き目にあい、幼い高力士も浮浪児になった。もの乞い同然の暮らしを続けるうち、騙されて売り飛ばされた高力士は、不運にも去勢されてしまう。

則天武后の聖暦《せいれき》元年（六九八）、高力士が十五歳になったとき、嶺南《れいなん》地方（広東省）で少数民族の反乱がおこった。反乱の鎮圧に成功した唐王朝の将軍李千里《りせんり》は、この地から二人の閹児《えんじ》（去勢された少年）を選びだし、捧げ物として都長安の則天武后のもとに送りとどけた。高力士は人目をひく堂々たる体格の持ち主だったため、このうちの一人に選ばれる。これが、彼の運命の転機となった。

ぐっすり眠れる

小宦官（若い宦官）として則天武后の側近くに仕えるうち、聡明な高力士は宮廷政治の力学をマスターした。かくて則天武后の最晩年から始まった一連の権力闘争を注意深く観察した結果、高力士は李隆基すなわち玄宗を、則天武后亡き後の自らの主人に選んだ。

以来、高力士は、宮中に張りめぐらされた宦官の情報ネットワークを利用して、太平公主派の動きを機敏に把握、これを逐一《ちくいち》伝えるなど、玄宗を勝利させるために力を注いだ。のみならず、玄宗がクーデタの密謀をめぐらす太平公主派を一網打尽にしたおりには、近衛兵を率いて公主派の重要人物を次々に襲撃、自ら刃をふるって殺害した。なにしろ先述のごとく、高力士は宦官とはいえ、太平公主におもねる青白い官僚など足元にも及ばない、屈強の体格と力の持ち主だったのである。

玄宗が権力を完全に掌握すると、功労者高力士の地位は格段に高まった。当初、玄宗は一連の権力闘争によって荒廃した政治機構を立て直し、「開元《かいげん》の治《ち》」と呼ばれる安定した社会状況をもたらすなど、すこぶる英明な君主であった。開元とは、玄宗の即位の翌年（七一三。このとき玄宗は二十九歳）を起点に、玄宗五十七歳（開元二十九年＝七四一年）の年まで、二十九年つづいた年号をいう。

この間、高力士は、政務に忙殺される玄宗を、文字どおり粉骨砕身、支えつづけた。玄宗も又心の底から彼を信頼し、重臣たちに、「高力士が当直のときだけ、ぐっすり眠れる」と公言するほどだった。このため、各地から寄せられる上奏文も、宮中に詰めっきりの高力士がまず目を通し、些細《ささい》なものは独断で処理し、重要なものだけ玄宗にまわして判断をあおぐのが、慣例になった。宦官の身でありながら、実質的に宰相の役割を担ったわけだ。すこぶる有能な高力士はこの役割をそつなくこなし、玄宗を大いに満足させた。

口に蜜あり腹に剣あり――李林甫

これほど玄宗に密着した高力士のまわりには、当然のことながら、出世を狙う野心家がむらがった。「口に蜜あり腹に剣あり」と評される陰険なやり口で、政敵を打倒しつづけ、開元二十三年（七三五）から十八年の長きにわたり、宰相として行政トップの座を占めた李林《りりん》甫《ぽ》（?～七五二）も、最初は高力士の引きで浮かびあがった人物である。李林甫は唐王朝の遠い親戚だが、教養がなく、ちょっと難しい字になると、もう読めないほどだったという。

教養はないけれども、人の心理を読むことに長けていた李林甫は、若いころから艶福家であり、則天武后の甥武三思《ぶさんし》の娘とも関係があった。彼女は侍中《じちゅう》（天子の顧問）の裴光庭《はいこうてい》と結婚していたが、夫の在世中から李林甫の愛人だったのである。

夫が死ぬと、さっそく彼女は李林甫を夫の後任に推薦してほしいと、父の武三思と親しい間柄だった高力士に泣きつく。これが功を奏して、李林甫は首尾よく出世コースに乗り、まもなく宰相となるのである。

絶妙のバランス感覚

この例に端的にみられるように、高力士は玄宗の破格の信任をバックに、人事も思いのまま、陰の宰相として並びなき権勢を誇った。これとともに、壮麗な邸宅を構え、うなるほど財産を蓄積するなど、経済的にも結構ずくめであった。

並の宦官ならば、たちまちのぼせあがり、見境をなくしてしまうところである。だが、高力士はあくまで聡明な男だった。彼は玄宗に対して、誠実そのものであり、いかなる局面においても、玄宗のためによかれと思う気持を失わなかった。

たとえば、開元二十五年（七三七）、当時、玄宗の最愛の女性だった武恵妃《ぶけい》が、すでに宰相のポストについていた李林甫と結託、皇太子瑛《えい》を自殺に追い込み、自分の子の寿王瑁《じゅおうぼう》を皇太子に立てるよう、玄宗に迫ったことがある。武恵妃は武氏一族の出であり、先述のように武氏一族と因縁のある李林甫と深くつながっていたのだ。

共同戦線を張った武恵妃と李林甫は、やっきになって寿王を立てるよう画策したものの、なにぶん寿王は年が若いうえ、どう見ても皇帝の器ではない。玄宗は、三男の忠王浚《ちゅうおうしゅん》（璵《よ》・紹《しょう》・亨《きょう》とつづけざまに改名。のちの粛宗《しゅくそう》）こそ皇太子として最適任だと考えたが、さりとて愛する武恵妃の願いを、むげにしりぞけることもできない。唐王朝では則天武后以来、恐るべき女があいついで出現した。彼女たちに恐れをなしたため、男たる皇帝は総じて軟弱で影がうすい。さしもの英明な玄宗にも、老年に入るにつれて、この傾向が出てきたとおぼしい。

そんなわけで、皇太子問題で玄宗が悩みに悩み、結論が出せずにいるうち、開元二十五年暮、武恵妃は病死する。彼女の死後も、李林甫は寿王を皇太子にすべく、あの手この手で玄宗に揺さぶりをかけた。そんなとき、助け船を出したのが高力士だった。彼は玄宗の意のあるところを汲み、「年長者を皇太子にするとおっしゃれば、誰も反対できません」と助言、迷いのふっきれた玄宗がついに忠王を指名したため、李林甫の計画は水泡に帰した。開元二十六年（七三八）のことである。

高力士は義理に絡まれたとはいえ、李林甫を引き立て、武恵妃との関係も良好であった。にもかかわらず、このとき、高力士は玄宗の意にそい、敢然と李林甫と対立する側にまわった。彼はなにより玄宗自身の意向を大切にしたのである。むろん高力士には、李林甫の勢力が増すことを警戒して先手を打ち、その野望を挫《くじ》こうとする思惑があったのも事実だ。聡明な宦官高力士のなかで、玄宗への忠節と自己保存本能が、分かちがたく絡みあっていたというべきであろう。

息子の妻を召しあげる

皇太子問題で歯切れのわるさを見せたことからも、推察にかたくないように、玄宗は明らかに老いはじめていた。老化の兆しは、最愛の武恵妃の病死後、ますます顕在化する。

武恵妃は則天武后の従兄の子、武攸止《ぶゆうし》の娘であった。父武攸止の死後、まだ幼かった彼女は宮中に入り、玄宗が即位するとその寵姫となって、五男二女を生む。ただし、上の二男一女は夭折《ようせつ》し、寿王瑁が成長した最初の子であった。玄宗にはすでに王《おう》皇后がいたけれども、子供ができず、開元十二年（七二四）、皇后位を剝奪され自殺に追い込まれた。この後、武恵妃は皇后同然の待遇を受け、玄宗の寵愛を一身に集めたのだった。しかし、武恵妃は則天武后の一族であることが障害となり、ついに皇后にはなれなかった。

ともあれ十代の半ばから四十歳あまりでこの世を去るまで、四半世紀もの間、武恵妃は玄宗最愛の女性でありつづけた。その彼女に死なれ、心にポッカリ空洞の空いた玄宗は、鬱々と楽しまなかった。やはり四半世紀、皇帝として君臨しつづけた疲労が重なり、初老性鬱病に罹《かか》っていたのかもしれない。

そんな玄宗のようすに心を痛める高力士のもとに、耳寄りな情報が飛び込んでくる。寿王瑁の妃楊玉環《ようぎょくかん》が絶世の美女だというのだ。高力士の配慮で、楊玉環を引見した玄宗は、たちまちその豊満な美貌に魅せられ、なんとか我が物にしたいと切望する。しかし、なんといっても息子の妻である。それなりに手続きを踏まねばならない。そこで、ひとまず彼女を女道士として出家させ、道観《どうかん》（道教寺院）に入れるという苦肉の策をとった。たぶん世故に長けた高力士のアイデアであろう。

楊貴妃を得て

寿王瑁には別の妃を娶《めと》ってやったうえで、天宝《てんぽう》三年（七四四）、玄宗はこの豊満な美女楊玉環を還俗させて、自らの後宮に迎え入れ、翌天宝四年には貴妃《きひ》の称号を与えた。晩年の玄宗の運命を変えた楊貴妃《ようきひ》（七一九〜七五六）の誕生である。武恵妃が死んで八年後、このとき玄宗は六十一歳、楊貴妃は二十七歳であった。それにしても、かつての最愛の女性武恵妃の生んだ息子であり、有力な皇太子候補者でもあった寿王の妃を、こんな形で奪い取った玄宗の神経には、理解を絶するものがある。

則天武后は太宗の宮女からその息子高宗の妻へと転身し、孫の玄宗は息子の妻を横取りする。まして李林甫と武三思の娘のような不倫関係などは、さして珍しいものではなく、正史の『旧唐書《くとうじょ》』や『新唐書』を繙《ひもと》けば、枚挙に暇がないほどころがっている。

それはさておき、玄宗は念願かない楊貴妃を得てからというものは、初期の英明ぶりはどこへやら、

雲鬢《うんぴん》　花顔《かがん》　金歩揺《きんほよう》
芙蓉《ふよう》の帳《とばり》　暖かにして春宵《しゅんしょう》を度《わた》る
春宵は短きに苦しみ　日高《た》けて起く
これより君王は早朝せず
（白居易《はくきょい》「長恨歌《ちょうごんか》」）

と、すっかり楊貴妃との快楽の生活に溺れ、政務もろくに取らなくなってしまう。

羊泥棒が出世の糸口

神龍元年（七〇五）、則天武后がこの世を去ってから、天宝四年（七四五）、楊貴妃が玄宗の寵姫となるまで四十年。唐王朝は、激烈な権力闘争による混乱期、混乱を収拾した玄宗が築いた相対的安定期を経て、老化し政治に倦《う》んだ玄宗が快楽に傾斜するや、またも頽廃と混乱の兆しを見せ始める。

この間、突厥族の巫女の私生児として、生をうけた安禄山は、徐々に頭角をあらわした。さまざまな北方異民族が雑居する辺境地帯で育った安禄山は、若いころ、生来の鋭敏な言語感覚に磨きをかけて、「六蕃《りくばん》」すなわち六つの異民族の言語をマスターし、互市郎《ごしろう》を生業とした。互市郎というのは正式の官名ではなく、多言語がとびかう辺境の市場の通訳である。

しがない市場の通訳安禄山が出世の糸口をつかんだのは、ひょんな事件からだった。あるとき安禄山は羊泥棒の疑いで逮捕され、幽州《ゆうしゅう》長史《ちょうし》・営州《えいしゅう》都督《ととく》の張守珪《ちょうしゅけい》（?〜七三九）の前に引き出された。あわや棒殺されんとしたとき、安禄山は必死になって叫んだ。「公《との》は奚《けい》（鮮卑族の一部族）・契丹《きったん》（モンゴル族系の遊牧民族）の両蕃を滅ぼしたいと思われないのか。なぜ私を殺されるのか」。当時、張守珪が奚および契丹の反乱に、手を焼いていたことを知る安禄山は、彼らの動向にくわしい自分を戦力として用いよ、とアピールしたのだ。

この堂々と開き直った態度に心を動かされた張守珪が、あらためて見ると、ただ者ならぬ風格の偉丈夫ではないか。一目で気に入った張守珪は、ただちに彼を釈放し、自分の軍隊に入れた。ときに開元二十一年（七三三）、安禄山二十九歳。

あくなき上昇志向

まさにケガの功名、以来、安禄山はやはり突厥族出身の盟友史思明《ししめい》（?〜七六一）とともに、張守珪の手足となって働き、しばしば戦功を立てた。安禄山は戦いにつよく、わずか五騎を以て、数十人の契丹族を生け捕りにしたこともあった。張守珪はその能力を見込んで彼を部隊長にとりたて、やがて養子にした。

これほど張守珪の信頼を得るのは、並大抵のことではなかった。せっせと戦功をあげたのはむろんのこと、張守珪が肥満体を嫌ったため、太る体質の安禄山は食事制限して減量にはげむなど、涙ぐましい努力を傾けたのである。

養父張守珪は、虚偽の上奏をしたかどで、開元二十七年（七三九）左遷され、ほどなく病死したけれども、安禄山自身は順風満帆、開元二十八年（七四〇）には、平盧軍兵馬使《へいろぐんへいばし》となった（平盧は山東省益都県を中心とする地域）。

野心満々、さらなる飛躍をめざす安禄山は、たまたま長安から現地視察にやって来た御史《ぎょし》中丞《ちゅうじょう》の張利貞《ちょうりてい》を、贈り物攻めにして籠絡《ろうらく》した。長安に帰還後、張利貞が言葉を尽くしてほめちぎったため、たちまち安禄山は営州都督・平盧軍使・順化州刺史《じゅんかしゅうしし》に昇進したのだった。

その後も賄賂を贈りつづけたかいあって、とうとう張利貞を通し、辺境の雄安禄山の存在は玄宗の知るところとなる。

破格の出世の裏側

いよいよ運が向いてきた安禄山は、天宝元年（七四二）、平盧《へいろ》節度使《せつどし》に任ぜられ、翌天宝二年、初めて入朝、玄宗の眼鏡にかなって驃騎《ひょうき》大将軍の称号を賜り、天宝三年（七四四）には、平盧節度使と范陽《はんよう》節度使（河北省薊《けい》県を中心とする地域の長官）を兼任した。くだって天宝十年（七五一）には河東《かとう》節度使（山西省太原市を中心とする地域の長官）をも兼任、ついに平盧・范陽・河東の三節度使を兼ねるに至る。異民族出身でありながら、十ある節度使のポストのうち、三つまで手中におさめたのだから、まさに破格の出世というほかない。安禄山自身に才覚があったのは確かだが、この異例の出世の裏に、実はより大きな政治情勢の変化があった。

唐王朝ではその初期から、節度使には家柄・能力ともにすぐれた人物を起用するのが原則であった。だから、節度使として実績をあげた人物が、入朝して宰相クラスの重要な地位につくケースもまれではなかった。

ところが、権力の独占をめざす宰相李林甫は、節度使経験者のなかから政敵が出現することを警戒するあまり、どう転んでも自分の脅威になりそうにない異民族や寒族（貧しい家柄の出身者）を、節度使に起用するよう、言葉巧みに玄宗を説得した。これら疎外された人々なら、死力を尽くして辺境守備に当たるにちがいないというのが、表向きの理由だった。

玄宗がこの進言を受け入れたため、やがて節度使のポストは、ことごとく異民族出身者で占められるに至る。もともと李林甫とも接触のあった安禄山は、こうした時流の変化に乗

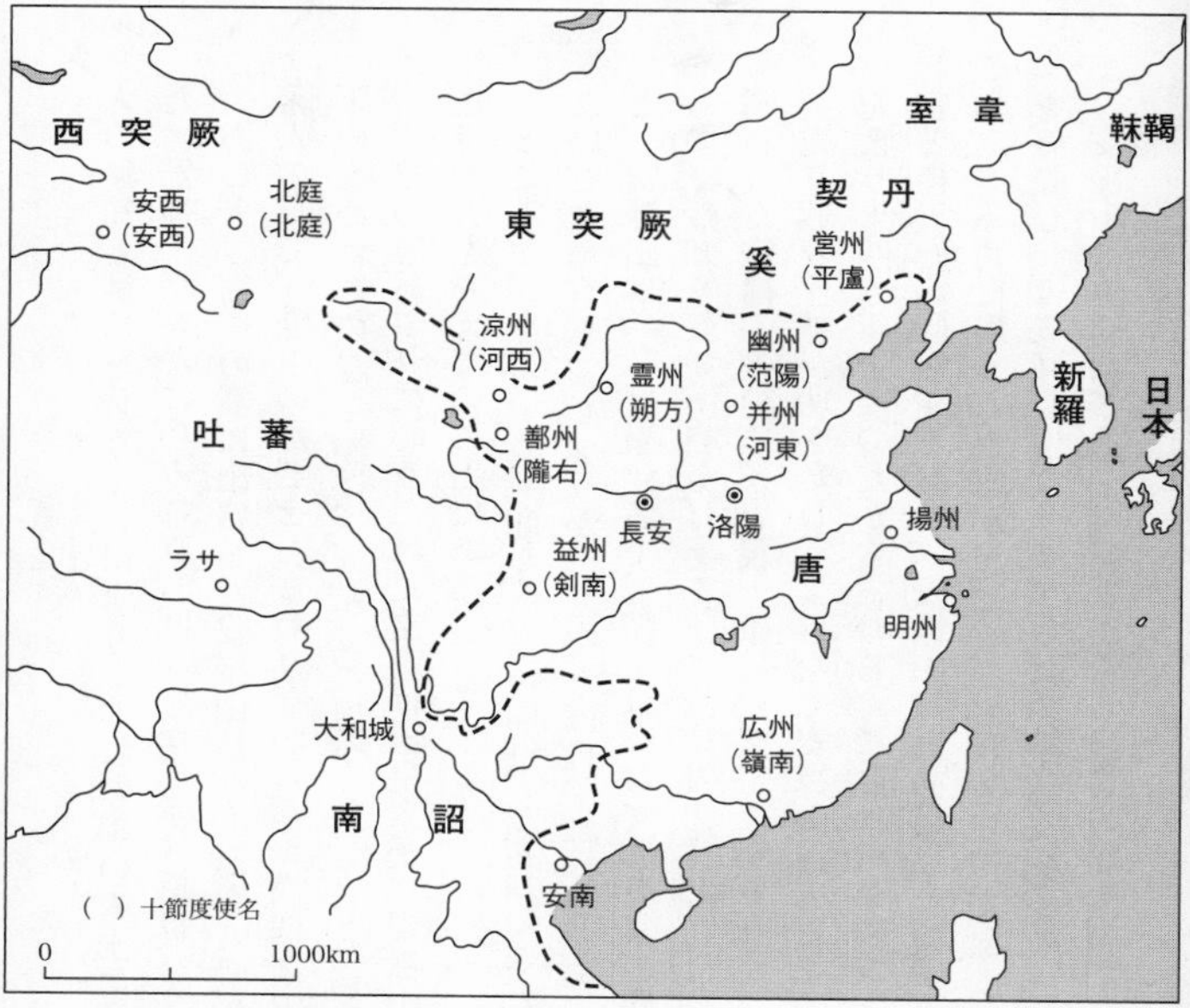

十節度使の配置

り、いちやく時代の寵児となったわけだ。

　楊玉環が玄宗の寵妃、楊貴妃となったのは天宝四年、安禄山が平盧・范陽両節度使を兼任した翌年である。安禄山と楊貴妃、晩年の玄宗を骨抜きにしたこの二人の立役者は天宝年間初期、踵《きびす》を接して中央舞台に躍り出たのだった。

陛下は存じておりますが

　楊貴妃は輝く美貌によって「三千の寵愛　一身にあり」、すなわち後宮の美女三千人分の寵愛を一身に集め、ただ存在するだけで玄宗を酔わせた。かたや安禄山は素朴な蕃人の無知と純情を装うことにより、すれた都の人士に飽き飽きしていた玄宗の心をとらえた。安禄山がいかに巧みに立ち回ったかを示す例は、文字どおり枚挙に暇がない。

あるとき宮中の宴に出席した安禄山は、玄宗から受けた破格の厚遇に感謝し、「いやしい蕃人の身で、陛下の殊遇をたまわりながら、お役にたつような才能もありません。せめて陛下のためにこの身を捧げ、死んでご恩がえしをしたいと存じます」と、誓いの言葉を捧げた。その忠義ぶりに心うたれた玄宗は、皇太子に安禄山を引きあわせた。むろん老齢の自分亡きあとを考えてのことである。

ところが、皇太子と対面した安禄山は、「朝廷のことにうといのですが、皇太子とはいったいどんな官職でしょうか」と空とぼけ、拝礼もしない。玄宗が「私の後継ぎだ」というと、安禄山は「私は愚か者で、陛下は存じておりますが、皇太子は存じません」と平然たるもの。無知を装い、自分はあくまで玄宗ひとすじだと売り込んだのである。こうして周到に装われた安禄山の純情、忠義一徹に、玄宗は手もなくコロリと引っ掛かった。

売り込み作戦が功を奏し、まもなく安禄山は楊貴妃の養子になった。安禄山のほうが楊貴妃より十四も年上なのだから、むろんこれはほんのジョークにすぎない。しかし、以来、玄宗と楊貴妃が同座するとき、安禄山は真面目くさって、必ず先に楊貴妃に挨拶するようになった。不審に思った玄宗がわけをたずねると、安禄山はこう答えた。「蕃人の慣習では、母を優先し父は後回しになります」。これを聞いて玄宗は大いに喜んだという。

安禄山は無知な蕃人を装いながら、皇帝の座を脅かしかねない皇太子のほうは、あえて無視し、皇帝が熱愛する寵妃には極端な敬意を示すという、二様のポーズを巧みに使い分けた。最高権力者の心理の裏を見抜く、この高度な心理作戦により、安禄山はますます深く玄宗に信頼されたのだった。どうして大した策士ではないか。

ただ赤心のみ

玄宗と楊貴妃のまえで、安禄山はいつも道化を演じつづけた。肥満体を嫌ったかつての養父張守珪の失脚後、自立した安禄山は誰に気兼ねもなく太りつづけ、とうとう三五〇斤（約二〇九キロ）の超肥満体になった。べんべんたる太鼓腹が膝まで垂れ下がって、歩行もままならず、両肩をふるって勢いをつけ、腹をひきずるようにして、やっとヨチヨチ歩く。誰もが吹きださずにはいられない、滑稽な姿であった。

あるとき、玄宗がその太鼓腹を見て、「どんな大きなものが入っているのかな」とからかったことがある。すると、安禄山はすかさずこう答えた。「ただ赤心《せきしん》のみ（陛下への忠義だけです）」。動きの鈍い超肥満体とはうらはらに、反射神経抜群、機転のきくことおびただしい。

もっとも、動きの鈍さを誇示するヨチヨチ歩きじたい、偽装だったのかもしれない。その証拠に、歩行もままならないくせに、「胡旋舞《こせんぶ》」を舞うときだけは別人のごとく敏捷になり、はげしいリズムに乗って、風のように舞いつづけたという話もある。西域から伝わった「胡旋舞」は、小さな毬《まり》に乗って旋回しながら舞う、曲芸に近い舞踊だった。超肥満体の安禄山が、小さな毬に乗って舞う珍無類の姿に、玄宗と楊貴妃は大いに笑い興じたのである。ちなみに楊貴妃自身、胡旋舞の名手だったという説もある。

玄宗は自分を楽しませてくれる忠義な道化役者、安禄山にすっかり心を許し、やがて玉座の脇に座らせるまでになった。長安に豪邸を建ててやり、金銀財宝をひっきりなしに下賜したのはむろんのこと、息子の安慶宗《あんけいそう》・安慶緒《あんけいしょ》・安慶長《あんけいちょう》を取り立て高位につけてやるなど、玄宗の安禄山への寵愛はエスカレートする一方だった。

「洗児」のドンチャン騒ぎ

楊貴妃もまた安禄山が大のお気に入りであり、彼を大きな玩具のように扱って遊び興じた。「洗児《せんじ》」のドンチャン騒ぎは、その最たる例にほかならない。「洗児」とは元来、子供が産まれて三日目に、客を招いて祝宴を催し、子供を湯に入れる行事を指す。天宝十年（七五一）、楊貴妃はなんと「養子」の安禄山を新生児に見立て、この「洗児」のセレモニーを行った。安禄山は元旦生まれだったので、三日目の一月三日、安禄山に豪華な刺繍のついたお襁褓《むつ》をさせて輿《こし》に乗せ、宮女たちに担いで回らせたのである。

超肥満体の安禄山のグロテスクで滑稽な赤ん坊姿に、宮女たちは笑いころげた。やがて玄宗も見物に現れ、眉をしかめるどころか、ともにおおいに楽しみ、「母」の楊貴妃に「洗児」の祝儀として、大量の金銀財宝を賜ったという。

いくら正月のゲームとはいえ、こんな扱いをうけては、さしもの安禄山も内心、穏やかだったはずはない。しかし、彼はあくまで道化に徹し、平然と楊貴妃の玩具になった。安禄山の要求を容れて、玄宗が彼を河東節度使に任じ、先の平盧・范陽両節度使と合わせて、三節度使を兼任させたのは、この「洗児」ゲームの翌月のことだった。安禄山はしっかり恥辱の見返りを得たのである。

ちなみに「洗児」の一件以来、安禄山は男子禁制の後宮にも出入り自由の身となった。これによって、安禄山と楊貴妃の間に、スキャンダラスな関係を想定する伝説が生じたわけだが、とても事実とは思えない。以下に述べるように、「大志」を抱いた安禄山が、玄宗の逆《げき》鱗《りん》に触れるような危ない橋を渡るとは、とうてい考えられないし、楊貴妃もこれまた後述するように、せいぜい安禄山にお襁褓をはかせて喜ぶのが関の山、とてもそんな毒々しい真似のできるタイプの女性ではない。

二心あり

長安の宮廷で、玄宗と楊貴妃の歓心を買うべく、終始一貫、道化役を演じる一方、安禄山は天宝年間初期から、根拠地の范陽を中心に、ひそかに自らの軍事力を強化しつづけた。奚・契丹など異民族の勇士八千人を養子にして手厚い待遇を加え、安禄山のためなら死をも厭わぬ、一騎当千の精鋭将校に仕立てあげたのを始め、数万頭の軍馬を蓄え、互市郎の経験を生かした交易によって、莫大な軍資金を着々と蓄積していったのである。

かくして三節度使を兼任したころには、盟友の史思明を筆頭に、多くの有能な将帥《しょうすい》を擁し、一朝事あれば、ただちに数十万の軍勢を動かしうる大勢力に膨れ上がった。安禄山はかなり早い時期から唐王朝転覆を射程に入れ、ひたすら軍事力の強化につとめたとおぼしい。

こうした安禄山の動きに危険なものを感じ、反逆の疑いありと、玄宗に警戒をうながす者もいた。しかし、そのたびに狡猾《こうかつ》な安禄山は先手を打って、反抗的な異民族の軍勢を撃破したと、偽りの戦勝報告をおこない、戦利品だと称して山のような金銀珍宝を玄宗に捧げ、ご機嫌をとり結んだ。これによって、もともと安禄山を深く信頼する玄宗は、つゆほども疑おうとしなかったのである。

安禄山自身にも、すでに高齢の玄宗の存命中は、反乱に踏み切る意志はなかったようだ。そんな安禄山が、天宝十四年（七五五）、ついに叛旗を翻したのは、李林甫亡き後、トップの座についた、楊貴妃のまたいとこ楊国忠《ようこくちゅう》（?〜七五六）との確執が原因だった。

元はといえば無頼漢――楊国忠

楊貴妃には美貌の姉が三人いた。楊貴妃が玄宗の寵姫となるや、すでに結婚していた三人の姉も、玄宗に目をかけられ、陽の当たる場所に躍り出た。彼女たちは天宝七年（七四八）、それぞれ韓国《かんこく》夫人・虢国《かくこく》夫人・秦国《しんこく》夫人の称号を与えられ、宮中もわが家同然、ますますわがもの顔にふるまうようになる。この三人の姉に二人の兄（従兄だともいう）を合わせ、五人の楊貴妃の外戚は各自、のちに「楊氏五宅」と総称される壮麗な邸宅を贈られ、そろって栄華を極める生活を送った。

これに対し、楊国忠は同じく楊貴妃の外戚とはいえ、いささか趣を異にする。楊国忠はもとの名を楊釗《ようしょう》といい、蒲州《ほしゅう》（山西省永済県）の出身で、楊貴妃とは祖父同士が兄弟であるため、またいとこにあたる。ちなみに楊国忠の母は、則天武后の老いにつけこんで威勢をふるい、諸悪の根源としてクーデタの渦中で殺害された、張易之の妹である。これが原因で人々に蔑視され、極貧のなかで育つうち、すっかりぐれてしまった楊国忠は、博打と飲酒に明け暮れる青年時代を送った。しかし、開元年間末ごろ、而立《じりつ》の年の三十になったのを機に、一念発起して無頼生活から足を洗い、蜀《しょく》（四川省）に移って軍隊に入った。

ちょうどこのころ、蜀で地方官をしていた楊貴妃姉妹の実父楊玄琰《ようげんえん》が死去した。これ幸いと、親戚中の鼻つまみ者の楊国忠が、しげしげその家に出入りするようになり、いつしか楊貴妃の姉の虢国夫人と深い仲になった。しかし、まもなく虢国夫人がさっさと裴《はい》氏のもとに嫁いだため、二人の関係はいったん切れる。楊貴妃のほうは父の死後すぐ、河南府士曹《かなんふしそう》だった叔父楊玄璬《げんきょう》の養女となり、実家を離れたので、楊国忠と顔を合わせていない。

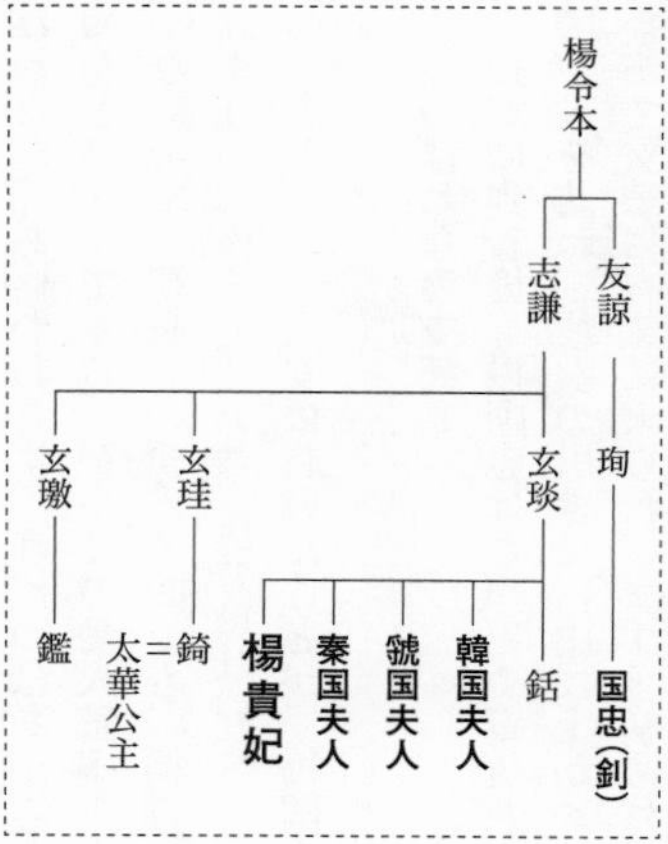

楊一族の系図

こうして数年、楊国忠は蜀で小役人と

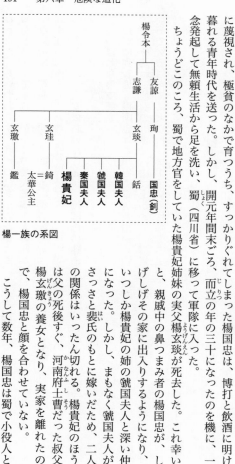

なったが、あいかわらず、うだつはあがらなかった。ところが、天宝四年、願ってもない情報がとび込んでくる。かつての愛人虢国夫人の妹が貴妃になったというのだ。そうなると現金なもので、蜀政府の要人の間でも、楊貴妃と縁つづきの楊国忠に対する注目度がにわかに高まり、剣南《けんなん》節度使の章仇兼瓊《しょうきゅうけんけい》はいそいで楊国忠を幕僚に迎えたのだった。この章仇兼瓊の使者として、長安に赴いたことが、楊国忠の運命を大きく変えることになる。

あっぱれな度支郎

長安に到着後、楊国忠はさっそく章仇兼瓊から預かった大量の蜀の名産品を手土産に、虢国夫人を訪ね、彼女の引きで宮中に上がって、楊貴妃と面会した。口八丁手八丁の楊国忠はやがて玄宗にも気に入られ、まず手初めに御史中丞《ぎょしちゅうじょう》の王鉷《おうこう》（?～七五二）の判官に任ぜられた。翌天宝五年、監察御史《かんさつぎょし》に抜擢されたのを機に、一年たらずで、度支郎中《たくしろうちゅう》など十五を越える要職を兼任、みるみるうちに勢力を伸ばしてゆく。

楊国忠は、とりわけ刑獄と経理の面で悪辣な才能を発揮した。当初、機を見るに敏な彼は、実力者の李林甫に協力、些細な口実を設けては、その敵対勢力を次々に逮捕・処刑し、威名を轟かせた。なにしろ無頼漢あがり、因縁をつけるのはお手のものだったのである。

経理の才が玄宗の目にとまったのも、無頼漢時代に年季を入れた博打のおかげだった。宮中の宴会で樗蒲《ちょぼ》（博打の一種）をやるとき、楊国忠は点数計算の係になり、一点の狂いも出さなかった。玄宗は「あっぱれな度支郎（会計官僚）だ」と感心、これによって財務に明るい王鉷の判官に任命したのである。やがて本物の度支郎中となった楊国忠は、やみくもに税金を取り立てるなど、手段を選ばず金品をかき集め、享楽のために膨大な資金を必要とする玄宗を大いに喜ばせた。まったく「あっぱれな度支郎」である。

李林甫死す

天宝九年（七五〇）、玄宗はこの「あっぱれな度支郎」楊釗の功績を讃《たた》え、国忠という名を与えた。楊釗が楊国忠と呼ばれるようになるのは、実はこのときからである。それにしても博打の計算がうまいといって、粗野な楊国忠を会計官僚に抜擢し、国家財政の破綻もどこ吹く風、ひたすら自分の快楽のための費用を捻出させるとは、玄宗もヤキがまわったとしか、いいようがない。

玄宗の寵遇をいいことに、やりたい放題の楊国忠は、すでに夫と死別していた虢国夫人と隣合わせの豪邸に住み、仲良く車を連ねて宮中に向かうありさま。そんな楊国忠にとって、トップの座に居座る李林甫が目の上のコブになるのは、むしろ当然のなりゆきであった。

牙をむいた楊国忠は天宝九年、李林甫の腹心の御史大夫《ぎょしたいふ》宋渾《そうこん》を収賄罪で告発し、その二年後の天宝十一年（七五二）春には、かつての上司で、李林甫に協力的なナンバーツーの王鉷を、反逆のかどで処刑した。まず外堀を埋めたあと、李林甫本人を攻めようという戦法である。

しかし、敵もさるもの、権力闘争の修羅場をくぐりぬけてきた李林甫は、そう簡単には倒せない。天宝十一年秋、蜀南部で南方異民族の反乱が勃発、李林甫は蜀とゆかりの深い楊国忠を剣南節度使に推挙し、反乱鎮圧に向かわせるべきだと玄宗に進言した。これを口実に、楊国忠を朝廷から排除しようとする李林甫の意図は、誰の目にも明らかだったが、表向きは筋道にかなっている。楊国忠の意をうけた楊貴妃が、いくら行かせないでほしいと哀願しても、このときばかりは玄宗も李林甫の進言を受け入れざるをえず、楊国忠は泣く泣く蜀に向かったのだった。

しかし、けっきょくこれが李林甫の最後の抵抗になった。このとき李林甫はすでに深く病んでいた。蜀に到着したかしないうちに、楊国忠は召還され、臨終の床で諦めの境地に達した李林甫から、後事を託されるに至る。開元二十三年以来、十八年にわたり、李林甫が占めつづけた宰相の座は、ここに労せずして楊国忠のもとに転がりこんだのである。

四十以上の要職を兼任し、もはや恐いものなしとなった楊国忠は、李林甫が生前、反逆をもくろんでいたとして、すべての官爵を剝奪して庶人に落とし、息子たちを流刑に処した。自分を蜀に追いやろうとした李林甫への、執念深い報復である。

李林甫もワルだが、政治状況をみわたすくらいのセンスはあった。これに対して楊国忠は、汚い手のかぎりを尽くし、やみくもに権力を独占しようとするエゴイストにすぎなかった。この救いようのない人物を宰相にしたときから、玄宗は、いな唐王朝は破滅的状況へと雪崩《なだ》れていった。

並び立たず

安禄山は、天宝十一年（七五二）、楊国忠が死んだ李林甫に反逆罪をかぶせたとき、その証人となり、楊国忠のために協力した。実のところ、安禄山はもともと炯眼《けいがん》の李林甫を畏敬し、彼と話すときは極端に緊張して、真冬でもダラダラ汗を流すほどだったが、楊貴妃のコネで出世した楊国忠はバカにし、内心、非常に軽蔑していた。逆境で育った楊国忠はコンプレックスがつよく、他人の蔑視に過敏だったので、そんな安禄山の本心をたちまち見抜いた。かくして時の経過とともに、両者の関係は険悪化する一方だった。

安禄山打倒の決意を固めた楊国忠は、腕によりをかけて得意の弁舌を駆使し、安禄山に反逆の意図ありと、玄宗に吹き込みつづけた。天宝十三年（七五四）正月、玄宗と安禄山の信頼関係の分断に成功したと思った楊国忠は、玄宗に告げた。「安禄山をお召しになってみてください。きっと来ないでしょう」。

ところが案に相違して、玄宗の召喚をうけた安禄山は、ただちに任地の范陽から長安に駆けつけ、玄宗の前で泣きながら、「胡人の身でありながら、陛下の寵遇をたまわり、ここまで至りましたが、楊国忠に憎まれ、明日をも知れぬ身となりました」と訴えた。哀れに思った玄宗は、あらためて安禄山への信頼をつよめ、彼を宰相職につけようとした。慌てた楊国忠が、字もろくに書けない安禄山を宰相にするなど、もってのほかと、強硬に反対したため、この儀は沙汰やみとなった。

こうした楊国忠の一連の動きは、玄宗の在世中は事をおこすまいとしていた安禄山を追いつめ、ついに反乱へと踏み切らせた。ほとんど長安にいない節度使の安禄山と異なり、楊国忠は常時、玄宗に張り付いている。その楊国忠が、安禄山は反乱すると呪文のように唱えているのだから、いつなんどき玄宗の気が変わり、逮捕されないともかぎらないと考えたのだろう。

ついに挙兵

天宝十四年（七五五）十一月、安禄山はついに范陽で挙兵、楊国忠討伐をスローガンに、十五万の軍勢を率いて南下を開始する。太平に慣れた河北《かほく》の唐軍には、安禄山の精鋭部隊の進撃を阻む力さらになく、この年の暮れには、副都洛陽《らくよう》も陥落してしまう。

最初、安禄山が反乱などするはずがないとタカをくっていた玄宗も、ようやく事の重大さに気づき、狼狽《ろうばい》したあげく、皇太子を監国《かんこく》（皇帝代理）とし、自ら軍勢を率いて討伐に乗り出そうとした。しかし、もともと皇太子と折り合いのわるい楊国忠は、これは一大事と引き留めにかかった。楊国忠の意をうけた楊貴妃が、口に土を含み必死の意を示しながら哀願するなど、大騒動のあげく、ようやく玄宗は親征を思いとどまった。いずれにせよ、玄宗はすでに七十一歳、本気で親征する気があったとは思えない。士気を鼓舞するためのパフォーマンスだったのだろう。

この後、玄宗の判断の狂いはますますひどくなる。洛陽陥落後、安禄山軍の長安への進撃を阻止すべく、唐軍のリーダー封常清《ほうじょうせい》と高仙芝《こうせんし》の二人は、監軍《かんぐん》の辺令誠《へんれいせい》のしたり顔の干渉を

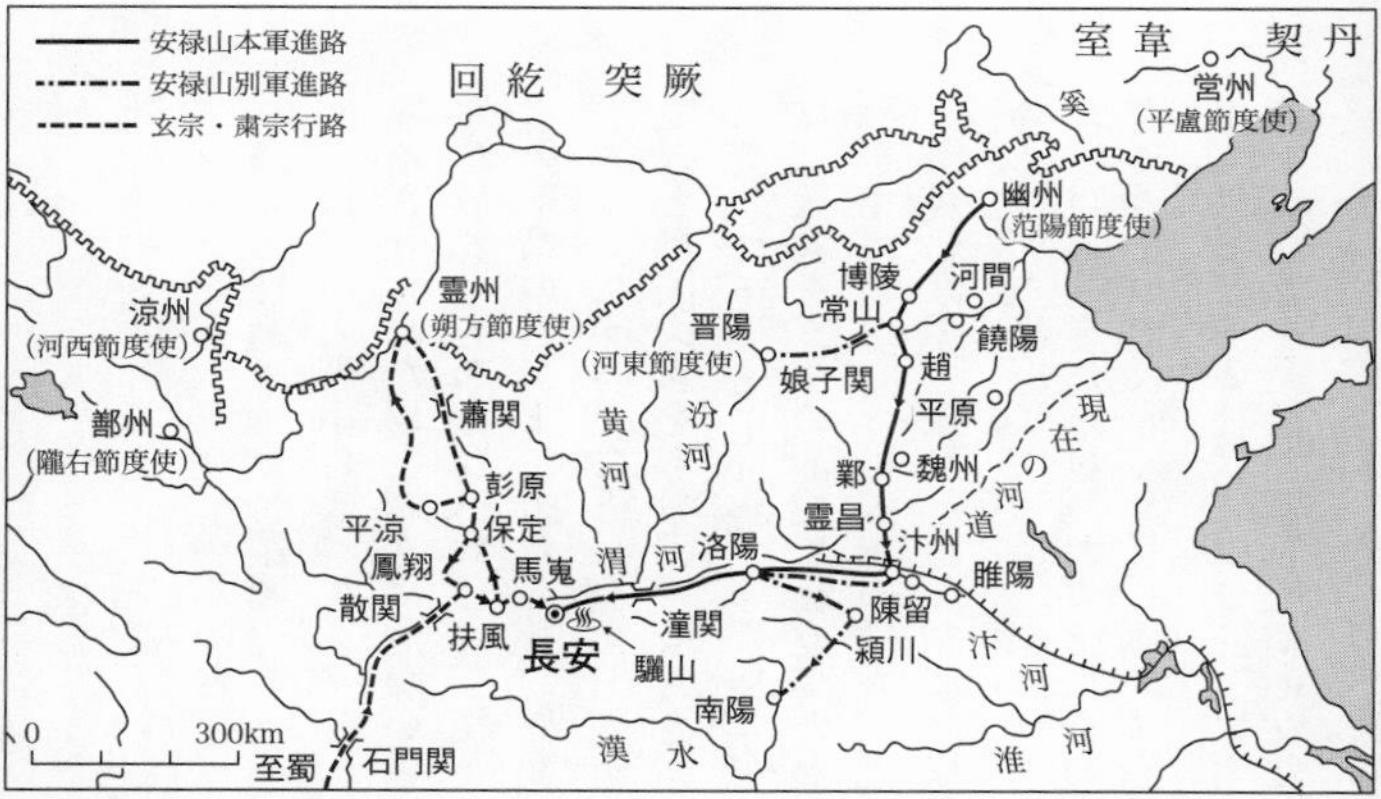

安史の乱関係図

無視して戦略的に後退、潼関《どうかん》（陝西省西安市の東）を死守する策をとった。監軍とは皇帝から派遣されるお目付け役だが、呆れたことに、この任にある辺令誠は宦官だった。無視されて頭にきた辺令誠が封常清らが怠慢だと誣告に及んだところ、愚かにも玄宗はこれを真に受けて立腹し、封常清と高仙芝を斬殺に処してしまった。

これによって、ただでさえ手薄な唐軍はますます弱体化する。天宝十五年六月、高仙芝の後任の守備責任者となった哥汝翰《かじょかん》は、安禄山軍の攻勢をうけるや、あっさり降伏、潼関は陥落した。

実のところ、封常清らが斬殺されたのち、曲がりなりにも半年、潼関が持ちこたえたのには、理由がある。その一つはこの年の正月、安禄山が洛陽で皇帝を自称、早くも享楽に溺れ、戦闘意欲を喪失しはじめたこと。いま一つは、常山太守《じょうざんたいしゅ》の顔《がん》杲卿《こうけい》およびその従弟の平原太守《へいげんたいしゅ》の顔真卿《がんしんけい》が、安禄山討伐の義兵をあげ、死力を尽くして安禄山軍の進攻を阻止したこと、である。

馬嵬の悲劇――皇帝蒙塵

この二つの理由によって、半年の間、辛うじて保たれていた潼関が、とうとう安禄山軍に陥落させられた以上、次に危ないのは長安だ。かくして玄宗一行は長安を脱出、楊貴妃の生まれ故郷でもある蜀へ向けて、慌ただしく逃避行を開始する。長安を出た翌日、馬嵬《ばかい》（陝西省興平県の西）まで来たとき、異変がおこる。

事ここに至ったことに激怒した近衛兵が、まず楊国忠を血祭りにあげ、楊貴妃の姉の韓国夫人と秦国夫人をも殺害、なおも猛《たけ》り狂ったのである。彼らの怒りをしずめるには、楊貴妃に死んでもらうしかないと、高力士に説得され、玄宗もついに決断した。こうして楊貴妃は、彼女を玄宗の寵妃に仕立てた高力士の手で、絞殺されたのだった。このとき、兵士の殺戮を免れ逃亡した楊国忠の愛人、虢国夫人もまもなく捕まり、やはり殺された。

楊貴妃は、陰謀家だった玄宗の叔母の太平公主はむろんのこと、かつての玄宗の寵妃武恵妃に比べても、はるかに毒性がうすい反面、強烈な存在感もない。この絶世の美女は、よきにつけあしきにつけ、およそ自分の頭でものを考えるという習慣がないのだ。姉や楊国忠の道具になって人形のように動き、とどのつまり彼女を熱愛する玄宗を破滅に追い込み、彼女自身もまた破滅したのである。玄宗が楊貴妃に執着したのは、祖母の則天武后をはじめ、強烈な存在感を発散する唐王朝の女たちに、振り回された反動だったのかもしれない。

蜀に向かう玄宗（『明皇幸蜀図』より）

それはさておき、楊貴妃を殺したことで、ようやく兵士たちの怒りを静めた玄宗は、皇太子に実権を譲り、悄然《しょうぜん》と蜀に落ち延びていった。玄宗と別行動をとった皇太子すなわち即位後の粛宗《しゅくそう》（七五六～七六二在位）が、各地から援軍をかき集めて安禄山軍を追い払い、長安を回復したのは、その翌年（至徳二年＝七五七）の九月のことであった。

それぞれの最期

もっとも、安禄山自身は、この八ヵ月前の至徳二年正月、すでに非業の死を遂げていた。長安を占領したころ、安禄山は持病の眼疾が進行して、ほとんど見えなくなり、気に入らないことがあると、相手かまわず鞭打つなど、凶暴で手がつけられなくなった。これに後継者争いが絡み、とうとう二男の安慶緒《あんけいしょ》に殺害されたのだ。十数年の歳月を費やして周到な準備を重ね、反乱に踏み切ってから、わずか一年二ヵ月後のことだった。時に五十三歳。安禄山は長い助走の期間を経て、ようやく飛んだ瞬間、失速し燃え尽きてしまったのである。

玄宗の気まぐれでスピード出世し、つい野望を膨らませたものの、安禄山はもともと臆病な小心者にすぎず、反逆の重さ、裏切りの重荷に、たちまち押し潰されてしまったのかもしれない。こうして安禄山が殺され、反乱軍が自壊現象をおこしたために、粛宗は予想外に早く、長安を回復しえたのだった。

まもなく玄宗も蜀から長安にもどったものの、すでに退位して上皇に祭りあげられた身であり、華やかだった過去の追憶に浸るだけの日々がつづく。せめてもの慰めは、形にそう影のごとく高力士が、側にいてくれることだけだった。しかし、その高力士も、上元《じょうげん》元年（七六〇）、粛宗の宦官として威勢をふるった李輔国《りほこく》の差し金で流刑に処せられ、二年後の上元三年（七六二）、まったき孤独のなかで玄宗はこの世を去った。ときに七十八歳。自業自得とはいえ、あまりにもわびしい最期だった。

玄宗におくれること十三日で、粛宗も死去した。数ヵ月後、恩赦になった高力士は、長安にもどる途中、はじめて玄宗がすでにこの世を去ったことを知った。もはや生きる望みを失った高力士は、北を向いてはげしく慟哭《どうこく》し、血を吐いて息絶えたという。

玄宗に仕えて六十余年、宦官高力士は時々の実力者李林甫・安禄山・楊国忠と完全に同調するでもなく、また敵対するでもなく、巧妙に距離を保ちつつ、陰の宰相として隠然たる勢力を保持しつづけた。そんな高力士に、玄宗晩年の迷走に責任がなかったとは、とてもいえない。しかし、李林甫にせよ楊国忠にせよ安禄山にせよ、ただ玄宗を利用の対象としてしか見なかった者たちに比べれば、少なくとも高力士には、玄宗に対する深い思いがあった。玄宗をめぐり、そろいもそろって陋劣《ろうれつ》で狡猾な権力の亡者たちが、くんずほぐれつ演じた裏切りのドラマのなかで、この高力士にだけわずかに人のぬくもりが感じられ、まったくホッとさせられる。

終わりの始まり

さて父安禄山を殺した安慶緒は、乾元《けんげん》二年（七五九）、こんどは父の盟友史思明に殺された。安禄山から安慶緒に受け継がれた軍勢を、そっくり手中におさめた史思明は、勢いを盛り返して河南一帯を荒らし回り、一時は洛陽を奪還せんばかりの勢いだったが、これまた息子の史朝義《しちょうぎ》に殺されてしまう。安禄山から史思明へとバトンタッチされ、唐王朝を根底から揺さぶった、このいわゆる「安史《あんし》の乱」は、広徳元年（七六三）、史朝義が部下に殺され、ようやく終息するまで、実にえんえん九年にわたってうち続いたのだった。

「安史の乱」は、唐王朝に回復不能のダメージを与えた。これ以後、朝廷に跋扈《ばっこ》する宦官勢力と地方軍閥化した節度使とに、内外から侵蝕され、唐王朝は滅亡への道をひた走ることになる。臆病な裏切り者安禄山は、唐王朝滅亡劇の幕あけに登場した、危険な道化にほかならなかったのである。

第七章　極め付きの「裏切り者」

——秦檜

地獄めぐり

秦檜《しんかい》（一〇九〇～一一五五）は、南宋《なんそう》王朝を動かし、女真《じょしん》族の金《きん》王朝と屈辱的な和平条約を締結させた元凶として、いまなお中国でもっとも嫌われている人物である。南宋以降、民衆世界の芝居や語り物のなかで、秦檜はおよそ考えられるかぎりの方法で痛めつけられ、文字どおり地獄の責め苦を味わわされてきた。

十七世紀の明《みん》末、馮夢龍《ふうぼうりゅう》によって編纂された三部構成の白話短篇小説集「三言《さんげん》」の第一部、『古今小説《ここんしょうせつ》』に収められた「酆都《ほうと》に遊び、胡母迪《こぼてき》、詩を吟ぜしこと」（同書第三十二巻）は、その顕著な例である。

時は、南宋を滅ぼして成立したモンゴル族の元《げん》王朝の時代。主人公の胡母迪は、大志を抱いて官吏登用試験の科挙《かきょ》を受けたが、立てつづけに十回も落第、やむなく故郷に逼塞《ひっそく》中の身であった。

そんなある日、胡母迪は「秦檜東窗伝《しんかいとうそうでん》」を読んでいるうち、秦檜の奸臣ぶりに憤激をおぼえ、いても立ってもいられなくなる。気分転換に、南宋末の忠臣文天祥《ぶんてんしょう》の「文山丞相遺藁《ぶんざんじょうしょういこう》」を朗唱してみたが、これほどの英雄が敵（元）に殺されたかと思うと、またまた腹が立ってならない。そこで痛飲して数篇の詩を作り、「天道、何ぞかつて佞《ねい》と忠を識《し》らんや」と書き付けると、酔いがまわり、そのまま眠り込んでしまった。

すると二人の黒衣の役人があらわれ、胡母迪をとある町に連れて行った。町の入り口の城門には、「酆都」という額がかかっている。酆都とは冥土の都の意である。やがて、胡母迪は閻君《えんくん》（閻魔大王）の前に引き出された。閻君は、冥土では悪人と善人をきっちり区別し、しかるべき処置を加えているのに、なぜ天道を非難するのかと、胡母迪をきびしく責めた。胡母迪が、ならば悪人がどういう処置を受けているのか、実地見学させてもらいたいと申し出ると、閻王はあっさり承知した。

かくして胡母迪の地獄めぐりがはじまった。「普掠《ふりゃく》の獄」と総称される酆都の地獄は、責め道具のちがいにより、「風雷《ふうらい》の獄」「火車《かしゃ》の獄」「金剛《こんごう》の獄」「溟冷《めいれい》の獄」の四つに区分されている。

胡母迪は、たまたま秦檜が「風雷の獄」で責めさいなまれる現場を目撃した。銅の柱にくくりつけられた秦檜は、まず「風刀」でズタズタに切り裂かれ、ついで雷に撃たれてこっぱみじんに砕け散った。これで一巻の終わりと思いきや、しばらくすると不気味な風が吹いて来て、そのバラバラになった骨や肉を吹き集めると、またモヤモヤと人の形になった。こんなふうに秦檜は粉砕されては再生し、三日かけて四つの獄をたらい回しにされるのである。

こうして酆都の地獄で三年の間、苦しみ抜いたあげく、秦檜はやっと下界におろされる。といっても、牛・羊・豚などの家畜に生まれ変わるのだから、すぐまた殺されて地獄にもどってこなければならない。すでに五十回以上、地獄と下界を往ったり来たりしているが、これから先も未来永劫《えいごう》、この繰りかえしから逃れられないとのこと。憎みても余りある奸臣秦檜が、これほど念入りに仕置きされ、悪行の報いを受けている現場を確認した胡母迪は認識を改め、大いに満足したのだった。

「売国奴」への憎悪

胡母迪が夢のなかで酆都地獄を訪問するという筋立てのこの物語において、南宋の「売国奴」秦檜に対する憎悪が、空恐ろしいほど極端に増幅された形で表現されているのが、見てとれる。

これは、十七世紀の明末に完成された物語だが、秦檜の悪行をあばき、あの世の果てまで追いかけて、徹底的に懲罰を加えようとする発想は、これに先立ち、すでに元曲《げんきょく》（元代の芝居）に頻出する。現存する孔文卿《こうぶんけい》作「地蔵王証東窗事犯《じぞうおうしょうとうそうじはん》」、散佚し題名のみ今に伝わる金仁傑《きんじんけつ》作「秦太師東窗事犯《しんたいしとうそうじはん》」などが、これにあたる。

漢民族がモンゴル族の元王朝の支配下にあったこの時代、異民族の女真に通じたとされる秦檜売国奴伝説が広く流布された。芝居や語り物の作者たちは、この伝説に思い切り粉飾を加え、秦檜をスケープゴートに仕立てて、うっぷん晴らしを求める観客や聴衆の喝采《かっさい》を博したわけだ。

これほど忌《い》み嫌われる人物は、長い中国の歴史においても、めったにお目にかかれるものではない。極め付きの裏切り者、南宋の秦檜とはいかなる人物であったか。その生涯をみるに先立ち、秦檜のような存在を生むに至った歴史的文脈をたどってみよう。

宦官天下——安史の乱以後

安禄山《あんろくざん》から史思明《ししめい》へと受け継がれ、九年にわたって唐《とう》王朝を根底から揺さぶった「安史《あんし》の乱」は、広徳《こうとく》元年（七六三）、ようやく終息した。この後、唐はなおも百四十余年間、命脈を保ったものの、すでに活力を失い、ただ衰亡へと向かうのみだった。そもそもこの百四十余年の間に、玄宗《げんそう》の後継者の粛宗《しゅくそう》（七五六〜七六二在位）を含め、つごう十四人もの皇帝が入れ替わり立ちかわり即位しているのは、どうみてもただごとではない。

なぜ、これほど頻繁に皇帝が交替したのか。その最大の原因は、彼らの多くが、道士《どうし》（道教の僧侶）に煽動されて、不老不死の妄想に取りつかれ、鉱物を合成した怪しげな長生薬の金丹《きんたん》をのみすぎて、あたら命を落としたことにある。

たとえば、第十一代皇帝の憲宗《けんそう》（八〇五〜八二〇在位）は、安史の乱後、地方に割拠して軍閥化し、藩鎮《はんちん》と呼ばれるようになった節度使《せつどし》を討伐するなど、当初はなかなか有能な皇帝だった。しかし、晩年は金丹をのみすぎて、神経に異常をきたし、とうとう宦官《かんがん》に殺されてしまう。この時点で、宦官グループはすでに禁軍《きんぐん》（近衛軍団）の指揮権を掌握しており、薬物中毒で凶暴化した皇帝を厄介ばらいすることなど、朝飯前だったのである。

この結果、宦官の勢力はますますつよくなり、憲宗以後の皇帝は、すべて宦官によって選ばれるという、異常事態となる。宦官に擁立され、喉元を押さえられた皇帝たちは、現実逃避の妄想の虜《とりこ》となって金丹を乱用、次々に自滅していったわけだ。

玄宗に寵愛された宦官高力士《こうりきし》を皮切りに、唐の宮廷では、宦官がじりじりと力をつよめた。宦官たちは、憲宗の高祖父の第八代皇帝、代宗《だいそう》（七六二～七七九在位）のときから、外戚《がいせき》（皇后の一族）の擡頭を警戒して、皇帝が皇后を立てることすら許さなかった。先述のとおり、九世紀以降は、皇后どころか、皇帝の廃立すら意のままにしたのだから、まさに宦官天下というほかない。

宮廷内部で宦官が我が世の春を謳歌《おうか》しているあいだに、地方に割拠する藩鎮は、安禄山の根拠地だった河北《かほく》を除いて細分化され、大小五十近くにまで達した。これがてんでんバラバラ、おのおの半独立的な軍閥と化し、外側から唐王朝を脅かすに至る。

牛・李の党争

かてて加えて、九世紀前半には、政権中枢部の官僚の間で、「牛《ぎゅう》・李《り》の党」と呼ばれる派閥の抗争が激化する。この牛・李の党のうち、牛党は科挙に合格した進士《しんし》出身の官僚牛僧孺《ぎゅうそうじゅ》（七七九～八四七）をリーダーとする進士官僚グループを指し、李党は名門貴族出身の官僚李徳裕《りとくゆう》（七八七～八五〇）をリーダーに戴く、貴族官僚グループを指す。この牛・李両党が、おのおの宦官の派閥を巻き込みながら、はげしい主導権争いを繰り返したものだから、たちまち深刻な政治空白がもたらされた。

唐王朝は成立の当初から、隋《ずい》の初代皇帝文帝《ぶんてい》（五八一～六〇四在位）が創設した科挙の制度を受け継いだ。だが、政治機構の中心を占めたのはあくまで貴族階層であって、進士は補助的な階層にすぎなかった。つまるところ、唐の政治システムは基本的には、魏晋南北朝《ぎしんなんぼくちょう》の貴族中心主義の延長だったのだ。

しかし、時の経過とともに、しだいに科挙の制度が本格的に機能するようになり、新興の進士出身の高級官僚がふえ、侮《あなど》りがたい勢力をもつようになる。こうした動きに対し、既得権を侵害されまいと、貴族官僚派は当然、猛反発した。牛・李の党争は、まさにこうした新旧両勢力の正面衝突を象徴する事件であった。この牛・李の党争の長期泥沼化が、唐王朝の政権基盤を内側から掘り崩す最大の原因となる。

宮廷は宦官天下、皇帝は宦官に命綱をにぎられ重度の薬物中毒、中央政局は派閥抗争で政治不在、地方は中央の統制を受けつけない軍閥の割拠状態。事ここに至れば、あとは滅亡を待つしかない。瀕死の唐王朝に引導を渡したのは、乾符《けんぷ》二年（八七五）に勃発した「黄巣《こうそう》の乱」だった。

黄巣の乱

唐王朝では「安史の乱」のあと、財政を再建するために塩を専売にした。おかげで唐王朝は潤ったが、専売塩はおそろしく高価なため、やがて安価な私塩を扱う闇商人が続出するに至った。彼らは官憲の取り締まりに対抗して秘密結社を作り、食い詰め者のアウトローを集めて、しだいに武装軍団化してゆく。

黄巣（？〜八八四）もそんな闇の塩商人の一人であった。乾符二年、塩商人仲間の王仙芝《おうせんし》に呼応して蜂起した黄巣の軍勢は、河南《かなん》一帯を荒らしまわるうちに、政情不安のなかで急増した流民層を吸収、またたくまに数万の勢力に膨れ上がった。

三年後の乾符五年（八七八）、盟友の王仙芝が唐軍に敗北し殺されたあと、その残存兵力を併合した黄巣は、一気に唐の副都洛陽《らくよう》を攻撃しようとして果たさず、矛先を南に転じた。長江を渡って江南に入った黄巣軍は、東部海岸沿いに南下を重ね、翌乾符六年にはとうとう広州《こうしゅう》（広東省）を陥落させた。しかし、風土病にかかる兵士が続出したため、黄巣は北にもどる決意を固め、桂林《けいりん》・潭州《たんしゅう》・荆門《けいもん》など江南各地で唐軍を撃破、勢いを増しながらじりじりと北上をつづけた。

ちなみに、闇商人とはいえ黄巣は教養が高く、もともと科挙に落第したのが原因で、反権力志向をつよめたとされる。そんな黄巣の指揮する軍勢は軍律きびしく、民衆に対する略奪・暴行はいっさい行わなかった。これとは対照的に、藩鎮の寄せ集め部隊から成る唐軍は士気も低く無軌道だったため、江南の住民は黄巣軍にエールを送ったのだった。

勢いに乗った黄巣軍は順調に華北に到達、広明《こうめい》元年（八八〇）、ついに洛陽を陥落させて宿願を果たしたあと、電光石火、潼関《どうかん》（陝西省西安市の東）を陥落させ、首都長安《ちょうあん》を制圧した。このとき黄巣軍は六十万に膨れ上がっていたという。

大王朝唐の滅亡

しかし、黄巣の得意はここまでだった。長安を占拠した黄巣軍は、貧乏な民衆にこそ手出ししなかったものの、官吏や富裕な商人に対しては本能的な憎しみを爆発させ、ほしいままに略奪・暴行をはたらいた。長安は恐怖の町と化したが、黄巣はこれを制御できなかった。彼は反乱軍の指揮者としてはずばぬけていたけれども、占領した土地を治める政治的能力に欠けていたのである。

長安を占拠すること二年余り、しだいに手詰まりとなった黄巣をつき崩したのは、配下の部将朱全忠《しゅぜんちゅう》（八五二〜九一二）の裏切りだった。唐に寝返った朱全忠は、トルコ系沙陀《さた》族出身の雁門《がんもん》節度使、李克用《りこくよう》と手を組み、黄巣に攻撃をかけた。撃破され長安から逃亡した黄巣が刀折れ矢尽き、自殺を遂げたのは約一年後、中和《ちゅうわ》四年（八八四）のことだった。九年にわたり、中国全土を騒乱状態に巻き込んだ黄巣の乱は、ここにようやく終わった。

黄巣の乱は、唐王朝に決定的なダメージを与えた。乱平定後も、性懲りなく宦官主導の皇帝交替劇を繰り返し、加速度的に自壊の度を深める唐王朝にとどめをさしたのは、かの朱全忠だった。この元黄巣の部将は、唐に寝返ったあと汴州《べんしゅう》節度使に任ぜられた。汴州は現在の河南省開封《かいほう》市、大運河と黄河が交差する交通の要衝である。

地の利を占めた朱全忠は、天祐《てんゆう》四年（九〇七）、唐王朝から形式的な禅譲をうけて帝位につき、後梁《こうりょう》（九〇七〜九二三）を建国、首都を自らの根拠地開封に移した。ここに三百年近く続いた大王朝唐はついに滅亡、以後、短い周期で王朝が興亡をくりかえす、いわゆる五代《ごだい》十国《じっこく》の乱世が、ほぼ六十年にわたって続く。

後梁、後唐・後晋――五代十国の乱世①

五代十国の時代、中国はふたたび南北に分裂した。この間、北中国においては五代、すな

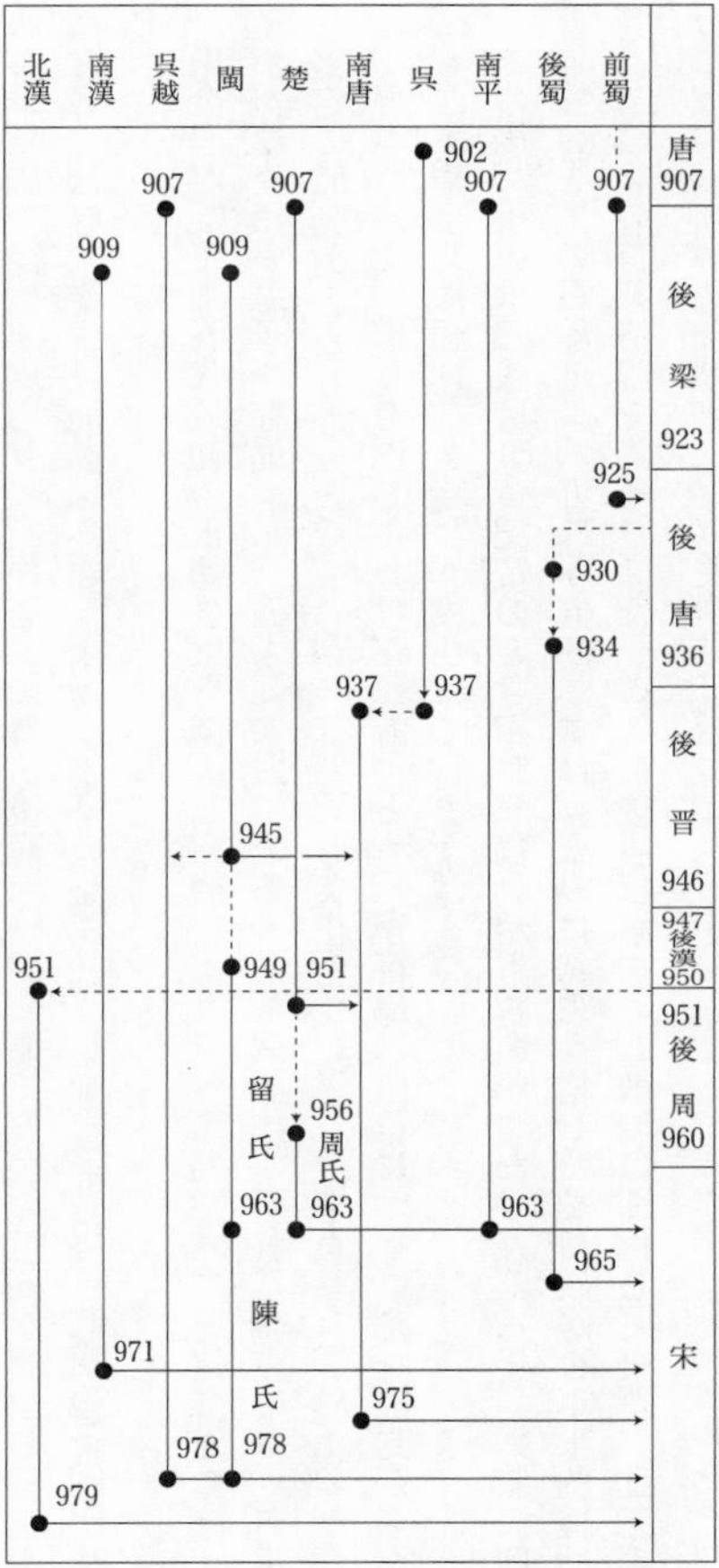

五代十国興亡表

わち朱全忠の後梁を皮切りに、後唐《こうとう》・後晋《こうしん》・後漢《こうかん》・後周《こうしゅう》の順で五つの王朝が興亡し、南中国においては呉《ご》・南唐《なんとう》・前蜀《ぜんしょく》・後蜀《こうしょく》・南漢《なんかん》・楚《そ》・呉越《ごえつ》・閩《びん》・南平《なんへい》（荊南《けいなん》）・北漢《ほくかん》の十国が乱立した。

朱全忠が建てた五代最初の王朝後梁を滅ぼし、後唐（九二三～九三六）を建てたのは、ライバル李克用の息子李存勗《りそんきょく》（八八五～九二六）であった。武勇にすぐれた李克用は、黄巣の乱平定の原動力となりながら、トンビに油揚、朱全忠に帝位を奪取された。息子の李存勗は、きっちりその借りを返したわけだ。もっとも、李存勗は帝位につき、都を開封から洛陽にもどすや享楽に溺れ、まもなく殺されてしまう。

その後、後唐は三代目皇帝閔帝《びんてい》のとき、お家騒動がもちあがった。九三六年、姻戚（閔帝の姉妹の夫）の石敬瑭《せきけいとう》（八九二～九四二）は、とみに勢力を増した契丹《きったん》族から軍事的援助を受け、後唐の首都洛陽を陥落させた。ここに後唐は滅亡、石敬瑭は即位して後晋（九三六～九四六）を建て、首都をふたたび開封にもどす。

後晋の建国と同時に、石敬瑭は援助をうけた契丹に対し代償として、現在の北京《ペキン》を含む河北省から山西省《さんせい》にかけての北部一帯、いわゆる「燕雲《えんうん》十六州」を割譲、これがのちのちまで紛糾の種になる。ちなみに契丹は、前章において、すでに随所にみえかくれしたことから明らかなように、唐代を通じて徐々に勢力を拡大したモンゴル族系遊牧民である。

遼の擡頭と後漢、後周——五代十国の乱世②

十世紀はじめ、英雄耶律阿保機《やりつあぼき》（遼《りょう》の太祖《たいそ》。八七二〜九二六）の出現によって、契丹は一気に求心力を高めた。石敬瑭をバックアップし燕雲十六州を手中におさめたのは、この阿保機の後を継いだ息子の耶律徳光《やりつとくこう》（遼の太宗《たいそう》。九〇二〜九四七）である。

後晋が成立してから十年後の九四六年、耶律徳光は、石敬瑭の死後、態度を豹変させた後晋に激怒、後晋を攻め滅ぼして開封を制圧し、これを機に国号も契丹から遼《りょう》に改めた。しかし、遼軍は軍民一体となったゲリラ的抵抗に手を焼いて、まもなく開封を放棄、北へ撤退するに至る。

契丹族の遼軍が撤退したあと、入れ替わりに開封を制圧したのは、やはりトルコ系沙陀族出身の軍閥劉知遠《りゅうちえん》（八九五〜九四八）だった。もともと石敬瑭の協力者だった劉知遠は、遼軍の侵攻に抵抗した実績もあり、すんなり即位して後漢（九四七〜九五〇）を建国する。しかし劉知遠は即位後一年たらずで病死、後継者の息子隠帝《いんてい》は出来がわるく、九五〇年、配下の将軍郭威《かくい》（九〇四〜九五四）がおこした反乱の渦中であっけなく殺される。この結果、後漢はわずか二代三年で滅びてしまう。

反乱将軍の郭威によって建国されたのが、五代最後の王朝後周（九五一〜九六〇）である。これに先立つ後唐・後晋・後漢は、すべて異民族出身者をリーダーとする王朝だが、郭威は漢民族の出身だった。郭威自身にはこれという取り柄もないが、彼が在位三年で死去した後、後周第二代皇帝の座についた養子の柴栄《さいえい》（九五四〜九五九在位）は、五代随一の名君と称される傑物であった。

柴栄すなわち世宗《せいそう》は行政や軍事の機構改革に着手し、内政の充実をはかった。これと並行して、前王朝後漢の残存勢力が建国した北漢《ほくかん》（九五一～九七九）を撃破し、また南中国の大国南唐（九三七～九七五）を攻めて、その長江以北の領土を併合するなど、着実に敵対勢力を弱めてゆく。世宗の登場によって、時代の風向きは、あやめも分かたぬ分裂から統合へと確実に切り替わった。

しかし、九五九年、燕雲十六州を占拠する遼征伐に向かう途中、世宗は病死した。ときに三十九歳。分裂から統合へ、世宗がやり残した事業を受け継ぎ、完成させたのが、宋王朝（北宋九六〇～一一二六、南宋一一二七～一二七九）の始祖趙匡胤《ちょうきょういん》（九二七～九七六）である。

陳橋の変――北宋王朝の成立

趙匡胤は涿州《たくしゅう》（河北省涿県）出身の漢民族。『三国志《さんごくし》』世界の英雄、劉備《りゅうび》の同郷人だ。趙匡胤の父は武勇にすぐれ、後唐の近衛軍団長をふりだしに、五代の乱世を腕一本で生き抜いた人物だった。武人の子であり、自らも軍事的才能に恵まれた趙匡胤は、兵士募集に応じて後周に仕えたのち、世宗に随従して各地を転戦、後周きっての有力部将にのしあがる。

世宗の死後、後周王朝の後継者となったのは、わずか七歳の恭帝《きょうてい》だった。この幼い皇帝が即位した翌年の九六〇年、緊急事態がもちあがる。北漢が契丹族の遼と手を結び、攻勢をかけてきたのだ。後周軍の実力者趙匡胤は、これを防ぐべく主力軍を率いて、ただちに首都開封を出発、北上を開始する。ところが、開封を出た翌晩、陳橋《ちんきょう》（開封のすぐ北）に宿営したとき、予期せぬ事件がおこる。

この夜、大酒飲みの趙匡胤は酔っぱらって眠りこんでいたが、弟の趙匡義《ちょうきょうぎ》に叩き起こされ、庭に引っ張り出された。そこには白刃をかざした将校がずらりと居並び、趙匡胤の姿をみると、口々にこう叫んだ。「どうか天子になっていただきたい」。答える暇もあらばこそ、あっというまに、趙匡胤は天子が着用する黄色の上衣を着せかけられ、万歳の声がどよもすなか、脇をかかえられて馬に乗せられた。世にいう「陳橋の変」、宋王朝の初代皇帝太祖《たいそ》（九六〇～九七六在位）誕生の瞬間である。

というふうに、『宋史』などの史書には記されているが、むろんこれは伝説であろう。いくらなんでも、酔っぱらって眠っているうち、皇帝になってしまったという話など、あるわけがない。ただ、幼い恭帝ではとうてい強敵の遼や北漢に対抗できないと、後周の軍人の間に危機感が広がり、衆議一決、実力・人気ナンバーワンの趙匡胤を皇帝に推そうとしたことは、充分に考えられる。

首都開封にもどった趙匡胤は、恭帝から形式的な禅譲を受けて正式に即位、宋王朝を立てた。ちなみに、退位後も恭帝は手厚い待遇をうけ、その子々孫々に至るまで、宋王朝は敬意を以て遇しつづけたという。

こうして趙匡胤はまさしく一滴の血も流さず、無血クーデタを成功させた。先にみたとおり、五代の王朝では、政権交替のたびにおびただしい血が流れ、いずれの王朝も成立の当初から陰惨な影をひきずるのが、習いだった。快活で陽気な趙匡胤すなわち宋の太祖は、この暗い悪循環を断ち切り、血の負い目なく新しい時代に向けてスタートを切ったといえよう。

徹底的な文治主義——貴族から士大夫の時代へ

太祖は名君だった後周の世宗の発想を受け継ぎ、これを次々に具体化して、統一国家を作り上げていった。四方に軍勢を繰り出し、南の十国のうち、杭州《こうしゅう》（浙江省）を中心とする呉越以外の九国を滅ぼして、ほぼ南北統合を成し遂げると同時に、内政面において、軍事・行政・財政すべての権限が、最終的に皇帝に一極集中する中央集権制を確立、宋の国家基盤を固めたのである。

中央集権制確立のために、太祖は軍人を抑え文官を優先する方法を取った。まず唐代中期以降、顕著になった地方節度使の軍閥化をくい止めるべく、兵権をとりあげて中央の統制下におき、さらに中央から各地の政治・財政を担当する文官を派遣して、節度使にはいっさい手出しさせなかった。これがみごと図にあたり、以後、節度使は有名無実の存在と化す。太祖自身、根っからの軍人だったから、軍人の頭を抑えるすべをよく心得ていたものとみえる。

右の例からも明らかなように、中央集権をスムーズに機能させるためには、皇帝の命令一下、手足となって働く多数の優秀な官吏が必要である。これを獲得するために、太祖は科挙を整備したうえ、最終段階で、皇帝自ら試験官となって合格者を決定する「殿試《でんし》」の制度を設けて、万全を期した。

　魏晋南北朝から唐代に至るまで、政治・文化の中核を占めた門閥貴族は、五代の戦乱によって完全に凋落《ちょうらく》、すでに跡形なく消滅していた。そうした状況のもと、太祖が官吏登用を一本化する科挙の制度を強力に推進したことは、まことに時宜を得たやり方だった。これ以後、出身階層を問わず、実力で科挙を突破した進士《しんし》が高級官僚となり、皇帝を輔佐する形で政治の中核を占める、近世的士大夫《したいふ》（知識人）の時代が到来する。中国全土を戦乱の渦に巻き込み、階層を攪拌《かくはん》した五代の乱世を経て、時代の主役は貴族から士大夫へと、完全に交替したわけだ。

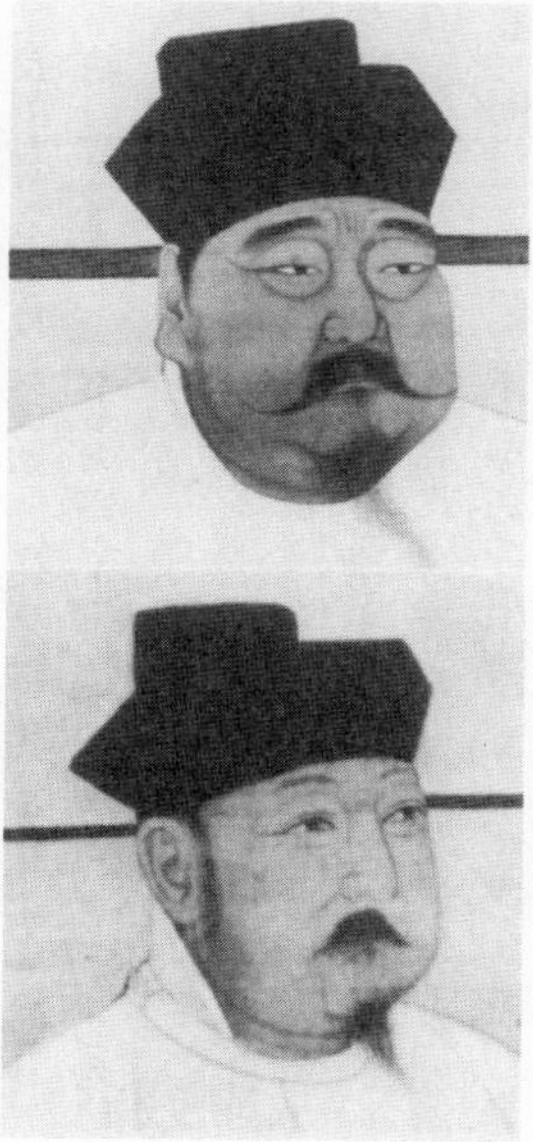

（上）宋の太祖、趙匡胤
（下）宋の太宗、趙匡義

　宋王朝の基盤を作った太祖は、開宝九年（九七六）、在位十七年、五十歳で死去した。彼の死後、二代目皇帝太宗《たいそう》（九七六〜九九七在位）となったのは、弟の趙匡義だった。かつて太祖を皇帝に担いだあのクーデタ劇の仕掛け人である。太祖に息子がいたにもかかわらず、弟の趙匡義が後継の座をもぎとったのは、どうみても尋常ではない。一説では、趙匡義が太祖を毒殺したともいう。

暗い噂は絶えないものの、太宗は、太祖のやり残した事業をしっかり片付け、皇帝としてはすこぶる優秀であった。彼は南の十国のうち最後に残った呉越（九〇七〜九七八）、さらには五代の残存勢力北漢を滅ぼし、中国の再統一をなし遂げた。政治・軍事両面において、シビリアン・コントロールはますます強化され、試験官の情実を廃するため、受験者の名前を糊付けする「糊名法《こめい》」を採用するなど、科挙制度もさらに充実された。もっとも、天下を再統一したとはいえ、五代の後晋のとき契丹族の遼に割譲された燕雲十六州だけは、依然として回復できないままであった。

平和を買う北宋

太宗の死後、後を継いだ息子の三代目皇帝真宗《しんそう》（九九七〜一〇二二在位）の時代に、この遼問題が急速に浮上する。内部権力闘争でしばらくなりをひそめていた遼は、十世紀末、求心力をつよめて勢いをもりかえし、景徳《けいとく》元年（一〇〇四）、大軍を繰り出し、宋の首都開封めざして南下を開始した。恐慌をきたした宋王朝は遷都まで考えたものの、けっきょく主戦派が主導権を握り、真宗自ら軍勢を率いて親征、黄河北岸の澶州《せんしゅう》で遼軍と対峙した。

その実、宋には遼と本気で戦い、決着をつける力はなかった。シビリアン・コントロールが徹底化された結果、文弱に流れて軍事力がとみに衰えているところにもってきて、西北の国境地帯は、遼と手を結んだチベット系タングート族に攻め込まれ、下手をすると、挟み撃

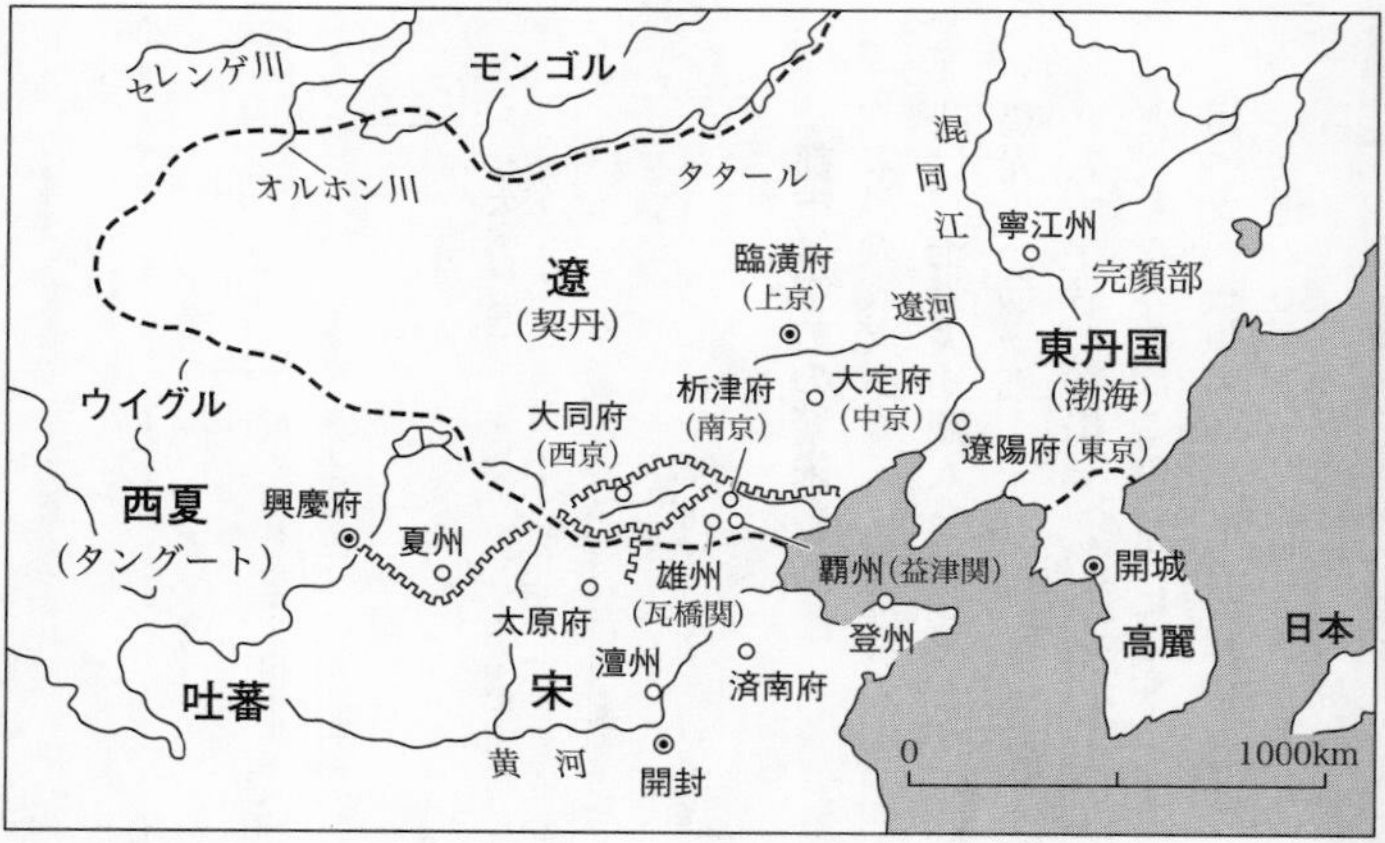

遼の領土

ちにされかねない状況だったのだ。

　こうしたお家の事情により、真宗は圧倒的に不利な条件を飲み、遼と和議する道を選んだ。この結果、遼と「澶淵《せんえん》の盟」なる和平条約を結んだ宋は、以後百二十年にわたり、遼に対して毎年銀十万両を支払い、絹二十万匹を与えるなど、莫大な代償を払いつづけた。つまるところ、宋は平和を買ったのである。

「澶淵の盟」の三十四年後の宝元《ほうげん》元年（一〇三八）、真宗の後を継いだ第四代皇帝仁宗《じんそう》（一〇二二～一〇六三在位）は、西夏《せいか》王朝（一〇三八～一二二七）を立てたタングート族の征伐に失敗した。この結果、宋は西夏とも和平条約を結び、毎年膨大な代償を支払う羽目になった。知識人主導の文治国家宋は、遼につづき西夏との国際関係においても、平和共存の道を買ったことになる。

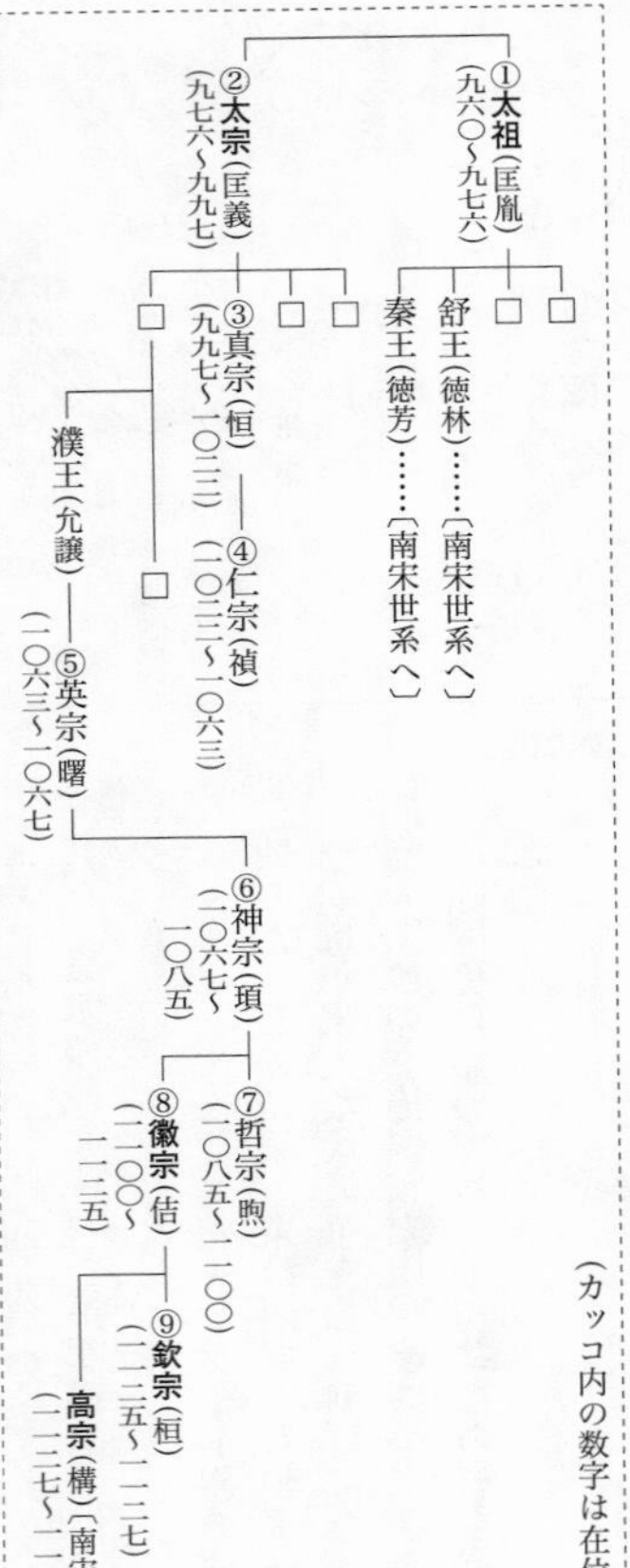

宋（北宋）王朝系図

都市は空前の繁栄

宋が大枚支払って、東北部の遼、西北部の西夏という周辺異民族国家と平和共存したこの時代、士大夫知識人を担い手とする高度な文化が花開いた。『資治通鑑《しじつがん》』を著した歴史家司《し》馬《ば》光《こう》（一〇一九～一〇八六）、大詩人蘇東坡《そとうば》（一〇三六～一一〇一）をはじめ、特筆すべき文人・学者が輩出し、絵画の世界でも山水画のジャンルが確立され、多くの名画家が出現した。ちなみに、この時代にはすこぶる精巧な木版印刷も発達し、文化のレベルアップに一役買った。後世の蔵書家の垂涎《すいぜん》の的になった「宋版《そうはん》」が、これにあたる。

文化のめざましい発展と競うように、商業も著しく発展した。とりわけ首都開封は大商業都市として繁栄をきわめ、終夜営業の商店が軒をつらねた。盛り場には見世物小屋が立ちならび、満員の聴衆を前に講釈師が熱弁をふるう姿が見られた。『西遊記《さいゆうき》』『三国志演義《さんごくしえんぎ》』『水滸伝《すいこでん》』など、白話《はくわ》（話し言葉）で書かれた中国古典小説の傑作は、すべてこの宋の盛り場演芸を母胎とするものである。当時の開封の繁栄ぶりを記した孟元老《もうげんろう》の筆記『東京夢華録《とうけいむかろく》』、および北宋末の画家張択端《ちょうたくたん》が開封の町風景を克明に描写した「清明上河図《せいめいじょうかず》」は、人口百万のこの大都市の熱気あふれる貌《かお》を、今に伝える作品にほかならない。

あくまで文治主義を選択した宋王朝の時代、士大夫文化と大衆文化は車の両輪のように発展し、都市は空前の賑わいをみせた。しかし、この繁栄の裏で、貧富の差は激化し、国家財政は赤字に転落するなど、いつしか黒い影がしのび寄っていた。

官僚の党争と放蕩天子

こうした事態を前にして、官僚たちの間に、国家機構・制度の急進的改革をめざす新法党《しんぽうとう》と、これに反対する旧法党《きゅうほうとう》の二つの派閥が生まれた。十一世紀後半、新法党のリーダー王安石《おうあんせき》（一〇二一～一〇八六）が、第六代皇帝神宗《しんそう》（一〇六七～一〇八五在位）の信任を受け、窮状打開の大ナタをふるうと、司馬光をリーダーとする旧法党が猛反発し、以来、両党の主導権争いは激化の一途をたどった。唐末の牛・李の党争が長期泥沼化して、政治空白を招いたのと同様、官僚たちが争いのための争いに明け暮れているうち、さしもの鉄壁の宋王朝の官僚機構もガタガタになってしまう。

ただでさえ雲行きの怪しいところに、第八代皇帝として、放蕩天子の徽宗《きそう》（一一〇〇〜一一二五在位）が即位したものだから、あとのなりゆきは火を見るより明らかだった。徽宗は芸術センス抜群、画家・書家としては超一流だが、政治的には無能そのもの、遊ぶことしか関心がないという、政治システムの頂上に位する皇帝としては、もっとも不適格者であった。

徽宗は、趣味を同じくするおべっか使いの宰相蔡京《さいけい》（一〇四七〜一一二六）と宦官の童貫《どうかん》（一〇五四〜一一二六）を重用して、開封北郊に壮大な規模をもつ離宮「艮岳《こんがく》」を造営するなど、ひたすら自らの快楽にふけった。この「艮岳」の造営のために、徽宗は「花石綱《かせきこう》」と呼ばれる大規模な運搬事業をおこし、江南から名木・名花・岩・石、はては土まで運ばせた。これによって民衆の怨嗟《えんさ》の声が高まり、各地で反乱が勃発した。

官僚の派閥抗争、放蕩天子の乱行、民衆反乱と、王朝末期の悪材料がでそろい、急速に内部崩壊しはじめた宋王朝を、一気に滅亡に追い込んだのは、新顔の異民族女真《じょしん》である。

金の興隆、遼の滅亡

ツングース系の女真族は、もともと狩猟・採取を業としつつ、中国東北部（満州）に居住していたが、十世紀中頃、契丹族の遼王朝が成立すると、その支配下に入った。遼の支配下にあること百五十年余り、女真は南下して農耕生活を営む「熟女真《じゅくじょしん》」と、東北の原野で狩猟・採取生活をつづける、より素朴な「生女真《せいじょしん》」に分化する。

この生女真に対し、宋から受け取る莫大な賠償によって贅沢《ぜいたく》に慣れ、頽廃《たいはい》した遼の支配層は、砂金の供出を迫るなど、しだいに理不尽な要求をつのらせた。圧迫された生女真のなかに、やがて英雄が出現する。完顔阿骨打《ワンヤンアグダ》のちの金《きん》の太祖《たいそ》（一一一五〜一一二三在位）である。またたくまに女真の全部族を統合した完顔阿骨打は、宋の政和《せいわ》四年（一一一四）ついに挙兵、遼の満州の前線基地寧江《ねいこう》（黒龍江《こくりゅうこう》省ハルビン市の南西）を奪取した。翌年、満州全体を支配下におさめた完顔阿骨打は、即位して金王朝を立てる。

この新手の異民族国家金の出現に、宋王朝はいろめきたった。金と同盟を結んで遼を挟み撃ちにし、宿願の燕雲十六州奪還を果たそうなどと、虫のいいことを考えたのが運の尽きだった。金との同盟はまずは首尾よくまとまったものの、金軍と呼応し遼へ向けて軍勢を繰り出そうとしても、浙江《せっこう》地方を席巻した民衆反乱「方臘《ほうろう》の乱」の対応に追われ、宋には余力がない。もたもたするうち、宣和《せんわ》四年（一一二二）完顔阿骨打の率いる金軍が遼の根拠地、上《じょう》京臨潢府《けいりんこうふ》（内蒙古自治区）と燕京《えんけい》（北京）を陥落させてしまった。

完顔阿骨打はこの翌年死んだけれども、後を継いだ弟の金王朝第二代皇帝太宗《たいそう》（一一二三〜一一三五在位）は、宣和七年（一一二五）遼を完全に滅ぼし、燕雲十六州を含め、その全領土を領有した（西夏はこの前年、金の属国となる）。勇猛果敢な遊牧の民、契丹族の遼もまた、百二十年に及んだ宋との甘い平和共存に慣れて文弱に流れ、未開の力を爆発させる女真族の金に、太刀打ちできなかったのである。

（上）徽宗
（中）欽宗
（下）南宋の高宗

靖康の変——北宋滅亡

破竹の勢いの新興国金の脅威を、遊びボケの徽宗およびその取り巻きの蔡京らはみくびっていた。律義な完顔阿骨打は、莫大な戦費の支払いを条件に、宋の燕京支配を認めるなど、それでも同盟国として宋を遇してくれた。しかし、金の二代目皇帝太宗は、打ってかわって、力の論理を前面に押し出してきた。

靖康《せいこう》元年（一一二六）正月、太宗が大軍勢を率いて黄河をわたり、首都開封の間近まで攻め込んで来たとき、徽宗ははじめて事の重大さに気づくのである。ふるえあがった徽宗は、慌てて息子の欽宗《きんそう》（一一二五～一一二七在位）に譲位し、前後の見境いなく江南に逃げ出してしまう。なんとも情けないかぎりである。

この直後、金軍が開封を包囲、窮地に追い込まれた欽宗を中心とする宋王朝首脳は、使者を派遣して交渉を重ねた結果、金五百万両および銀五千万両の賠償金の支払いを始め、とても履行不能の悪条件の数々を、その場しのぎに受け入れ、和議を結んだ。これによって、金軍はいったん撤退するが、翌靖康二年（一一二七）、宋が条約を履行しないことを理由に、ふたたび開封に攻め寄せ、こんどは委細かまわず陥落させた。当初から金は宋を滅ぼす予定だった。支払い不能の賠償金をふっかけ和議に応じたのは、軍備を充実させ、いっきょに宋を滅ぼすための時間稼ぎにすぎなかったのである。

開封を制圧し、略奪と暴行を尽くしたあげく、金軍は、欽宗および江南から連れもどされていた前皇帝の徽宗を筆頭に、皇族・高級官僚など数千人の捕虜をともない、東北の根拠地に引き上げていった。この「靖康の変」によって、開封を首都とする統一王朝宋（北宋）は滅亡する。この後、宋の命脈を継ぎ、杭州《こうしゅう》（浙江省）を首都に再興された江南の限定政権は、南宋（一一二七〜一二七九）と呼ばれる。

妻ともども連行される

金軍の根拠地に連行される数千の捕虜の群れのなかに、北宋の御史中丞《ぎょしちゅうじょう》秦檜の姿もあった。秦檜は江寧《こうねい》（江蘇省南京市）の出身で、政和《せいわ》五年（一一一五）二十六歳で科挙に合格したのち、太学学正《たいがくがくせい》（国立大学の管理にあたる）に任じられるなど、文部畑を歩む。比較的地味な存在だったこの秦檜が、金との軋轢《あつれき》が激化した北宋末に至るや、金との無原則な妥協に反対する強硬派官僚の旗頭として、にわかに注目を浴びる。

靖康二年（一一二七）、北宋を滅ぼした金王朝は、開封を直接統治するのは時期尚早と判断、和平派官僚のリーダー張邦昌《ちょうほうしょう》（一〇八一～一一二七）を皇帝とする傀儡《かいらい》政権の樹立をもくろんだ。秦檜はこれに断固反対し、あくまで宋王朝の主、趙氏を立てるべきだと金側に文書を送って要請した。この結果、秦檜は逮捕され、妻の王《おう》夫人ともども金に連行される羽目になったのである。

秦檜が連行された後、宋では遅ればせながら金に対する抵抗運動がおこった。反金の気運の高まるなか、たまたま開封を離れていたため、皇族のなかでただ一人、連行をまぬかれた欽宗の弟、康王趙構《こうおうちょうこう》は、開封陥落の翌年の建炎《けんえん》元年（一一二七）、各地から馳《は》せ参じた義軍を率いて、応天府《おうてんふ》（河南省商丘市）に入り、即位した。南宋王朝初代皇帝高宗《こうそう》（一一二七～一一六二在位）の誕生である。金に強制されて傀儡政権の皇帝となった張邦昌は、さっそく高宗のもとに出頭して謝罪し、いったんは許されたものの、高宗側近の強硬派官僚の差し金で、やがて死に追い込まれた。

傀儡皇帝張邦昌の死は、金に高宗討伐の絶好の口実を与えた。建炎二年（一一二八）、金軍は怒濤の勢いで南下を開始、江南に逃げた高宗の追撃にかかった。高宗を戴く南宋政権は、江南各地を逃げ惑い、とうとう越州《えつしゅう》（浙江省紹興《しょうこう》市）から海上に逃れ、ほうほうの体で温州《おんしゅう》（浙江省温州市）に逃げ込む始末だった。

疑惑の帰還——秦檜、豹変す

建炎四年（一一三〇）、長期戦に倦《う》んだ金軍が江南から撤退したため、高宗らはようやく越州にもどった。そこに金の捕虜となった秦檜が、妻の王夫人ともどもひょっくりあらわれたものだから、南宋の人々は度肝をぬかれてしまった。秦檜は金に連行されたのち、金王朝の一族で実力者の撻懶《ダラン》（?～一一三九）に仕えた。おりしも金の南征がはじまり、撻懶も軍を率いて南下、山陽《さんよう》（山東省金郷県を中心とする地域）に進撃した。これに随行した秦檜は、隙をみて見張りの者を殺し、妻や奴僕ともども金の陣営から脱出、船をみつけて、ようよう越州にたどりついたと、自ら証言した。

そんなうまい話があるわけがないと、南宋政府の高官のほとんどは、秦檜の言葉を信じなかった。ただ、もともと秦檜と親しかった宰相の范宗尹《はんそういん》らが、言葉を尽くして弁明したため、秦檜は高宗と会見する機会を得ることができた。

このとき、秦檜は高宗に向かって開口一番、「天下の平穏無事を願われるならば、北は北、南は南とされるべきです」と言い、撻懶を通じて講和の道を求めるべきだと主張した。かつて金に対して非妥協的な強硬派官僚だった秦檜は、捕虜生活の間、和平派の急先鋒に豹変していたのである。この豹変ぶりから、『宋史』秦檜伝に記されているように、秦檜は脱出したのではなく、金の実力者撻懶と話し合った結果、和平工作を推進するという条件で釈放されたことが、読みとれる。

金王朝内部の権力闘争との絡みもあって、撻懶自身、金の現有勢力では、戦線を河南《かなん》から江南まで、拡大しつづけることは無理だという判断があった。秦檜もまた釈放を切望すると同時に、金での実地見聞を通じて、亡命王朝南宋が上り坂の新興国金に軍事的に立ち向かうことは、不可能だと判断したのであろう。こうしてそれぞれの立場から、和平の必要を認めたことにより、撻懶と秦檜は一致協力することになったと考えられる。

友人を蹴落として宰相に

いずれにせよ、撻懶と手を組んだ秦檜の役まわりを知ってか知らずか、高宗は秦檜の話を聞くなり、たちまち心を動かされた。

実のところ、高宗にも、もともと金と徹底的に戦う意志はなかったとおぼしい。建前からいえば、彼はあくまで金に拉致された兄の欽宗の代理皇帝である。金軍に追われて流転の日々を送るより、停戦条約を結んで南宋政権の基盤を固め、自らの立場を確たるものにしたいと、考えても不思議はない。かくして高宗は、秦檜の説く和平論に大きく傾斜し、以後、秦檜を信任しつづけたのである。

南宋にもどった翌年の紹興《しょうこう》元年（一一三一）、高宗の信任をバックに、秦檜ははやくも宰相となった。秦檜スパイ説をやっきになって打ち消してくれた、友人の范宗尹を蹴落としての就任だった。秦檜は屈辱的な捕虜生活の反動で、いかなる手段を弄しても権力の座につき、これを保持しようとする妄執に取り憑かれたものとみえる。

紹興二年（一一三二）、反対派勢力に宰相の座を追われ、いったん失脚したものの、三年後の紹興五年（一一三五）に復活、紹興八年（一一三八）には宰相の座に返り咲いた。以後、秦檜は紹興二十五年（一一五五）の死に至るまで、南宋政権トップの座を占め続ける。

宰相在任期間は通算十九年。なまじの政治家では、とても持ちこたえられない長丁場である。

四人の名将

秦檜が失脚中の紹興四年（一一三四）、いったん北方に引き揚げた金軍がふたたび南下、はげしい攻勢をかけて来た。しかし、おのおの「家軍《かぐん》」と呼ばれる私兵軍団を率いた、南宋の四人の名将、張・韓・劉・岳、すなわち張俊《ちょうしゅん》・韓世忠《かんせいちゅう》・劉光世《りゅうこうせい》・岳飛《がくひ》（一一〇三～一一四二）らが大奮戦して、金軍の進撃をくい止めるうち、金の太宗が重病にかかったため、金軍は撤退した。

この戦いでめざましい戦功をあげた南宋の名将のうち、韓世忠は一兵卒から身をおこした人物であり、岳飛は農家の出身、張俊に至っては盗賊あがりであった。彼らは北宋滅亡後、義勇軍を組織して金軍と戦ううちに、しだいに実力をつけ、金軍の南下を阻止したこのたびの功績によって、節度使に任命され、飛躍的に勢力をました。なかでも「岳家軍《がくかぐん》」と呼ばれる精鋭の私兵軍団を擁する岳飛は、農民出身とはいえ教養も高く、一頭地を抜く存在であった。

先述したとおり、宋王朝では成立の当初から、節度使の軍閥化を警戒して、シビリアン・コントロールを徹底させてきた。急ごしらえの南宋政権においても、基本的にこの方針は受け継がれた。金の攻勢を押しもどすためにネコの手も借りたいおりから、戦意旺盛な岳飛らの存在は南宋政権にとって、願ってもない貴重なものだった。かといって家軍を擁して軍閥化した彼らの発言力が増し、官僚を圧迫するような事態になるのは困る。とりわけ和平派の急先鋒秦檜は、この難問の解決に頭を痛めることになる。

ふたたび宰相に——束の間の和平

それはさておき、紹興八年（一一三八）、高宗は秦檜をふたたび宰相に任じた。この前年、高宗は金の使者から、父の徽宗がすでに紹興五年（一一三五）に死去したこと、また実母の韋《い》氏は健在であることを知らされた。父の柩の返還と韋氏の帰還を切望する高宗は、金との和平交渉を推進すべく、秦檜の再起用に踏み切ったのである。高宗の全面的バックアップを受けた秦檜は、次々に主戦派官僚を排除して足元を固めたうえで、翌紹興九年（一一三九）正月、ついに金と和議を結ぶところまで漕ぎつけた。金が河南（開封を含む）および陝《せん》西《せい》（長安を含む）を、南宋に返還するかわりに、南宋は金に臣礼をとり、毎年、銀二十五万両と絹二十五万匹を支払うという条件だった。

なにはともあれ、失われた華北の故地がもどってくるのだ。これは南宋にとって、非常に有利な条件であった。秦檜は、金の和平派の急先鋒、撻懶との太いパイプを利用し、願ってもない条件で話をつけることに、成功したのである。

だが、この和議はほどなく金側から一方的に破棄された。南宋の紹興五年（金の天会《てんかい》十三年。一一三五）、金では太宗が死去し、政権を二分するはげしい後継者争いのあげく、ようやく太祖の孫の熙宗《きそう》（一一三五〜一一四九在位）が即位した。後継者をめぐる権力闘争は、その後も長く尾を引き、もともと反熙宗派だった撻懶は、和議が成立した七ヵ月後、謀反《むほん》のかどで熙宗派に殺されてしまうのである。

邪魔者は消せ——岳飛父子を処刑

この九ヵ月後の紹興十年（一一四〇）五月、金は撻懶主導の和平条約を破棄、南宋攻撃を再開した。金軍が長安および開封を奪還したのは、それからまもなくのことだった。けっきょく、これらの都市が南宋の手に帰したのは、わずか一年あまりにすぎなかった。

さらに南下をめざす金軍を迎え撃った南宋軍は、四人の名将、張俊・韓世忠・劉光世・岳飛の指揮よろしきを得て、またまた大奮戦、さすがの金軍も攻めあぐねた。こうした戦況は、撻懶の死後も、水面下で和平工作を継続し、再度、金と和議を結ぼうとしていた秦檜にとって、痛し痒しだった。南宋軍の戦況が有利に動けば、強力な家軍を率い、戦意旺盛な四人の名将が、停戦・和議に抵抗するのは、目に見えている。なんとしても彼らの力をそがねばならな

岳飛（『歴代名臣像』より）

い。

かくして紹興十一年（一一四一）四月、秦檜は、高宗に張俊・韓世忠・岳飛の三人（劉光世はこの前年に死去）を召喚させ、名目的に高位を与えたうえで、その家軍を解体し、中央軍に再編成する計画を立てた。こうして彼らから軍事力を奪い取り、支障なく和平交渉を進めようという段取りである。

三人のうち、盗賊あがりの張俊はすでに秦檜と気脈を通じており、一も二もなくこれに応じ、剛直な韓世忠もやむなくこれに従った。しかし、岳飛だけはあくまでも金軍との戦いの続行を望み、どうしてもこの命令に従おうとしなかった。

おりしも翌月（五月）、撻懶のライバルだった熙宗派の実力者、宗幹《そうかん》が死去したのを機に、金側でも和平を求めるムードが高まってくる。南宋軍の抵抗に手を焼いたのも、むろん大きな理由であった。秦檜にとって、和平交渉をまとめる絶好のチャンスが到来したわけだが、こうなってくると、頑強に主戦論をふりかざす岳飛の存在がどうしても邪魔になる。この年（紹興十一年）十月、秦檜は口実を設けて、岳飛と息子の岳雲《がくうん》を逮捕、二ヵ月後ついに処刑した。

この岳飛抹殺劇には、己れにまさる力をもつ岳飛に、もともと反感をもっていた張俊が、秦檜と手を組み一枚嚙んだとされる。残る名将韓世忠は、岳飛が殺されたとき、断固としてその無実を主張し、秦檜を非難した。これが無効に終わったあと、韓世忠は軍事・政治のいっさいから手を引き、門を閉ざして悠々自適の隠居生活に入ったという。南宋の名将もまったく人それぞれである。

第二次和議――華北を放棄

岳飛の死の二ヵ月後、紹興十二年（一一四二）二月、南宋と金の間に、第二次和議が成立した。条件は、淮水《わいすい》を境として、北を金が南を南宋が支配すること、南宋は金に対して臣礼をとり、毎年、金に対して銀二十五万両・絹二十五万匹を支払うこと、というものであった。

他の条件は第一次和議と同じだが、淮水を国境線とすることは、南宋が華北を放棄することを意味し、この点で第一次よりはるかに条件がわるくなっている。しかし、秦檜が主戦派を一掃し、和平派一色となった南宋政権はこれをすんなり受け入れた。

こうして和議が成立した結果、金は南宋の要求どおり、徽宗の柩と高宗の生母韋氏を南宋に返還してきた。ただ、高宗が皇后も立てずに、その帰りを待ち望んでいた妻の邢《けい》氏はもどって来なかった。彼女はこの三年前、すでに病死していたのである。

高宗の兄の欽宗もまた帰って来なかった。こちらの方は、高宗が帰還を求めなかったのである。欽宗はこの後十四年間、金に抑留され、紹興二十六年（一一五六）、生涯を終える。欽宗の抑留期間は通算三十年、なんとも残酷な権力の論理というほかない。

南宋は、北宋以来の伝統にのっとり金品を代償に、異民族女真の金との平和共存を買った。こんどはそっくり華北の領土まで放棄したのだから、さらに念が入っているけれども。

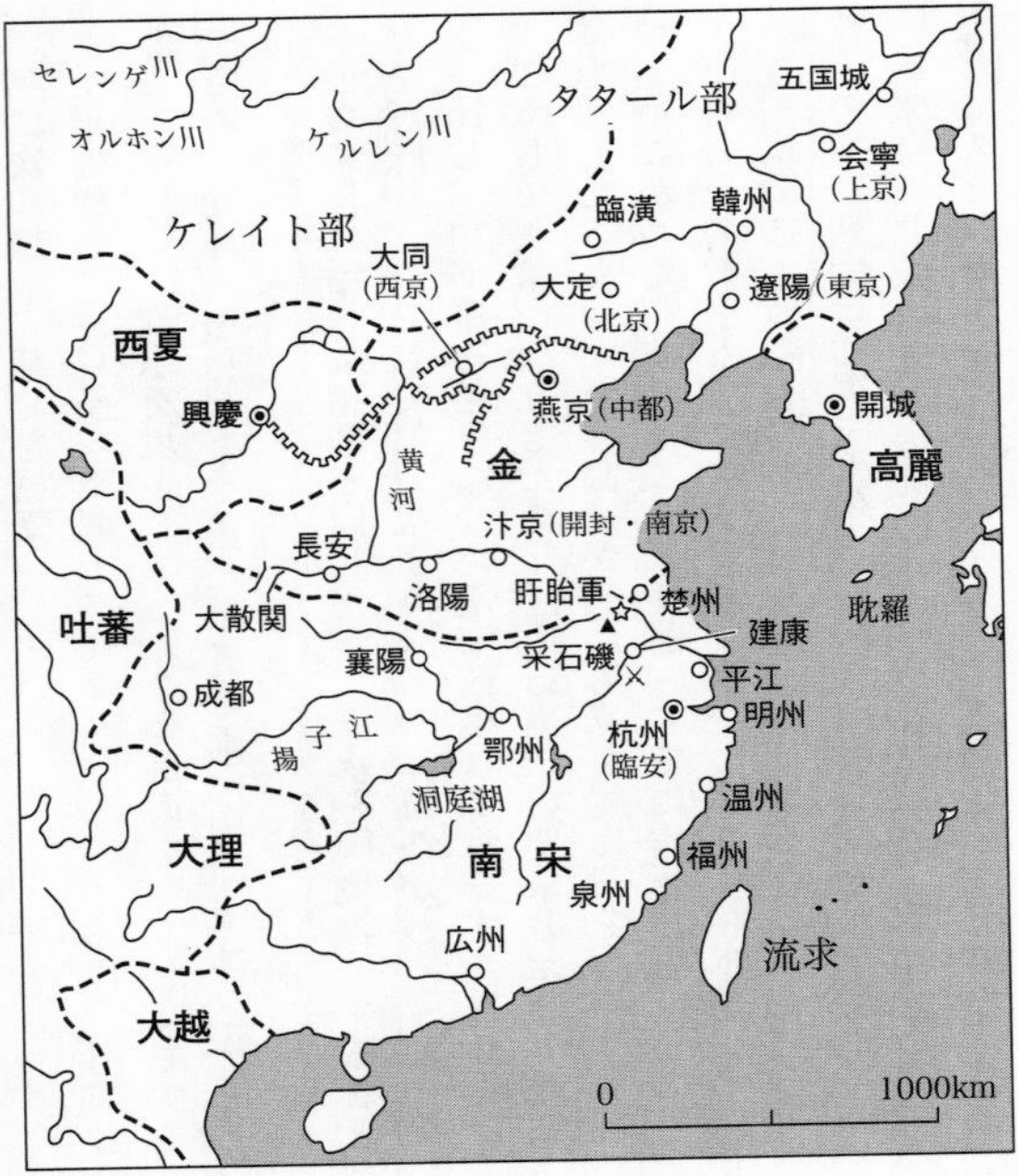

南宋と金の領土

期せずして……

こうして秦檜の主導で結ばれた和議によって確定した、南宋と金の共存関係は、モンゴルの英雄チンギス・ハンの子孫によって相次いで両国が滅ぼされるまで、約百年、基本的に継続された。この間、南宋の首都杭州は開封に劣らぬ大商業都市として繁栄を遂げ、南宋は文化国家としての成熟度を高めた。

だとすれば、秦檜の推進した和平主義は、南宋王朝にとって結果的に幸いしたといえるだろう。あのまま軍事力にまさる金と戦いつづけていたならば、どんな悲劇的事態に立ち至ったか、知れたものではない。秦檜が金との和平をゴリ押ししたのは、最初はむろん撻懶との共謀によるものだが、南宋政権の最高首脳として権力をつよめたのちは、和平を成功させることこそが、彼が政敵を打倒し、権力を保持し強化する保証になった。秦檜の強烈な自己保存本能が、期せずして南宋政権の保持につながったとみてよかろう。

首尾よく金と和議を結んだのち、秦檜は死ぬまで南宋政権の実力者の地位を占めつづけた。ちなみに秦檜は、息子（養子）の秦熺《しんき》・孫の秦塤《しんけん》を、つづけて歴史資料の収集と編纂《へんさん》にあたる史《し》官《かん》の職につかせたという。『宋史』秦檜伝は、宰相の子孫が代々、こんな地味な官職につく例はないと記す。これは、むろん自分につごうの悪い記録や資料を、片っ端から廃棄させるための措置だ。なにを今さらと、滑稽な気もするが、秦檜自身にしてみれば、後世、史書で非難されることが、なにより恐かったのだろう。

中国のマクベス夫人（？）

しかし、いくら秦檜が歴史資料を廃棄しても、むだだった。やがて、芝居や小説の世界で、「売国奴」秦檜が「愛国英雄」岳飛を殺したという話柄が、はなばなしく脚色されて、とりあげられ、後世の人々の憤激を買いつづけるのだから。

人口に膾炙《かいしゃ》する「東窗伝説」はその最たる例にほかならない。岳飛を逮捕したものの、さすがの秦檜も釈放するか処刑するか決めかね、屋敷の東の窗《まど》の下に座りこんでいた。するとそこに妻の王夫人があらわれ、さっさと殺せと煽動する。これでやっと決心のついた秦檜が、その夜、部下に命じて獄中の岳飛を絞殺させるというのが、そのあらましのストーリーである。この東窗伝説を軸に作られた芝居が、元曲のなかにいくつも見えるし、冒頭にあげた明末の短編小説「酆都に遊ぶ」にも、抜かりなく引かれている。

王夫人は秦檜とともに金に連行され、秦檜とともに南宋に帰還した。これはどうも怪しい、ただ者ではないと、憶測が憶測を生み、芝居や小説の世界において、王夫人は岳飛殺しの張本人として、秦檜に勝るとも劣らぬ悪役に仕立てあげられていったとおぼしい。この秦檜・王夫人夫妻とともに、岳飛殺しに一役買ったとされる張俊、岳飛の罪状を捏造《ねつぞう》した秦檜の部下の万俟卨《ぼくきせつ》も、許しがたい悪役として定着していく。

漢民族の怨念

芝居や小説のなかで、この四人を地獄に落とし、考えられる限りの方法で痛めつけるだけではまだ気がすまない。そんな人々の憎悪がエスカレートして、いつのころからか、杭州の岳飛廟《がくひびょう》の前に、鎖につながれ、四人が跪《ひざまず》いたかっこうをしている鉄製の像が、置かれるようになった。岳飛廟を訪れる人々は、ついこの間まで、この像に石を投げ付け、唾をはきかけたというから、中国人の秦檜憎悪の深さには、底知れないものがある。

これとはうらはらに、女真族の金とあくまで戦うことを主張した、岳飛の株はあがる一方だった。先述の元曲作品を始まりとして、明末には岳飛を主人公とする、いわゆる「岳家軍小説」が輩出し、十七世紀後半から十八世紀前半の清《しん》代初期には、これを集大成した『説岳《せつがく》全伝《ぜんでん》』が書かれるなど、岳飛は「民族英雄」として、完璧に美化されていく。いうまでもなく元曲は、モンゴル族の王朝元が中国全土を支配した時期の芝居であり、『説岳全伝』は、漢民族王朝の明《みん》を滅ぼして成立した満州族の清の時代の長篇小説である。ちなみに満州族は、もとをただせば、金王朝の女真族と同一の民族にほかならない。

元や清といった、漢民族が異民族の支配下にあった時代、岳飛のイメージが民族英雄として、プラスの方向に極端に増幅されるのに対し、秦檜のイメージは民族の裏切り者、売国奴として、これまた極端にマイナス方向に増幅される。そんな構図が、ここにはくっきりみてとれる。

岳飛廟前の秦檜夫妻像

前章までで取り上げた王莽《おうもう》・司馬懿《しばい》・桓《かん》温《おん》そして安禄山《あんろくざん》も、自らが仕えた王朝を滅ぼし、これに取ってかわろうとしたという意味での、裏切り者であった。しかし、秦檜は対立する異民族の王朝とコンタクトをとったがゆえに、後世の人々から漢民族きっての裏切り者と目された。前四者と秦檜では、いうまでもなく裏切りの位相に根本的な差異がある。

漢民族の裏切り者が、漢民族の王朝の命脈を保つ。意識するとしないとにかかわらず、そんな歴史のパラドックスを生きた秦檜は、なるほど権力の座に見苦しくしがみついたものの、だからといって、はたして彼を裏切り者だと決めつけることができようか。

女真族の金は、南宋と平和共存したけれども、以後、中国に進出した異民族の王朝は、モンゴル族の元といわず、満州族の清といわず、うむをいわさず漢民族をねじふせ、中国全土を支配した。岳飛廟の前で跪きつづける秦檜の鉄像は、そんな時代を生きた漢民族の無限増殖する怨念の形代《かたしろ》だったのかもしれない。

第八章　恋に狂った猛将
——呉三桂

若き将軍

十七世紀もなかばにさしかかったころ、明《みん》王朝（一三六八～一六四四）は、東北からは満《まん》州《しゅう》族の新興国清《しん》の攻勢をうけ、西からは李自成《りじせい》をリーダーとする農民反乱軍「流賊《りゅうぞく》」に攻め寄せられ、気息奄々《きそくえんえん》の状態となった。精鋭部隊を率いて、万里の長城の東端、山海関《さんかいかん》の外側の軍事拠点、寧遠《ねいえん》（遼寧《りょうねい》省興城県）に陣取り、清軍の南下を阻止する若き勇将呉三桂《ごさんけい》（一六一二～一六七八）はそんな明王朝の頼みの綱だった。

呉三桂の父呉襄《ごじょう》は、崇禎《すうてい》年間（一六二八～一六四四）初期から、対清戦の最前線基地、錦《きん》州《しゅう》（遼寧省錦州市）の総司令官をつとめる有能な軍人であった。父の縁故で軍隊に入った呉三桂は、清軍との戦いでめざましい戦功をあげ、若くして寧遠の総司令官に抜擢されたのである。

崇禎十六年（一六四三）十月、李自成の率いる反乱軍は、潼関《どうかん》（陝西《せんせい》省西安市の東）を攻め落とし、明の首都北京《ペキン》に迫る構えを示した。慌てた明王朝第十七代皇帝、崇禎帝（一六二七～一六四四在位）は呉襄を呼び返し、首都防衛軍の指揮官に任じた。このとき、呉三桂も一時、任地の寧遠を離れ、父に同行して北京にやって来た。この北京滞在の期間に、呉三桂は彼の運命、ひいては中国の運命を変えた一人の美女とめぐりあう。

北京に到着した呉三桂は、情勢不穏のおりから、なんとかこの明軍きっての勇将とコネを付け、我が身の安全をはかろうとする、上流人士の招待攻めにあった。崇禎帝のいまは亡き寵姫田姫《でんき》（崇禎十五年＝一六四二年の七月に死去）の父、田弘遇《でんこうぐう》もそんな一人だった。田弘遇の邸に招かれた呉三桂は、山海の珍味や美酒をならべた宴のさなか、かねて噂に聞いていた田家所属の美貌の家妓、陳円円《ちんえんえん》が艶やかに歌い舞う姿を見た瞬間、恋に落ちた。

名妓、陳円円

陳円円は江南蘇州《そしゅう》の出身で、本名を陳沅《ちんげん》という。貧しい農家に生まれた彼女は、幼くして叔母のもとに養女に出された。叔母の夫は小間物の行商を生業としていたが、手のつけられない遊び人だったため、暮らし向きはわるくなる一方、とうとう陳円円は叔母の手で蘇州の遊郭に売られてしまう。

天性の美貌に加え、歌舞音曲はむろんのこと、読み書きから詩の作り方まで、当時の一流の妓女に必要な素養をすべて身につけていた陳円円は、たちまち人気絶頂の妓女となった。おそらく叔母は、最初から妓女に仕立てるつもりで陳円円を養女にもらいうけ、元手をかけて仕込んだのであろう。

崇禎十五年、たまたま蘇州を訪れた田弘遇は、金と力にものをいわせて、むらがる競争者を蹴落とし、陳円円を落籍して北京に連れ帰った。このとき田弘遇は、陳円円の養母に二千金の身請け金を支払ったという。呉三桂が北京の田家で陳円円と出会ったのは、この約一年後である。

陳円円に一目惚れした呉三桂は、まもなく田弘遇に大枚一千両を支払い、彼女を譲り受けた。ときに崇禎十六年十月、呉三桂は三十二歳、陳円円はまだ二十歳そこそこであった。陳円円にしても、とっくに六十の坂を越えた狡猾な老人の田弘遇よりも、颯爽《さっそう》とした少壮の武将呉三桂の方が、はるかに好ましい相手であったことは、推測にかたくない。

呉三桂（『燕京開教略』より）

しかし、呉三桂と陳円円の蜜月は長くは続かなかった。

崇禎帝の命令により、呉三桂は山海関の守備にあたるべく、ふたたび寧遠の基地に向かうことになったのである。かくて呉三桂は北京に残る父呉襄に陳円円を預け、後ろ髪を引かれる思いで北京をあとにした。

この後、崇禎十七年（一六四

四）に入るや、事態は急変する。詳しくは後述にゆずるが、李自成軍の北京制圧、崇禎帝の自殺、明王朝の滅亡と、めまぐるしく情勢が変化するなか、呉三桂はいったんは李自成の呼びかけに応じ、軍勢を率いて北京に戻ろうとした。

しかし、彼は最愛の陳円円が李自成軍の凶暴な武将劉宗敏《りゅうそうびん》の手に落ちたという情報を得るや、激怒して態度を一変させた。清に投降して援軍を乞い、李自成軍に矛先を向けたのである。この行為によって、呉三桂は後世、一人の女のために満州族の清に身を売り国を売り、清が中国全土を支配する契機を作った裏切り者と目されるに至る。

冠を衝いて一怒するは　紅顔の為なり

自らも屈折した人生を歩んだ、明末清初の詩人呉偉業《ごいぎょう》（一六〇九～一六七一）の詩「円円《えんえん》曲《きょく》」は、その早い例にほかならない。この詩は次のように歌いだされる。

鼎湖《ていこ》　当日　人間《じんかん》を棄つ
敵を破り京《けい》を収めんとして　玉関《ぎょくかん》を下《くだ》る
慟哭　六軍　倶《とも》に縞素《こうそ》
冠を衝《つ》いて一怒するは　紅顔の為なり

その日、皇帝が鼎湖（皇帝の死をさす表現）でこの世を去られたという知らせをうけると、呉三桂は敵（李自成軍をさす）を破って都を奪還すべく、山海関を馳せくだった。全軍の兵士は［皇帝の死を悼んで］みな声をあげて泣き、縞素（白い喪服）を身につけたが、呉三桂が怒髪天を衝くほど激怒したのは、ひたすら艶やかな美女陳円円のためだった。

すでに清王朝が中国全土を支配したあと作られた詩篇ゆえ、清に気をかね、非常に遠慮した表現になってはいるものの、ここで呉偉業は、呉三桂が激怒して変心したのは、陳円円のためだったと、きっぱり断言している。

これに関して、おもしろい後日談がある。この詩が大いに流行したため、閉口した呉三桂は、呉偉業に大金を贈り、なんとか問題の「冠を衝いて一怒するは紅顔の為なり」という詩句を削除してほしいと頼み込んだけれども、相手にされなかったというものである。

歌にまでうたわれた恋する裏切り者、呉三桂。明末清初の転換期を生きた、この人物の曲折に富んだ生涯をたどるに先立ち、前章でとりあげた女真《じょしん》族の金《きん》王朝と漢民族の南宋《なんそう》王朝が並立した時代以降の歴史的経緯を、ざっとながめてみよう。

チンギス・ハンの登場

前章の主人公、金との和平を強力に推進した南宋の宰相秦檜《しんかい》が、この世を去ってから数年後、北方、蒙古草原のかなたに、蒼き狼と異名をとる一人の英雄が誕生する。その名はテムジン、のちのチンギス・ハン（元《げん》の太祖《たいそ》。一一六二？～一二二七）である。彼の歴史舞台への登場を機に、小競り合いを繰り返しながら、ともあれ百年間、平和共存してきた金と南宋は、もろともに滅びの淵に追いつめられてゆく。

モンゴル族の系統に属する部族として知られるのは、五代の後晋《こうしん》のとき、燕雲《えんうん》十六州を占拠して遼《りょう》王朝を立てた、かの契丹《きったん》族である。遼が金に滅ぼされたあと、モンゴル族系統で擡頭したのは、韃靼《だったん》すなわちタタール部族だった。しかし実のところ、契丹にせよ韃靼にせよ、草原一帯に広がるモンゴル族全体からみれば、ほんの一握りの小部族にすぎなかった。チンギス・ハンはその剛腕をもって韃靼を打ち倒したのを手はじめに、一二〇六年、ついにモンゴルの全部族を統合、モンゴル国家の王者ハンとなる。これ以後、チンギス・ハンは四方に向かって軍事行動を開始、西夏《せいか》や金に猛烈な攻勢をかけはじめる。

一二〇九年、中国西北部を占めるタングート族の西夏王朝を降伏させるや、チンギス・ハンはいよいよ矛先を金に向けた。かくして一二一四年、自らモンゴルの騎兵隊を率いて南下、あっというまに金の首都中都《ちゅうと》（北京）を包囲するに至る。この前年、クーデタによって即位したばかりの金の八代皇帝宣宗《せんそう》（一二一三〜一二二三在位）は、恐慌をきたし、和議を申し入れた。チンギス・ハンはこれに応じ、莫大な貢ぎ物を受け取って、ひとまず軍を引く。

しかし、翌一二一五年、金が停戦協定に背き、汴京《べんけい》（河南《かなん》省開封《かいほう》市）に遷都するや、チンギス・ハンは軍を率いてふたたび南下、こんどは一気に中都を攻め落とした。金に滅ぼされた遼の王族の末裔《まつえい》で、官吏として金王朝に仕えていた耶律楚材《やりつそざい》（一一九〇〜一二四四）が、チンギス・ハンの傘下に入ったのは、このときである。

チンギス・ハンに深く信頼された耶律楚材は、以後、ともすれば遊牧民族がバーバラスな力を爆発させ、虐殺や略奪に走ることがないよう歯止めをかけながら、行政や経済の機構整備をおこない、モンゴル国家の基盤を固めるなど、八面六臂《はちめんろっぴ》の大活躍をした。チンギス・ハンはそんな耶律楚材をますます頼みとし、後継者の息子オゴタイ（元の太宗《たいそう》。一二二九〜一二四一在位）に、「この人は天が我が家に賜った人である。今後、国政はすべて彼に任せよ」と、言いきかせたという。

さて、金の中都を陥落させたチンギス・ハンは、重臣のムカリを中都に駐留させ、対金作戦の責任者に任じたあと、自らは大軍を率いて西方遠征に向かった。あたるを幸いなぎ倒し、大小とりまぜて四十になんなんとする国々を滅ぼしながら、ついにヨーロッパの東まで達したモンゴル軍の西方大遠征は、つごう七年に及ぶ。一二二七年、ようやく東にもどったチンギス・ハンは事のついでに、細々と命脈を保っていた西夏王朝を完全に滅ぼす。チンギス・ハンがこの世を去ったのは、それからまもなくのことである。

まずは金が……

チンギス・ハンははるかヨーロッパにつながる西の彼方まで、文字どおり世界を嵐のなかに巻き込んだ。中国大陸には依然として金も南宋も存続していた。しかし、この一世の風雲児は、草原の呼び声に憑《つ》かれたかのように、中国世界の外へ飛び出し、攻撃と破壊を繰り返しながら西へ西へと向かい、その版図《はんと》を驚異的に広げていったのである。

残る金と南宋の運命やいかに。偉大なる草原の王者チンギス・ハンの死後、後継の座についたオゴタイの時代に、まず金が滅ぶ。一二三三年、モンゴル軍の猛攻を受けて、首都汴京が陥落、翌一二三四年、南下して蔡州《さいしゅう》（河南省汝南県）に逃げた最後の皇帝哀宗《あいそう》も、追いつめられて自殺したことにより、女真族の金王朝は滅亡した。初代皇帝太祖《たいそ》の即位から数えて百二十年目のことである。

金の滅亡劇には、実は南宋も一枚嚙んでいる。モンゴル側からの援軍要請に、南宋は、すわ、金への宿年の怨みを晴らす好機到来とばかりに飛びつき、モンゴル軍ともども金の哀宗が立て籠もる蔡州を攻撃したのだ。しかし、モンゴルと南宋の同盟は一時的なものにすぎず、以後、河南《かなん》の領有権を主張する南宋と、これを認めないモンゴルとの間に、しばしば局地戦が展開されるようになった。

金を滅ぼした七年後の一二四一年、オゴタイが死去、後継の座をめぐり、モンゴル内部で、権力闘争が激化したため、南宋はしばし平穏な時間をもつことができた。しかし、権力闘争に勝利したチンギス・ハンの孫モンケ（元の憲宗《けんそう》。一二五一〜一二五九在位）の即位後、勢いを盛り返したモンゴルは、一二五八年、南宋攻撃を再開した。この危機にあたり、南宋軍は水戦に不慣れなモンゴル軍の弱点をつきつつ、粘り強く戦った。長引く遠征に疲れたモンケは、翌一二五九年、四川《しせん》の陣中で病没してしまう。

モンケの死後も、弟のフビライ（元の世祖《せいそ》。一二六〇〜一二九四在位）はなおも南宋攻撃の手をゆるめず、賈似道（かじどう）（一二一三〜一二七五）が指揮をとる、南宋の軍事拠点鄂州（がくしゅう）（湖北省武漢市）を包囲しつづけた。だが、まもなくモンケの後継者問題にけりをつけるため、フビライはめぼしい戦果をあげないまま鄂州から撤退、北へ帰っていった。

南宋滅ぶ

この結果、鄂州の軍事責任者の賈似道は、フビライを撤退させた功労者として、いちやく名をあげ、宰相に抜擢された。話があまりにうまくできているため、賈似道は秘密裏に、フビライと停戦協定を結んだに相違ないとする説が、もっぱら有力である。

景定《けいてい》元年（一二六〇）、首尾よく宰相となった賈似道は、以後十六年にわたって、宰相の座を占め、実権をにぎりつづけた。対立する異民族に通じたとする「売国奴伝説」といい、長期にわたり宰相の地位を占めたしたたかさといい、賈似道は前章の主人公秦檜と非常によく似ている。いずれにせよ、賈似道が秦檜顔負けの、卓越した行政手腕の持ち主だったことは、確かだ。しかし、その彼の手腕を以てしても、坂道を転がるように衰えてゆく南宋を、再生させることはできなかった。

一方、モンゴルにもどったフビライは、賈似道が宰相になった年、すなわち一二六〇年、実力にものをいわせてモンケの後継の座をもぎとり、モンゴルの王者となった。その後、一二六七年、金の首都だった中都の北東に建設した新首都、大都《だいと》（北京）に遷都、この四年後（一二七一年）には、国号も元《げん》と改めるなど、中国全土制覇を狙い、着々と手を打った。

一二七九年、準備万端ととのったところで、フビライは南宋に向け全面攻撃を開始した。鄂州の戦いからちょうど二十年後のことである。衰え果てた南宋にはもはやこれに抗する力は残されていなかった。北宋が金に滅ぼされたのち、南中国に成立した漢民族の限定政権南宋は、ここに百五十三年の歴史を閉じる。このとき、賈似道はすでにこの世の人でなかった。南宋滅亡の四年前の徳祐《とくゆう》元年（一二七五）、モンゴルの攻勢が日増しにつよまるのを懸念して、第七代皇帝の恭宗《きょうそう》（一二七四〜一二七六在位）に遷都を進言して容れられず、流刑地で非業の最期を遂げていたのである。

初めは女真族の金、終わりはモンゴル族の元。北宋以来の文治主義を継承し、軍事的には弱体そのものだった南宋が、異民族国家と張り合いながら、ここまで持ちこたえたことじたい、むしろ奇跡だといってよい。弱い「文化国家」南宋の首都杭州《こうしゅう》は大商業都市として繁栄し、庶民文化の花を開かせた。この一方で、南宋の儒学者朱熹《しゅき》（一一三〇〜一二〇〇）はいわゆる「朱子学」を完成し、政治や正統文化の担い手たる、知識人士大夫《したいふ》の意識と生活を規定する、儒教イデオロギーの精緻な体系化をおこなった。

六朝時代、江南の亡命政権東晋《とうしん》は中世貴族文化を開花させた。これに対し、近世の亡命政権南宋は、士大夫文化・庶民文化の質を飛躍的に高めた。故郷を喪失した亡命作家がしばしば傑作を生み出すように、亡命王朝もまた文化の傑作を生むのであろうか。

モンゴル至上主義――元王朝

西夏・金・南宋を順番に滅ぼし、敵対勢力をきれいさっぱり排除した元王朝は、一二七九年、フビライの手で中国全土の統一を成し遂げた。チンギス・ハンがモンゴルの全部族を統合してから七十三年後である。

フビライすなわち元の世祖《せいそ》は、中国支配にあたり、中央・地方をとわず、ありとあらゆる官僚機構のトップにモンゴル人を配するなど、モンゴル優先の鉄則を貫徹した。これに先立ち、中国に居住する者は、最上級のモンゴル人、色目人《しきもく》、漢人、南人の四つの等級に区分された。二番目の色目人はさまざまな異民族を指し、三番目の漢人は、金の支配下にあった華北の住民を指す。ここには漢民族のほか、華北在住の契丹族や女真族も含まれる。最後の南人は、南宋のもとにあった江南の漢民族である。元代を通じて、もっとも蔑視され、ないがしろにされたのは、この南人にほかならない。

先行する異民族の征服王朝、契丹族の遼や女真族の金と異なり、元は行政や財政の機構や制度について、あくまで固有のモンゴル方式をつらぬき、中国方式への同化をあらかじめ拒否した。これにともない、北宋から南宋にかけて完成された、中国式官吏登用法の科挙《かきょ》も廃止された。元の第四代皇帝仁宗《じんそう》（一三一一～一三二〇在位）のとき、科挙はようやく復活するけれども、まもなくふたたび廃止される。その後も元代の科挙は、復活されたり廃止されたりで、制度として恒常的に機能しなかったといってよい。

食わねばならぬ——知識人が大衆芸能へ

科挙は廃止されるわ、漢人だ南人だと差別されるわで、伝統的な教養を身につけた中国の知識人は、まったく出口なしの閉塞状況に追い込まれてしまう。この結果、彼らは前代までの知識人が見向きもしなかった、大衆芸能の分野に活路を見いだすことになる。

この時代には、「元曲《げんきょく》」と呼ばれる戯曲が文学の主要ジャンルを占め、関漢卿《かんかんけい》・鄭徳輝《ていとくき》・白仁甫《はくじんぽ》・馬致遠《ばちえん》の四大家を筆頭に、すぐれた戯曲作家が輩出、瞠目《どうもく》すべき傑作が次々に生まれた。また、元代も末期になると、『西遊記《さいゆうき》』『水滸伝《すいこでん》』『三国志演義《さんごくしえんぎ》』等々、白話《はくわ》（話し言葉）で書かれた長篇小説も続々と形をととのえはじめる。

従来、知識人の間で、正統文学と目されてきたのは、あくまで詩および文（文語で書かれた散文）であり、戯曲や小説といった俗文学は、まともにとりあげるべき対象ではなかった。しかし、科挙が廃止されて社会進出を阻まれ、経済的に困窮した元代の知識人は、そうした伝統的な価値観にこだわってなど、いられない。かくして大衆向けの戯曲の台本を書き、語り物のタネ本を書いて生計を立てる知識人が続出、結果的に俗文学のレベルアップに貢献することになったのは、皮肉といえば皮肉なめぐりあわせであった。

紅巾の乱と朱元璋

異民族王朝が、圧倒的多数を占める漢民族を長期的に支配するためには、よほど政権基盤が確固としていなければならない。ましてモンゴル人優先を遮二無二、押し通そうとする元王朝の場合は、なおさらそうだ。ところが、元では、世祖の孫の第二代皇帝成宗《せいそう》（一二九四～一三〇七在位）の没後、皇帝が死去するたびに、はげしい後継者争いがおこり、政権中枢部は権力闘争の修羅場と化した。もともと、チンギス・ハンの一族は後継者争いで紛糾しつづけてきたが、元王朝になっても、この傾向はいっこうに改まらず、それどころかますます拍車がかかる。

政権中枢部が後継者問題で足をひっぱり合ううち、元王朝の統治力はみるみる弱まっていった。かくして十四世紀中頃になると、政治不在による社会不安の激化に、天災（黄河の氾濫）によるダメージ、さらには、モンゴル人支配への反発が加わって相乗効果をあげ、中国各地で民間宗教白蓮教《びゃくれんきょう》の信者を中核とする、民衆反乱が頻発するに至る。至正《しせい》十一年（一三五一）、黄河修復のために十五万人が動員されるや、河南を中心とする民衆反乱は一気に燎原の火のように広がり、「紅巾《こうきん》の乱」と総称される大反乱となった。

明王朝の始祖、朱元璋《しゅげんしょう》のちの洪武帝《こうぶてい》（一三二八～一三九八。一三六八～一三九八在位）も、「紅巾の乱」の渦中から浮かびあがった人物である。朱元璋は若くして両親と長兄を失い、生きていくために出家して僧侶となり、喜捨を求めて遍歴する極貧の青年時代を送った。僧侶であると同時に、救世主の到来を予言する白蓮教の信者だった気配もある。

至正十二年（一三五二）、故郷の濠州《ごうしゅう》（安徽《あんき》省鳳陽《ほうよう》県）にもどった朱元璋は、紅巾反乱軍のリーダー格の一人であった、地方豪族の郭子興《かくしこう》の軍団に入った。最初は兵士にすぎなかったが、すぐ頭角をあらわして、郭子興軍団にその人ありと知られる部将になり、見込まれて郭子興の養女馬《ば》氏と結婚、郭氏一族の一員になった。こうして地歩を固めたうえで、至正十五年（一三五五）、郭子興が死去するや、朱元璋はその一族を殺して、郭子興軍団を我がものにしてしまう。なんともえげつない早業というほかない。

二百四十年ぶりの漢民族統一王朝

手段を選ばず軍事力を強化した朱元璋は、翌至正十六年、江南の拠点都市の一つ、集慶《しゅうけい》（江蘇省南京市）に攻撃をかけた。首尾よく陥落させると、応天府《おうてんふ》と改称したこの地に軍事政権を樹立、以後、ここを根拠地として、南中国全域の制圧に乗り出してゆく。元末の混乱に乗じ、またたくまに紅巾反乱軍のリーダーの一人にのしあがった朱元璋は、この時を境に、明確な将来構想をもつ応天府（南京）政権のリーダーに変身したといえよう。

しかし、南中国全域の支配者となるためには、江南各地に依拠する反乱軍のリーダーを打倒しなければならない。そこで朱元璋は至正二十三年（一三六三）、南京のすぐ南西の池州《ちしゅう》（江蘇省貴地県）を根拠地とする、漁師出身の陳友諒《ちんゆうりょう》を撃破したのにつづき、至正二十七年（一三六七）には、蘇州を根拠地とする、塩商人あがりの張士誠《ちょうしせい》を打ち破った。ライバルを一掃して、念願の南中国制覇を成し遂げた朱元璋が、即位して明王朝を立て、年号を洪武と改め、応天府すなわち南京を首都に定めたのはこの翌年（洪武元年＝一三六八年）のことである。

みてのとおり、朱元璋が明王朝を立てるにあたり、敵となって立ち塞がったのはいずれ

明の太祖、朱元璋（洪武帝）の二つの肖像

も、もと同志の反乱軍のリーダーだった。このとき、元王朝は何をしていたのか。あの勇猛果敢なモンゴル軍はどこへ行ってしまったのか。実は、紅巾の大反乱をよそに、元王朝では、第十一代皇帝の順帝《じゅんてい》（恵宗）派とその息子の皇太子派の対立が激化、ほとんど内部崩壊しており、とても反乱軍に本格的に対処する力などなかったのである。明王朝を成立させると同時に、朱元璋は北伐を開始、洪武元年（一三六八）、元の首都大都を陥落させた。元最後の皇帝順帝は北へ逃亡し、元王朝は滅亡に至る。草原の彼方《かなた》から砂塵を蹴立てて、中国に侵入したモンゴル族は、ふたたび草原の彼方に消えていった。

こうして中国全土を統合した明王朝は、北宋の滅亡後、実に二百四十年ぶりに出現した、漢民族の統一王朝ということになる。

血塗られた皇帝の手

朱元璋すなわち明の洪武帝には、別人としか思えない二種類の肖像画がある。ひとつはおだやかな福相であり、いまひとつはいかにも邪悪で残忍な悪相である。どうやら後者が実像に近いらしい。皇帝になった洪武帝はこの肖像画が示唆するとおり、しだいに持ち前の残忍性をむきだしにしてゆく。

彼は三十一年に及んだ皇帝在位期間において、洪武十三年（一三八〇）の「胡惟庸《こいよう》の獄」、同二十六年（一三九三）の「藍玉《らんぎょく》の獄」をはじめ、何度も疑獄事件をデッチあげて、明王朝創業の功臣を次々に処刑した。これらの事件に連座して殺された者の数は数万にのぼるという。

功臣の大部分に対し、血の粛清を断行した洪武帝の狙いは、すべての権力が皇帝に一極集中する、強固な皇帝独裁体制を確立することにあった。洪武帝は、科挙の合格者が政治機構の中心を占める、北宋以来の伝統的な官僚制は復活させたけれども、最終的な権限はすべて皇帝に集中させ、ときに皇帝をしのぐ実権を有する恐れのある宰相職を廃止した。ちなみに、「胡惟庸の獄」で処刑された胡惟庸は、洪武帝と苦楽を共にした盟友であり、丞相《じょうしょう》（宰相）の地位にあった人物である。洪武帝は反逆罪をかぶせてこの胡惟庸を処刑したのち、宰相職じたいを廃止したのだった。

靖難の変――永楽帝即位

洪武三十一年（一三九八）、権力の魔にとりつかれたように、おびただしい血の生《い》け贄《にえ》を作り出し、皇帝独裁体制を完成させた洪武帝が死去すると、明王朝に波乱がおこる。

そもそもの発端は、洪武帝が後継者に指名した孫（夭折した長男の息子）の建文帝《けんぶんてい》（一三九八〜一四〇二在位）が、第二代皇帝の座につくや、まだ若い建文帝を輔佐する側近グループが、中国各地に封じられた諸王（洪武帝の息子たち）の取り潰しにかかったことにある。建文元年（一三九九）、北京、すなわち元の首都の大都（北平）に依拠する燕王朱棣《えんおうしゅてい》は、こうした南京朝廷の動きに反撥して挙兵、激戦を繰り返すこと三年にして、首都南京を陥落させ、建文帝は生死不明となった。

永楽帝

この「靖難《せいなん》の変」によって、朱棣は皇帝の座につく。明王朝第三代皇帝、永楽帝《えいらくてい》（一四〇二〜一四二四在位）である。

永楽帝は、極貧の乞食僧から身をおこして、モンゴル支配を打ち崩し、漢民族の王朝を立てた父の洪武帝とは異なった意味で、スケールの大きな君主であった。彼にはより大いなる世界をめざそうとする志向があった。五度にわたって蒙古高原に親征し、明の版図《はんと》を拡大したこと、および宦官《かんがん》らしからぬ能力をもった鄭和《ていわ》（一三七一〜一四三四）を指揮者とする艦隊を派遣して、七度も世界各国をめぐる大航海を行わせたことは、そうした志向の目立ったあらわれだといえよう。また永楽十九年（一四二一）、首都を江南の南京から燕王時代の根拠地北京に遷したのも、北京こそ彼の世界戦略に適した土地だったからであろう。

スケールは雄大なのだが、その一方で、永楽帝は、甥の建文帝を追いおとした簒奪者の負い目を拭《ぬぐ》いきれなかった。このため、どうしても官僚を信頼できず、洪武帝の遺志に背いて宦官を重用するに至る。以来、皇帝独裁体制の虚をつく宦官の横行が、明王朝の頽廃《たいはい》を深める原因となった。

暗愚の天子が続く

血の粛清を断行した洪武帝、帝位を簒奪した永楽帝。初期の偉大な二人の皇帝にすでにみられる、陰惨でアブノーマルな傾向は、やがて彼らの子孫に極端に増幅された形であらわれる。これに宦官が絡み、明王朝の屋台骨はすっかり傾いてしまうのだ。

洪武帝以来、明王朝の皇帝に流れる悪い血が顕在化したのは、十六世紀初めに即位した第十一代皇帝の正徳帝《せいとくてい》（一五〇五〜一五二一在位）以後である。正徳帝はウイグルの美女を侍らせる「豹房《ひょうぼう》」なる建物を作り、ひたすら狂行にふけるしか能のない、手のつけられない放蕩天子であった。つづく第十二代の嘉靖帝《かせいてい》（一五二一〜一五六六在位）は、不老長寿を説く道教の狂信者で、まったく政治に無関心。

第十四代の万暦帝《ばんれきてい》（一五七二～一六二〇在位）は性格破綻者のうえ、病的な守銭奴であり、これまた政治につゆほどの関心もなかった。四十九年にのぼる在位期間のうち、二十年以上も宮中の奥深くに閉じこもったきり、官僚に会おうともしなかったのだから、異常というほかない。万暦帝の楽しみは、官僚に払う給料さえ出し惜しみして、ためこんだ莫大な財産を、息子の結婚式や自分の墓陵（定陵《ていりょう》）の建設のために、湯水のように蕩尽することだけだった。この言語道断の皇帝失格者、万暦帝の在位した半世紀の間に、明王朝の活力は完全に失われてしまう。

万暦四十八年（一六二〇）、万暦帝がようやく死んだあと、息子の光宗《こうそう》が皇帝の座についたものの、これまた媚薬ののみすぎで、一カ月たらずでコロリと頓死する。この後をうけ第十六代皇帝となったのは、光宗の息子天啓帝《てんけいてい》（一六二〇～一六二七在位）である。即位当時、まだ十六歳だったこの皇帝は幼児性がつよく、あっさり宦官の魏忠賢《ぎちゅうけん》に全権をゆだねたため、とんでもない事態をひきおこす。

魏忠賢の専横、官僚の党争

万暦年間の中期以降、長引く政治空白のもと、宦官と手を組んだ悪徳官僚と、これを批判する官僚の派閥抗争が激化した。万暦年間末、敗北した批判派官僚はいっせいに下野して、無錫《むしゃく》（江蘇省）を拠点とする政治結社「東林党《とうりんとう》」を結成、江南の知識人を広く吸収して、中央の宦官派と張り合った。主導権をにぎった宦官魏忠賢は、この「東林党」を徹底的に弾圧、主要メンバーを逮捕・虐殺して、その指導部を壊滅させ、我が世の春を謳歌したのである。

天啓七年（一六二七）、天啓帝が死去し、弟の崇禎帝が即位すると同時に、魏忠賢は逮捕されて自殺、ここにようやく猛毒をまきちらした宦官天下は終わった。崇禎帝自身はそれなりに賢明な人物であったが、いかんせん、百年以上も、代々の皇帝が重ねた無軌道のツケがたまり、滅亡へとなだれ落ちる時代の趨勢《すうせい》を押しとどめることは、できなかった。

そもそも箸《はし》にも棒にもかからない無能な皇帝が続出しながら、明王朝が存続したことじたい、これまた不思議といえば不思議である。洪武帝が練り上げた強固な皇帝独裁システムが一人歩きして、無能な皇帝をガードしたというべきであろうか。

皇帝たちの狂行がはじまった十六世紀以降、中央政局の混乱とはうらはらに、商業が著しく発展し、とりわけ蘇州や松江《しょうこう》（上海市松江県）をはじめとする江南の都市は空前の繁栄を遂げた。これと同時に、科挙に合格し高級官僚になることを至上視する、士大夫知識人階層の価値観もじょじょに変化しはじめる。経済も文化も人々の意識も急激に変化してゆくなかで、政治体制だけは旧態依然たるままという、現代に至るまで持ち越される中国社会の矛盾は、まさしくこの明末にはじまったといえよう。

英雄ヌルハチ

頽廃と繁栄が表裏一体となった十六世紀中頃の明末、中国東北部の遼東《りょうとう》に重要な変化がおこった。かつて中国に金《きん》王朝を立て、モンゴル族の元《げん》に追い払われた女真《じょしん》族の子孫のなかから、英雄ヌルハチ（清の太祖。一五五九～一六二六）が出現したのである。当時、女真族は、遼東の山地に居住する建州《けんしゅう》女真、ハルビンや長春《ちょうしゅん》に居住する海西《かいせい》女真、黒龍江《こくりゅうこう》流域に居住する野人《やじん》女真の三つに分かれて対立していたうえ、その内部においても部族間抗争のたえまがなかった。

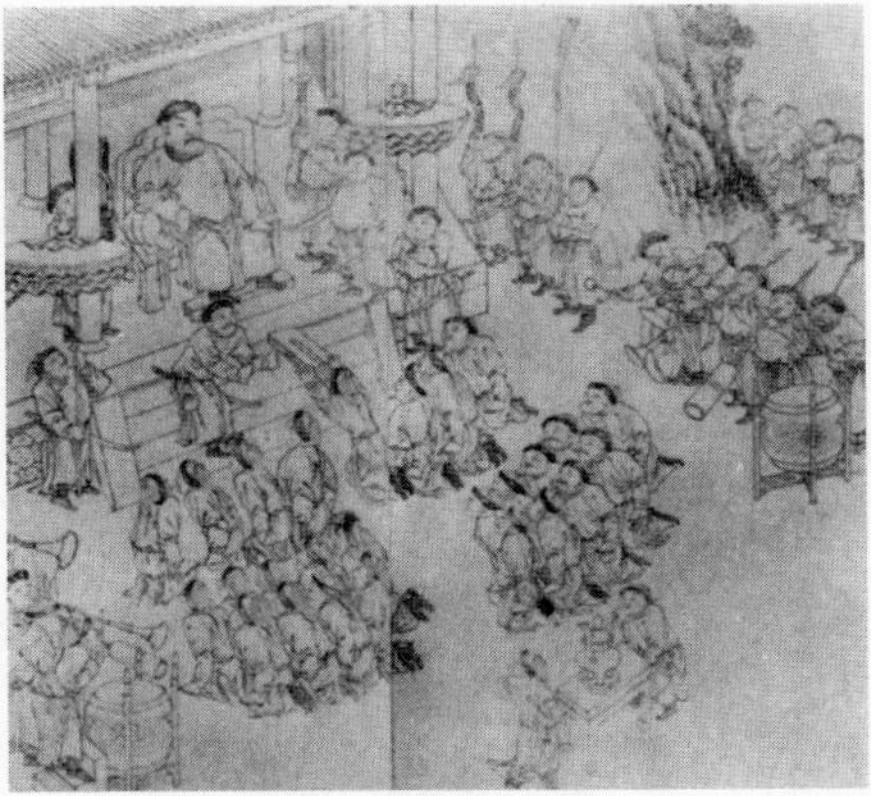

ヌルハチの即位（『満州実録』より）

建州女真の一部族の首長の家に生まれたヌルハチは、万暦十一年（一五八三）に挙兵、数年がかりで、まず建州女真を統合した。ついで、強力な海西女真の諸部族をじりじりと制圧、挙兵してから三十年後の万暦四十一年（一六一三）、ようやく全女真族の統合にほぼ成功する。この間、万暦二十年（一五九二）から二十五年にかけ、豊《とよ》臣秀吉《とみひでよし》が朝鮮に出兵、この対応に追われた明に、ヌルハチの動きを牽制する暇がなかったことも、彼にとって大いに幸いした。ヌルハチもさるもの、終始一貫、謙譲を装い、土壇場まで明王朝に従うポーズを崩さなかった。

そのヌルハチが、女真族を八旗《はっき》（いわゆる満州八旗）に分割・統治する国家体制を作り上げ、万暦四十四年（一六一六）、後金《こうきん》王朝を立て、公然と明に叛旗を翻《ひるがえ》したのだから、明王朝の受けた衝撃は大きかった。ヌルハチの快進撃はつづき、万暦四十七年（一六一九）、「サルフの戦い」で明の大軍を撃破したのを機に、遼東の平野部に南下し、瀋陽《しんよう》・遼陽《りょうよう》（いずれも遼寧省）を攻略して大々的に勢力を拡大してゆく。

国号を清に

天啓六年（一六二六）、ヌルハチは山海関のすぐ外側に位置する明の軍事拠点寧遠を攻撃中、大砲の射撃をあびて戦死した。しかし、その遺志は、息子のホンタイジ（清の太宗。一五九二～一六四三）に、しっかり受け継がれた。万暦帝が宮廷の奥にとじこもって蓄財に熱中し、孫の天啓帝が魏忠賢の傀儡《かいらい》になっている間に、時代を変えるエネルギーにあふれる異民族女真は、ヌルハチからホンタイジへと指導者が交替するにつれ、加速度的にその勢力をつよめていったのである。

ヌルハチの後継者ホンタイジは、後金第二代皇帝となった翌年の一六二七年（明の天啓七年）、国号を清と改めた（一六三六年＝崇禎九年、さらに「大清」と改める）。すでに、女真族のみならず、モンゴル族や降伏した漢民族をも併合した今となっては、かつての女真族王朝金の後裔《こうえい》であることを想起させる、後金という国号は、かえってよくないという判断であ

（右）ホンタイジ　（左）ドルゴン

る。その後、ホンタイジは女真という民族名の使用をも禁止し、満州族という呼び方をするよう命じた。中国北部を領有しただけで、モンゴルに敗れ去った民族の過去を抹殺し、さらなる飛躍、つまりは清王朝の中国全土支配をめざすホンタイジの野望が、この一連の改称を通してはっきり透けてみえる。

ホンタイジは、明軍と武力衝突を繰り返す一方、朝鮮やモンゴルにまで出兵して、武威を輝かせた。しかし、中国本土に通じる要衝山海関だけは、どうしても抜くことができないまま、病没した。ときに一六四三年すなわち明の崇禎十六年、ホンタイジ五十二歳。

この章の冒頭に記したように、呉三桂の手引きで、清軍が山海関を突破し、念願の中国本土進撃を果たしたのは、この翌年のことである。

ホンタイジの死後、清王朝の第三代皇帝の座についたのは、わずか六歳の息子順治帝《じゅんちてい》（一六四三〜一六六一在位）だった。むろんこんな子供に何ができるわけもなく、後見人の名目で実権をにぎったのは、その後、順治帝の生母（ホンタイジの妻）の再婚相手にもなった、叔父（ホンタイジの弟）のドルゴンである。ドルゴンはすこぶる有能であり、清の中国本土進撃作戦は、実質的にはこの人物によって進められる。

あわれ崇禎帝——明王朝の終焉

満州族の清王朝の驚異的な成長ぶりとは対照的に、崇禎帝のややヒステリックな明王朝の再建計画はいっこうに進展せず、もたもたするうち、情勢は悪化の一途をたどるばかり、とうとう運命の日がやってくる。崇禎十七年（一六四四）三月十九日、李自成の率いる反乱軍が北京城内に入ったとき、崇禎帝は自ら鐘を鳴らして、官吏に非常召集をかけた。しかし、誰ひとり駆けつける者もいない。もはやこれまで。「おまえたちは、どうしてこの家に生まれたのか」と嘆きながら、幼い二人の娘を刺殺し、皇太子とその弟を脱出させたあと、崇禎帝は最後までただひとり側を離れなかった宦官を連れて、北京城（紫禁城）の景山《けいざん》に登り、自ら首をくくって果てた。皇后の周《しゅう》氏をはじめ、多くの後宮の女たちも、このとき自ら命を絶った。かくして始祖洪武帝から崇禎帝まで、十七代二百七十七年で、明王朝は滅亡に至る。

入れ替わって北京城の主となった李自成のもとに、続々と明王朝の高官が挨拶にまかりでた。明の滅亡に殉じて、死を選んだ高官もないわけではないが、大多数はぬけぬけと新たな主人李自成に乗り換えたのである。頽廃を重ねた明王朝は、彼らにとってすでに殉ずるに値する対象でなくなっていたのだ。いずれにせよ、破廉恥であることに変わりはないけれども。

李自成はこの破廉恥な高官連中を締め上げ、身分に応じて財産を供出させ、軍資金としてプールした。やがて、李自成軍の将兵はいっせいに略奪に走り、またたくまに北京は恐怖の町と化していった。なかでも、略奪三昧、ひときわ獰猛《どうもう》だったのは、李自成軍きっての猛将劉宗敏だった。この劉宗敏の手に、呉三桂の父呉襄と最愛の女性陳円円が落ちたことによって、状況は一変する。

清の軍勢を引き入れる

最初、李自成が父の呉襄に命じて手紙を書かせ、降伏を勧告したとき、呉三桂はこれに応じるつもりで、軍勢を率い北京へ向かった。この途中で呉三桂は劉宗敏に陳円円を奪われたことを知って激怒、降伏をすすめた父に絶縁状をしたためたあと、清軍と結んで李自成攻撃に転じた。

狼狽した李自成は自ら主力軍を率いて出陣、山海関で呉三桂軍と激戦をおこなう。しかし、呉三桂が山海関を開いて導き入れた清軍が呉三桂軍の加勢をしたため、李自成軍はこっ

山海関

ぱみじんに撃破され、命からがら北京に逃げ帰るほかなかった。これに先立ち、形勢不利とみた李自成は、呉三桂に和議を申し入れたがにべもなく拒否され、腹立ちまぎれに、同行していた人質の呉襄を殺してしまうという事件もあった。

　ようよう北京に帰り着いたものの、迫りくる清軍の蹄《ひづめ》の音に脅《おび》えた李自成は、一六四四年四月二十九日、行きがけの駄賃にそそくさと皇帝に即位する儀式を執りおこなったあと、敗軍を引いて西へと落ちていった。けっきょく、李自成が北京を制圧した期間は、わずか四十日にすぎなかった。以後、李自成は呉三桂らが指揮する清軍に追われて転々としたあげく、清の順治二年（一六四五）、湖北《こほく》の山中で自殺するに至る。

　李自成が立ち去った三日後、ドルゴンの率いる清軍は威風堂々、北京に無血入城した。そのなかに、清が山海関を越え、中国本土に南下するための、水先案内人となった呉三桂の姿があったことはいうまでもない。呉三桂の頭は、このときすでに満州族の風習に従い、辮髪《べんぱつ》に変わっていた。

安穏な生活を送ることができさえすれば

ついこの間、李自成軍を「歓迎」したばかりの明王朝の官吏の多くは、今度は万歳を唱えながら清軍の入城を「歓迎」した。なんとも無節操な話である。批判勢力を追い払い自家中毒した、北京官僚社会の腐敗のひどさがしのばれる。

もっとも、清の実力者ドルゴンは、おぞましい高級官僚を締めあげ、財産を吐き出させた李自成より、はるかに成熟した政治感覚の持ち主だった。彼は、降伏してきたこれらの官僚群を受け入れ、もとの官職と相応するポストにつけることを約束した。これと同時に、北京の住民に対し、清軍の将兵が略奪・暴行をはたらくことを厳禁したのみならず、減税を公約して、人心の収攬に努めた。これが功を奏し、北京の住民は上下を問わず、短期間のうちに清の支配下に組み込まれていった。

明末の混乱、李自成の反乱軍の支配と、不安定な日々をすごしてきた北京の大多数の住民にとって、安穏な生活を送ることができさえすれば、それでよしとしたかったのかもしれない。たとえ、新たな支配者が満州族の清王朝であったにしても、である。

呉三桂の「裏切り」にも、これと共通する文脈が見いだせる。呉三桂は明王朝の武将だったのだから、当の明が滅亡してしまえば、あとは反乱軍の李自成につこうが、満州族の清につこうが、五十歩百歩、大差はなかったのであろう。それかあらぬか、明滅亡に先立ち、山海関付近を守備する明軍の武将の間から、軍団を率いて清に投降する者が続出しており、呉三桂の母方の叔父祖大寿《そだいじゅ》もその一人だった。陳円円への愛もさることながら、やはりこうした情勢を鑑《かんが》みて、呉三桂は最終的に清への投降を決断したものと思われる。

付言すれば、辮髪の清の武将と化し、李自成を打ち破った呉三桂は、北京で陳円円に再会し、その後の生涯をともにしたという説が有力である。

江南の抵抗

北京に入った清軍は、ほどなく華北を制覇すると、中国全土支配をめざし、江南に向けて怒濤の進撃を開始する。

江南は先述のとおり、宦官派と対立した東林党知識人の牙城であった。天啓年間、東林党は宦官魏忠賢に弾圧され、壊滅的打撃を受けたけれども、崇禎年間になると、その志を引き継いだ政治結社、復社《ふくしゃ》や幾社《きしゃ》が結成され、江南在住の知識人に広く支持された。明末の政治腐敗に異議をとなえたこの知識人層が、清の攻勢に対して頑強に抵抗し、江南の反清運動の中心になったのである。

とはいえ、江南の反清運動も実際にはなかなか思わしい成果をあげるに至らなかった。清が北京を制圧した直後から、江南の各地に、明王朝の一族の王を戴く、南明《なんみん》と総称される反清政権があいついで樹立された。福王《ふくおう》の南京政権（一六四四〜一六四五）、唐王《とうおう》の福州《ふくしゅう》政権（一六四五〜一六四六）、桂王《けいおう》（永暦帝《えいれきてい》）の肇慶《ちょうけい》・桂林《けいりん》政権（いずれも広東省。一六四六〜一六五〇）等々が、これにあたる。

このうち、福王政権は、清軍の南下を目前にひかえ、崇禎帝の従兄の福王を皇帝に仕立てて、急遽、南京で作られた最初の亡命政権である。福王は札付きの遊蕩児であり、銭謙益《せんけんえき》ら江南の東林党系知識人はもともと、その擁立に反対だった。にもかかわらず、宦官派官僚が強引に反対を押し切って、この人物を擁立したため、最初から政権内部で抗争がたえず、まったく求心力に欠けていた。

こんな亡命政権が長続きするわけがなく、順治二年（一六四五）四月、揚州《ようしゅう》を陥落させ大虐殺をおこなった清軍の矛先が、つづけて南京に向けられるに先立ち、脆《もろ》くも崩壊してしまう。このとき、福王および宦官派官僚が雲を霞と逃げ出したあと、銭謙益は残された福王政府の高官を率いて、清に降伏した。この結果、南京は、抵抗したために血の雨がふった揚州の二の舞はせずにすんだが、銭謙益はのちのちまで、不名誉な「貳臣《じしん》」（二つの王朝に仕える臣）のレッテルを貼られることになる。

この後、雨後の筍《たけのこ》のように作られた南明政権も似たりよったり、いずれも長続きはしなかった。しかし、南明政権は潰《つい》えても、江南の抵抗はその後も粘り強くつづけられた。なかでも、福州の唐王の信頼厚く、明の皇帝の姓「朱《しゅ》」を賜った（いわゆる「国姓爺《こくせんや》」である）鄭成功《ていせいこう》は、唐王が清軍に殺されたあとも、生き残った桂王をはるかに戴きながら、厦門《アモイ》や金《きん》門島《もんとう》を根拠地として準備を重ね、順治十五年（一六五八）から十六年（一六五九）にかけて、南京攻略を試みるなど、あくまで清の支配に抵抗しつづけた。

鄭成功のようなはなばなしさはなくとも、清に屈伏することを拒否して自ら命を絶った人々や、のちに大学者となった黄宗羲《こうそうぎ》（一六一〇〜一六九五）や顧炎武《こえんぶ》（一六一三〜一六八二）のように、清の全土支配が確たる事実となったあとも、この征服王朝に仕えることを潔《いさぎよ》しとせず、明の遺民として生涯を終えた人々が、江南には数えきれないほど存在した。物理的抵抗から精神的抵抗まで、征服王朝清に対する江南の抵抗は、さまざまな形で頑強に継続されたのである。

「大手柄」——雲南を手に入れる

かたや、最愛の陳円円のために「怒り冠を衝」き、思いきりよく清軍に降伏した呉三桂はその後どうなったか。順治元年、清軍ともども北京に入城した後すぐ、呉三桂は軍勢を率いて李自成軍の追討にかかり、北京の西南望都《ぼうと》（河北省保定市の西南）で追いつくや、これをさんざん打ち破って敗走させた。この功によって平西王《へいせいおう》に封じられ、清軍の将として幸先のよいスタートを切った呉三桂は、引きつづき李自成掃討作戦を担当、南下して湖北を転戦する。追いつめられた李自成は先述したとおり、順治二年、自殺のやむなきに至るのである。

順治五年（一六四八）になると、呉三桂は漢中《かんちゅう》（陝西省南西部）基地の軍事責任者に任命され、まず陝西地帯に残存する農民反乱軍の流賊を平定した。ついで順治九年（一六五二）、四川《しせん》方面に出陣して張献忠《ちょうけんちゅう》（一六〇六〜一六四六）の残党の掃討にあたる。ちなみに、張献忠は李自成のライバルと目される流賊のリーダーだったが、李自成が先手を打って北京を制圧した後、四川を占拠、想像を絶する殺戮をおこなった人物である。

呉三桂によって四川を追われた張献忠の残党は、南明政権の最後の生き残り、桂王と合流して雲南《うんなん》に逃げ込んだ。呉三桂はこれを追撃、順治十六年（一六五九）、雲南城を攻め落とす。桂王はさらにビルマまで逃げたが、この三年後の康熙《こうき》元年（一六六二）、呉三桂が大軍を率いて攻め込んできたとき、ビルマ人の手で呉三桂に引き渡された。呉三桂は桂王を雲南に連れもどし、けっきょく殺害してしまう。桂王の死を誰よりも悲しんだのは、南京攻略に失敗した後も厦門で捲土重来《けんどちょうらい》を期していた鄭成功だった。夢を砕かれた鄭成功は、まもなく失意のうちにこの世を去った。

清軍に降伏後、呉三桂の主たる軍事的任務は、湖北に逃げた李自成の追討を皮切りに、陝西から四川・雲南一帯に残存する明末の農民反乱軍、流賊を平定することにあった。こうして、周辺部の反乱軍平定の役割をふられたため、清初におこなわれた本格的な江南平定作戦には、関与していないのである。ところが、流賊を追討するうち、呉三桂はたまたま最後の南明政権の主である桂王に行きあたり、清王朝に大威張りで吹聴できる「大手柄」を立てたわけだ。

呉三桂はなんといっても、清王朝にとって、中国本土に進出するきっかけを作ってくれた功労者である。だから、清王朝は公主を呉三桂の息子と結婚させるなど、呉三桂には従来から破格の厚遇を与えてきた。ここに至り、呉三桂が「大手柄」を立てたとなると、清王朝としては当然、彼の功績をさらに評価しなければならない。順治十六年、すでに漢中から雲南に駐屯地を移していた呉三桂が、「大手柄」の見返りとして、雲南の駆屯地を半永久的なものにしてほしいと要求してきたとき、清王朝がこの要求をのまざるをえなかったのも道理である。これ以後、呉三桂は、強大な軍事力を擁したのはむろんのこと、行政権から財政権まで一手に握り、風光明媚な滇池《てんち》のほとり昆明《こんめい》に豪奢な宮殿を築いて、皇帝さながらの生活を送った。こうして雲南は独立国の様相を呈するに至ったのである。

康熙帝の決断——三藩の乱勃発

この間、清王朝では順治七年（一六五〇）、実力者の叔父ドルゴンが病没し、順治帝はようやく実権を手中におさめたものの、十一年後の順治十八年（一六六一）、わずか二十四歳で夭折してしまう。順治帝の死後、第四代皇帝の座についたのは、まだ八歳の息子康熙帝《こうきてい》（一六六一～一七二二在位）だった。この皇帝交替期にちょうど、呉三桂のビルマ攻撃が行われたわけだ。幼い康熙帝には例によって後見人がついた。重臣オバイがこれにあたる。すこぶる聡明な康熙帝は、康熙八年（一六六九）十六歳になったとき、専横なふるまいのめだつオバイを敢然と追い払い、親政を開始した。

康熙十二年（一六七三）、二十歳になったばかりの康熙帝の前に、難問が持ち上がる。清王朝は、その中国支配に功のあった漢民族の三人の降将、すなわち呉三桂・尚可喜《しょうかき》・耿仲明《こうちゅうめい》を特に厚遇して王の称号を与え、それぞれ雲南・広東・福建の三藩に封じた。いずれも北京から遠く離れた辺境であるが、この三藩が時間の経過とともに独立国化し、黙過できない勢力をもつようになった。なかでも雲南を支配する呉三桂の勢力は、ずばぬけて強大であった。清の中国支配が開始されてから約三十年、そろそろ潮時だと考えた康熙帝は、三藩の廃止を決断した。

康熙帝から雲南藩廃止の通告をうけた呉三桂は、康熙十二年（一六七三）暮、ついに挙兵に踏み切り、残る二藩の耿精忠《こうせいちゅう》（耿仲明の孫）と尚之信《しょうししん》（尚可喜の子）もこれに呼応した。三藩軍は当初、大いに勢いをふるったため呼応するものが続出、江南は騒然たる状況になった。

しかし、じょじょに清軍に鎮圧され、「三藩《さんぱん》の乱」が勃発してから三年たらずで、残るは呉三桂軍のみというありさまになる。孤立した呉三桂は劣勢をはねかえすべく、康熙十七年（一六七八）三月、湖南で皇帝を自称したけれども、五ヵ月後、あっけなく病死してしまう。ときに六十七歳。

若き康熙帝

陳円円のその後

呉三桂は挙兵するにあたり、辮髪を切って「反《はん》清復明《しんふくみん》」（清に反対して明を復興せよ）なるスローガンを唱え、自ら「天《てん》下都招討兵馬大元帥《かとしょうとうへいばだいげんすい》」と名乗って、反清勢力を結集しようとした。だが、これはどだい辻褄《つじつま》のあわない話である。

清王朝に貸しを作ろうと、明王朝の系統を引く南明政権最後の生き残り、桂王をビルマの果てまで追撃して殺しておきながら、いまさら「反清復明」を唱えるなど、そらぞらしいにもほどがある。軍人は別として、江南の反清運動家の総スカンを食い、自滅に近い最期を遂げたのも、自業自得というべきであろう。明王朝の滅亡後、去就に窮して清に降伏したよりも、この晩年の裏切りのほうがはるかに汚濁にまみれ、醜悪だ。とどのつまり、呉三桂は目先のことしか見えない、能天気な男だったといえよう。

呉三桂の死後、孫の呉世璠《ごせいはん》が軍団を受け継いで雲南に退却し、三年にわたって清軍と戦ったが、康熙二十年（一六八一年）、ついに刀折れ矢尽きて自殺、九年に及んだ「三藩《さんぱん》の乱」は終わった。

呉三桂の恋人陳円円のその後については、諸説あって一定しない。一説では、呉三桂とともに雲南に移って栄耀栄華を尽くし、「三藩の乱」のために呉三桂が出陣したあとも、なお雲南にとどまったが、呉三桂の死後三年して、清軍が雲南の宮殿に踏み込んできたとき、混乱のなかで自殺したか、もしくは殺されたという。また一説では、裏切りに裏切りを重ねる呉三桂に絶望し、出家して尼になったけれども、清軍が雲南に乱入したさい、やはり自殺したという。後者の方に、陳円円を美化しようとする意図がつよくはたらいているのは、いうまでもない。いずれにせよ、雲南陥落まで生きていたとすれば、陳円円も六十に近い。明末清初の転換期を生きた、この運命の美女は、自分のために身を売り、国を売った呉三桂に、ほとんど憎悪に似た愛を抱きながら、ともに三十五年の歳月を生き、はるか雲南の果てで息絶えたのかもしれない。

やはり権力は非情なもの

康熙帝の英断が功を奏して、三藩を根絶やしにし、目障りな異分子を排除した清王朝は、この後、とみに安定し急カーブを描いて繁栄へと向かう。ちなみに清の行政機構は基本的に明のそれを踏襲したものだが、各機関の長官に満州族と漢民族からそれぞれ一人を任命して、複数制をとったところに特色がある。こうしてバランスをとりつつ官僚制度を整備し、明以来の皇帝独裁体制をさらに強化したのである。さらにまた、満州族に対しては、始祖ヌルハチ以来の「八旗制」を施行してきびしく管理し、漢民族を統治する方式と区別したのも、はなはだ巧妙なやり方だった。おそらく先行する征服王朝、モンゴル族の元がモンゴル人優先方式を強行して失敗したことに教訓を得て、こうした高度な二重システムを編みだしたのであろう。この巧妙な二重システムが功を奏して、清は、二十世紀初頭まで、二百六十有余年の長きにわたり、中国全土を支配しつづけたのだった。

とはいえ、少数の満州族の清が、圧倒的多数の漢民族を支配するにあたり、物情騒然たる不安定な初期の時代においては、いくら考えぬかれた行政システムでも十分に機能しない。そんな時期には、呉三桂のような馬力のある降伏者は、たしかに利用価値がある。しかし、安定期に入ったとたん、権力にとって彼のような存在が、たちまち要注意人物・危険人物になるのも、これまた理の当然である。

呉三桂にかぎらず、江南の東林党系知識人の大立者でありながら、清に降伏した銭謙益もまた、ほかならぬその清によって「貳臣」と断罪された。清の極盛期に帝位にあった第六代皇帝の乾隆帝《けんりゅうてい》（康熙帝の孫。一七三五～一七九六在位）は、清に降伏した明の高級官僚百二十人の伝記集『貳臣伝《じしんでん》』を編み、このなかに銭謙益を入れたばかりか、無節操を断罪するという触れ込みで、そのすべての著述を破棄した。

軍事家の呉三桂と文学者であり政治家であった銭謙益では、裏切りのスタイルがちがうけれども、いずれも寝返った当の相手の清王朝の権力者によって、断罪され否定された点が共通している。権力の非情の論理は、利用価値のなくなった者を容赦なく切り捨てるのだ。こうしてみると、やっぱり裏切りは、わりに合わないというほかない。

参考文献

第一章
・『史記』（翻訳は、一九九五年、ちくま学芸文庫、小竹文夫・小竹武夫訳など）
・『越絶書』（一九八五年、上海古籍出版社）
・『呉地記』（一九八六年、江蘇古籍出版社）
・『呉越春秋』（一九八六年、江蘇古籍出版社）

第二章
・『史記』
・『戦国策』（翻訳は、一九六六年、平凡社東洋文庫、常石茂訳）

第三章
・『漢書』（翻訳は、一九七七年、筑摩書房、小竹武夫訳）
・『史記・漢書』福島正（「鑑賞中国の古典」7、一九八九年、角川書店）
・『王莽伝』孟祥才（一九八二年、天津人民出版社）

第四章

・『三国志』（翻訳は、一九七七年、筑摩書房、今鷹真・井波律子・小南一郎訳）

・『晋書』

・『西晋の武帝　司馬炎』福原啓郎（「中国歴史人物選」3、一九九五年、白帝社）

第五章

・『晋書』

・『世説新語』（翻訳は、一九六四年、筑摩書房「世界文学大系」71、川勝義雄他訳）

・『世説新語』井波律子（「鑑賞中国の古典」14、一九八八年、角川書店）

第六章

・『旧唐書』

・『新唐書』

・『安禄山事迹』（一九八三年、上海古籍出版社）

・『唐明皇与楊貴妃』許道勛・趙克堯（一九九〇年、人民出版社）

第七章

・『宋史』

・『続資治通鑑』

・『宋人軼事彙編』

・『説岳全伝』銭彩編次・金豊増訂

第八章
・『明史』
・『清史列伝』
・『康熙帝』間野潜龍（「中国人物叢書」第2期10、一九六七年、人物往来社）
・『清の太祖ヌルハチ』松浦茂（「中国歴史人物選」11、一九九五年、白帝社）
・『清朝史話』夏家餕（一九八五年、北京出版社）
・『呉三桂伝』左書諤（一九八九年、甘粛人民出版社）
・『明清易代史独見』陳生璽（一九九一年、中州古籍出版社）

＊

・『資治通鑑』
・『宮崎市定全集』（一九九一年、岩波書店）
・『中国の歴史』陳舜臣（一九九〇年、講談社文庫）
・『中国』礪波護・森正夫（一九九二年、朝日新聞社）など。

あとがき

『裏切り者の中国史』を書いてみないかと、おすすめをいただいたのは、四年あまり前のことだった。おもしろそうだと思い、いろいろ調べたり考えたりしたけれども、なかなか書き出すことができなかった。いざとなると、どうしても、『裏切り者の中国史』というタイトルから連想される、おどろおどろしくも陰惨なイメージに心理的な抵抗を覚え、ためらわざるをえなかったのである。

しかし、今回えいっと決断して、書き始めてみると、意外にもドロドロした陰惨な思いにとらわれることは、まったくとはいわないまでも、ほとんどなく、充分楽しみながら書き上げることができた。それは、ここでとりあげた「裏切り者」のうち、私怨に憑かれた伍子胥と、抜け目がないこと、このうえない司馬懿をのぞき、大多数の者たちが、「裏切り者」とは言い条、どこか根本的に間が抜けていたり滑稽だったり、いわば中国史のトリックスターの要素を兼ね備えているからである。

これらトリックスター的裏切り者たちは、ひととき歴史舞台をざわめかせたあと、まるで何かに追われるように、そそくさと退場する。たとえば、ほらふき蘇秦は死んで車裂きになり、最終局面で弱気な桓温は、「悪名」を轟かすことさえできなかったと嘆きつつこの世を去り、エセ君子王莽はアナクロニズムの権化となって、自ら墓穴を掘り、野心家の安禄山は道化芝居の果てに、ようやく反乱に踏み切ったとたん、有頂天になって頭に血がのぼり、持て余した息子の手で殺されてしまう。さらにまた、しぶとい秦檜は息子や孫まで駆り出して、自分にとって不利な史料をやっきになって処分したにもかかわらず、芝居や小説の世界で徹底的に痛めつけられ、「恋に狂った猛将」呉三桂は、投降先の清に最終的に切り捨てられ、またまた裏切りを重ねざるをえなくなる。

あらゆるものをのみ込んで展開する中国史のダイナミズムは、けっきょく「裏切り者」をも、その歴史世界に弾みをつけるトリックスターと化すのであろうか。そうした中国史における役割分担を視野に入れながら、裏切り者の系譜を紡《つむ》いでいくことは、私にとってまことに新鮮な経験であった。

なお、裏切りの視点から中国史を探った本書と、中国史の女たちの系譜をたどった、私の前著『破壊の女神――中国史の女たち』（新書館）は、相互補完的な関係にある。合わせてお読みいただければ幸いである。

本書の企画から刊行に至るまで、終始一貫して、講談社選書メチエ編集部の横山建城氏にたいへんお世話になった。長期にわたる横山さんの励ましがなかったならば、とても本書を書き上げることはできなかったと思う。ここに心からなる感謝を捧げたい。

一九九七年三月

井波律子

西暦		年号	本文関連および重要事項
1644		17	李自成，北京に入る，崇禎帝自殺，明滅亡，呉三桂，山海関を開き清軍を引き入れる→翌年，李自成自殺
1645	清	順治 2	南京の福王政権滅亡，銭謙益ら降る
1659		16	清軍，雲南占領，桂王はビルマに逃れる，鄭成功，南京攻略を試みるも失敗
1661		18	順治帝死す，康熙帝即位，清軍ビルマに入り桂王を捕縛，鄭成功，台湾に拠る
1662		康熙 1	桂王，呉三桂に殺さる，鄭成功死す
1673		12	呉三桂反し三藩の乱起こる→1678 即位の後死す

西　暦		年　号	本文関連および重要事項
1038		仁宗宝元 1	仁宗，西夏の征伐に失敗
1070		神宗熙寧 3	王安石，宰相となる
1084		元豊 7	司馬光，『資治通鑑』を完成
1102		徽宗崇寧 1	蔡京，宰相となる
1115		政和 5	女真の完顔阿骨打，金を建国
1125		宣和 7	遼，金に滅ぼされる
1126		欽宗靖康 1	金軍，大挙して侵入，開封を囲む
1127		2	金，開封を制圧，徽宗・欽宗を捕らえて北帰す→靖康の変，北宋滅亡
1127		高宗建炎 1	康王趙構即位，南宋はじまる
1129		3	高宗，金軍に追われ杭州（臨安）に移る，以後江南を逃げまどう
1130	南	4	秦檜，撻懶の陣より脱走と称して帰国
1131		紹興 1	秦檜，宰相となる
1138		8	秦檜，再び宰相となる
1141		11	秦檜，岳飛を殺し，金との和平をはかる
1155		25	秦檜死す
1206	宋	寧宗開禧 2	テムジン，モンゴル諸部を統一す→チンギス・ハン
1234		理宗端平 1	モンゴル，金を滅ぼす
1259		開慶 1	フビライ，鄂州で賈似道と対峙
1260		景定 1	フビライ即位
1279		衛王祥興 2	南宋滅ぶ
1351	元	順帝至正11	紅巾反乱軍起こる
1368		洪武 1	朱元璋，帝位につき国号を明とする，明の北伐軍，元の大都を陥す，元滅ぶ
1399		建文 1	靖難の変，燕王朱棣，甥の建文帝に挑戦す→1402帝位につき永楽帝となる
1405		永楽 3	鄭和の第1次遠征（7次におよぶ）
1421		19	南京から北京へ遷都
1572		隆慶 6	万暦帝即位
1616		万暦44	ヌルハチ，後金国を建てる
1619	明	47	サルフの戦い，明軍，ヌルハチに大敗す
1623		天啓 3	宦官魏忠賢が権力を握り，東林党系知識人を弾圧しはじめる
1626		6	ヌルハチ死す，ホンタイジ即位
1627		7	天啓帝死す，崇禎帝即位，魏忠賢誅殺，ホンタイジ，後金を清と改める
1643		崇禎16	ホンタイジ死す，順治帝即位，叔父のドルゴンが摂政（～1650）

西暦		年号	本文関連および重要事項
742		天宝 1	安禄山が平盧節度使となる
744		3	楊玉環を宮中に入れる，安禄山が范陽節度使を兼ねる
745		4	楊玉環が貴妃となる
750		9	楊貴妃の一族楊釗に国忠の名を与える
751		10	安禄山が河東節度使を兼ねる
752		11	李林甫死す，楊国忠が宰相となる
755		14	安禄山が反乱を起こし洛陽を占領→安史の乱
756		粛宗至徳 1	安禄山が大燕国を立てて皇帝となる，哥汝翰が降伏し潼関が陥落，玄宗は蜀へ蒙塵，楊貴妃・楊国忠殺さる，皇太子亨が帝位につく→粛宗
757		2	安禄山が子の安慶緒に殺さる，粛宗・玄宗あいついで長安に還御
759		乾元 2	史思明が安慶緒を殺す
760		上元 1	高力士，流刑に処せらる
761		2	史朝義が父史思明を殺す
762		代宗宝応 1	玄宗・粛宗死す，高力士死す
763		広徳 1	史朝義が殺され，安史の乱が終結
830		文宗太和 4	牛・李の党争が激化する
874		僖宗乾符 1	王仙芝が河南で反乱を起こす
875		2	黄巣が王仙芝に呼応→黄巣の乱
878		5	王仙芝が敗死
880		広明 1	黄巣が洛陽・長安を占領，国を大斉と号す
882		中和 2	朱温が黄巣を裏切って唐に降る，朱温に全忠の名を与える
884		4	黄巣が李克用に大敗して死す，黄巣の乱平定，朱全忠と李克用の関係悪化
907		哀帝天祐 4	朱全忠，哀帝の禅譲を受け後梁を建国，唐王朝滅亡→五代のはじまり
916	五代		契丹王耶律阿保機，帝と称す
923			後梁滅び後唐立つ
936			後唐滅び，後晋立つ
946			遼の耶律徳光，開封を制圧，後晋を滅ぼす
954			後周の世宗（柴栄）即位
960	北宋	太祖建隆 1	陳橋の変，趙匡胤，宋を建国
973		太祖開宝 6	科挙に殿試を採用
976		太宗太平興国 1	太祖死す，弟の趙匡義が位を継ぐ→太宗
997		至道 3	太宗死す，真宗即位
1004		真宗景徳 1	遼の侵入に対し，真宗親征するも和議を結ぶ→澶淵の盟

西暦		年号	本文関連および重要事項
354		10	殷浩，すべての官位を剝奪され失脚，桓温，前秦を撃破し覇上に至る
360		升平 4	謝安，官界入り，桓温の司馬となる
365		哀帝興寧 3	王羲之死す
369		廃帝太和 4	桓温，北府軍団をも掌握し，北伐を敢行するも，前燕の猛将慕容垂に大敗す
371		簡文帝咸安 1	桓温，帝（奕）を廃し，会稽王（昱）を帝につける→簡文帝
372		2	簡文帝死す，子の曜が即位→孝武帝
373		孝武帝寧康 1	桓温，九錫を要求するも果たせずして死す
375		3	王坦之死す
385		太元 10	謝安死す
403		安帝元興 2	桓玄，東晋を簒奪し皇帝となる→翌年，劉裕に滅ぼされる
420		宋武帝永初 1	劉裕，東晋の恭帝の禅譲を受け帝位につく→東晋滅亡
581	隋	文帝開皇 1	楊堅，帝位につき北周滅ぶ，楊勇を皇太子とする
589	隋	9	隋，陳を滅ぼし中国を統一
604	隋	仁寿 4	皇太子広，父の文帝を殺して即位→煬帝，兄の廃太子勇も殺さる
612	隋	煬帝大業 7	第1回高句麗征伐→失敗し天下動乱のきっかけとなる
618	唐	高祖武徳 1	煬帝が江都で殺され，隋滅亡，李淵，唐王朝を立てる
626	唐	9	玄武門の変，高祖退位して二男の李世民が帝位につく→太宗
627	唐	太宗貞観 1	天下を十道に分かつ→貞観の治のはじまり
649	唐	23	太宗死す，皇太子（治）が立つ→高宗
683	唐	高宗弘道 1	高宗死す，皇太子（哲）が立つ→中宗，　高宗の皇后武氏，皇太后となる
684	唐	中宗嗣聖 1	太后，中宗を廃し旦を皇帝に立てる→睿宗
690	周	武后載初 1	則天武后が帝位につき，国号を周と称す
695	周	天冊万歳 1	薛懐義が殺さる
705	唐	中宗神龍 1	中宗が帝位に復し，唐王朝再興，則天武后死す
710	唐	睿宗景雲 1	韋后が娘の安楽公主と計って中宗を毒殺す，睿宗の子隆基が韋后と安楽公主を殺し，父を再び帝位につける，自らは皇太子となる
712	唐	景雲 3	睿宗，隆基に帝位を譲る→玄宗
713	唐	玄宗開元 1	太平公主がクーデタに失敗して自殺，宦官高力士が近衛軍の将軍となる
735	唐	23	李林甫が宰相となる
737	唐	25	皇太子瑛を廃す

西　暦		年　号	本文関連および重要事項
234		青龍 2	司馬懿，五丈原で諸葛亮と対峙，諸葛亮陣没→「死せる孔明，生ける仲達を走らす」
238		景初 2	司馬懿，遼東を征伐，公孫淵を殺す
239		3	明帝死す，斉王芳即位→曹爽一派が擡頭す
244		斉王芳正始 5	曹爽，蜀征伐に向かうも大敗
247		8	司馬懿，病気を理由に出仕せず
249	魏	正始 10	司馬懿，クーデタを起こし，曹爽・何晏・桓範らを族滅し実権を握る
251		嘉平 3	司馬懿死す
252		4	司馬師，大将軍となる，呉の孫権死す
254		正元 1	司馬師，斉王芳を廃し高貴郷公（髦）を立てる
255		2	司馬師死す
260		元帝景元 1	司馬昭，高貴郷公髦を殺し奐を立てる→元帝
263		4	蜀滅ぶ
265		泰始 1	司馬昭死す，司馬炎，帝位につく→武帝，魏滅び西晋王朝成立，洛陽に都す
280		太康 1	孫晧が降伏し，呉滅亡，西晋が天下を統一
290	西	永熙 1	武帝死す，衷が即位→恵帝
301		永寧 1	八王の乱起こる→異民族の中原侵入をまねく
306		光熙 1	恵帝死し，豫章王熾が即位→懐帝
307		永嘉 1	琅邪王睿，王導らとともに江南に渡り，建鄴に入る
311	晋	5	匈奴軍，洛陽を陥す，懐帝，平陽に拉致さる
313		愍帝建興 1	懐帝，長安にて殺さる，愍帝が即位
316		4	匈奴軍，長安を陥す，愍帝，平陽に拉致さる→西晋滅ぶ
317		晋王建武 1	司馬睿，晋王となる，愍帝，殺さる
318		元帝太興 1	司馬睿，帝位につく→元帝，東晋王朝成立
322		永昌 1	王敦，武昌で挙兵，石頭まで攻め寄せる，元帝死す，明帝（紹）即位
324	東	明帝太寧 2	王敦死す
325		3	明帝死す，成帝（衍）即位，外戚の庾亮が力を持つ
327		成帝咸和 2	蘇峻，挙兵す
329		4	郗鑒，陶侃らが蘇峻の乱を平定
334	晋	9	陶侃死す
339		咸康 5	王導死す，郗鑒死す
340		6	庾亮死す
347		穆帝永和 3	桓温，成漢を滅ぼす
352		8	殷浩，北伐を敢行するも大敗

西暦		年号	本文関連および重要事項
184		霊帝中平 1	黄巾の乱起こる
189		6	霊帝死す，少帝（辨）即位するも董卓に廃され，献帝（協）が立つ
190		献帝初平 1	董卓，都を長安に遷す
191		2	荀彧，曹操の協力者となる
192		3	董卓死す，孫堅死す
196		建安 1	曹操，献帝を許に迎える
200	後	5	官渡の戦い，曹操，袁紹を撃破，孫策死し，弟の孫権立つ
201		6	曹操，劉備を破り，劉備は荊州に走る，司馬懿，河内郡の役人となる
207		12	劉備，三顧の礼を以て諸葛亮（孔明）を迎える
208		13	赤壁の戦い，曹操，劉備・孫権連合軍に大敗，司馬懿，曹操のもとに出仕
212		17	荀彧，曹操に迫られ自殺
213	漢	18	曹操，魏公となる
214		19	劉備，蜀を制覇
215		20	曹操，五斗米道の張魯を討伐，司馬懿，さらに蜀への進撃を進言
216		21	曹操，魏王となる
217		22	曹丕，弟の曹植を抑えて太子となる，司馬懿，太子中庶子に就任
219		24	蜀の関羽，呉軍と魏軍に挟撃され敗死
220		25	曹操死す，曹丕，漢の献帝の禅譲を受ける→魏の文帝（黄初 1），夏侯惇死す
221		文帝黄初 2	劉備，帝位につく→昭烈帝（蜀の章武元年），諸葛亮，丞相となる
222		3	孫権，呉王として独立（呉の黄武元年），天下三分
223		4	劉備死す，劉禅即位
224		5	文帝，呉に親征，司馬懿，撫軍将軍・録尚書事として留守を預かる
225	魏	6	諸葛亮，南征し南中の異民族を平定
226		7	文帝死す，明帝（叡）即位，司馬懿，曹真・陳羣・曹休とともに遺命を受ける
227		明帝太和 1	諸葛亮，劉禅に「出師の表」を捧げ北伐を開始，司馬懿，驃騎大将軍に昇進
228		2	司馬懿，孟達を殺す，街亭の戦い→「泣いて馬謖を斬る」，曹休死す
231		5	曹真死す，司馬懿，諸葛亮と直接対決へ

西　暦		年　号	本文関連および重要事項
B.C. 99		天漢 2	李陵，匈奴に敗れて投降
98		3	司馬遷，李陵を弁護して武帝の怒りにふれ宮刑に処せらる
91		征和 2	巫蠱の乱，戻太子（拠）と衛皇后自殺
87		後元 2	武帝死す，昭帝（弗陵）即位
74		昭帝元平 1	昭帝死す，昌邑王（賀）即位するも，朝廷の実力者霍光によってすぐに廃され戻太子の孫（詢）が即位→宣帝
68		宣帝地節 2	霍光死す，宣帝親政
66		4	霍氏，族滅さる
49		黄龍 1	宣帝死す，元帝即位
33		元帝竟寧 1	元帝死す，成帝即位，王鳳，大司馬・大将軍として輔佐
27		河平 2	王氏の5人，同日に侯に封ぜらる
22		陽朔 3	王莽，黄門郎となる
16		永始 1	王莽，新都侯に封ぜらる
8		綏和 1	王莽，淳于長を倒し大司馬となる
7		2	成帝死す，定陶王（欣）が即位→哀帝
6		哀帝建平 1	王莽，失脚す
B.C. 1		元寿 2	哀帝死す，平帝（衎）即位，王莽大司馬に再任，前任者の董賢を自殺させる
A.D. 1		平帝元始 1	白雉の「瑞祥」，王莽，安漢公となり国政を総覧す
4		4	王莽，宰衡となる
5		5	王莽，平帝を毒殺し，孺子嬰を太子とし自らは仮皇帝となる
8	新	王莽初始 1	王莽，漢王朝を滅ぼし新を立てる
10	新	始建国 2	六筦・五均の制を行い，塩・鉄・酒などを専売とする
13	新	5	西域諸国，新に叛す
17	新	天鳳 4	呂母の乱
20	新	地皇 1	緑林の兵起こる
22	新	3	赤眉の軍起こる，王莽の軍各地で敗退，劉秀ら挙兵
23		更始帝 1	劉玄が即位→更始帝，王莽殺され，更始帝洛陽に遷都，赤眉軍，更始帝に服属
24		2	更始帝，長安に遷都，赤眉と隙生ず，劉秀が河北で自立
25		3	赤眉，更始帝の軍を破る，赤眉，劉盆子を天子とし，長安に入り更始帝を殺す
25		光武帝建武 1	劉秀が即位→後漢の光武帝
27		3	赤眉，光武帝に降る

西　暦		年　号	本文関連および重要事項
B.C. 338		31	秦の孝公没す，商鞅，車裂きの刑に処せらる
333		36	蘇秦の合従策が成立，蘇秦は六国の宰相となる この頃，張儀，連衡策を以て合従同盟を破る
328		41	張儀，秦の宰相となる
324		45	蘇秦，斉に入る
313		赧王 2	張儀，楚の懐王を詐る
311		4	秦の恵文王没す，張儀，魏に逃げもどる
310		5	張儀死す
247		始皇帝 1	秦の荘襄王死す，子の政，13歳で即位
237		10	秦の宰相，呂不韋が失脚，法家的政治家の李斯が登用さる
227		20	燕の太子丹，荊軻に秦王政を暗殺させんとするも失敗
221	秦	始皇帝26	秦，天下を統一，このとき皇帝の称号が初めて登場
220		27	始皇帝第1回の国内巡幸，徐福を東方海上に派遣
214		33	将軍蒙恬，オルドス地方の匈奴を追う，李斯，丞相となる
213		34	焚書，翌年儒生らを穴埋めにする（坑儒）
210		37	始皇帝第5回の国内巡幸で沙丘に死す，末子胡亥即位，長子扶蘇及び将軍蒙恬自殺，始皇帝を驪山陵に葬る
209		二世皇帝 1	陳勝・呉広が挙兵，劉邦・項羽ら挙兵
208		2	李斯刑死
207		3	趙高，胡亥を殺す，公子嬰，趙高を殺す
206	前漢	漢高祖 1	10月劉邦，咸陽を占領，公子嬰降り秦滅ぶ
202		5	項羽，垓下に敗死
195		12	高祖死す，恵帝（盈）即位，呂后の専制始まる
194		恵帝 1	呂太后，高祖の寵姫戚夫人とその息子如意を殺す
188		7	恵帝死す→以降，呂氏が実権を握る
180		少帝弘 4	呂太后死す，呂氏，族滅さる，代王恒即位→文帝
157		文帝後元 7	文帝死し，景帝即位
154		景帝 3	呉楚七国の乱
141		景帝後元 3	景帝死し，武帝（徹）即位
140		武帝建元 1	元号の始め，このころ張騫，西域に出発
136		5	五経博士を置く，董仲舒を登用
129		元光 6	衛青，第1回匈奴攻撃に成功
128		元朔 1	衛子夫，男子を生み皇后となる，衛青の第2回匈奴攻撃
124		5	衛青，第4回匈奴攻撃に成功，大将軍となる
121		元狩 2	霍去病，春・夏2回匈奴攻撃に成功

年表

西　暦		年　号	本文関連および重要事項
B.C. 771	春秋時代	周　幽王11	犬戎，幽王を攻め殺し西周王朝滅亡
770		平王　1	幽王の太子宜臼が即位し都を成周に遷す（東周）
722		49	魯の隠公元年，『春秋』の記述はこの年から始まる
704		桓王16	楚の君主熊通，自ら武王と称す
685		荘王12	斉の桓公が即位，管仲を宰相となす
679		僖王　3	斉の桓公，宋・陳・衛・鄭と会盟して初めての覇者となる
632		襄王20	晋の文公，覇者となる
606		定王　1	楚の荘王，洛陽付近に至り，周室の鼎の軽重を問う
597		10	楚の荘王，晋を破り覇者となる
554		簡王12	鄭の子産が卿となり，政治改革を行う
552		14	孔子生まれる
528		景王17	楚の平王，二人の兄を殺し王位につく
522		23	楚の伍子胥，呉に亡命
515		敬王　5	呉の公子光，呉王僚を殺し即位，呉王闔廬となる
506		14	闔廬，楚を伐つ，伍子胥，楚の平王の墓を暴き屍に鞭打つ
496		24	呉の闔廬，越王句践に破れ死す，子の夫差立つ
494		26	呉王夫差，会稽山に越王句践を破る
484		36	伍子胥死す
482		38	呉王夫差，黄池に会盟す
481		39	魯の哀公が麒麟を得る，『春秋』の記述はこの年で終わる
479		41	孔子没す
473		元王　3	越王句践，呉を滅ぼす
453		貞定王16	晋の三大夫韓・魏・趙が智伯を殺して晋を三分する
445		24	魏の文侯が即位，呉起を登用する
403		威烈王23	周王，韓・魏・趙を諸侯として公認，戦国時代の始まり
397	戦国時代	安王　5	聶政，韓の宰相俠累を暗殺
396		6	魏の文侯没す，のち呉起，新王武侯に疎まれ楚に去る
381		21	楚の悼王没す，呉起死す
359		顕王10	秦の孝公，商鞅を登用する（第1次変法）
352		17	商鞅，魏の首都安邑を陥す
350		19	秦，咸陽に遷都，商鞅の第2次変法
340		29	秦，魏を大いに破る

KODANSHA

本書の原本は、一九九七年に講談社選書メチエの一冊として刊行されました。

井波律子（いなみ　りつこ）
1944-2020年。富山県生まれ。京都大学大学院博士課程修了。国際日本文化研究センター名誉教授。2007年『トリックスター群像―中国古典小説の世界』で第10回桑原武夫学芸賞受賞。『酒池肉林』『三国志演義（一）～（四）』『中国侠客列伝』『水滸伝（一）～（五）』（講談社学術文庫），『中国の五大小説』『論語入門』『三国志名言集』『中国名詩集』『完訳 論語』（岩波書店）など著書多数。

講談社学術文庫

定価はカバーに表示してあります。

裏切《うらぎ》り者《もの》の中国史《ちゅうごくし》

井波律子《いなみりつこ》

2024年1月11日　第1刷発行
2024年4月2日　第3刷発行

発行者　森田浩章
発行所　株式会社講談社
東京都文京区音羽 2-12-21 〒112-8001
電話　編集（03）5395-3512
販売（03）5395-5817
業務（03）5395-3615

装　幀　蟹江征治
印　刷　株式会社広済堂ネクスト
製　本　株式会社国宝社
本文データ制作　講談社デジタル製作

ISBN978-4-06-533541-3

「講談社学術文庫」の刊行に当たって

これは、学術をポケットに入れることをモットーとして生まれた文庫である。学術は少年の心を養い、成年の心を満たす。その学術がポケットにはいる形で、万人のものになることは、生涯教育をうたう現代の理想である。

こうした考え方は、学術を巨大な城のように見る世間の常識に反するかもしれない。また、一部の人たちからは、学術の権威をおとすものと非難されるかもしれない。しかし、それはいずれも学術の新しい在り方を解しないものといわざるをえない。

学術は、まず魔術への挑戦から始まった。やがて、いわゆる常識をつぎつぎに改めていった。学術の権威は、幾百年、幾千年にわたる、苦しい戦いの成果である。こうしてきずきあげられた城が、一見して近づきがたいものにうつるのは、そのためである。しかし、学術の権威を、その形の上だけで判断してはならない。その生成のあとをかえりみれば、その根は常に人々の生活の中にあった。学術が大きな力たりうるのはそのためであって、生活をはなれた学術は、どこにもない。

開かれた社会といわれる現代にとって、これはまったく自明である。生活と学術との間に、もし距離があるとすれば、何をおいてもこれを埋めねばならない。もしこの距離が形の上の迷信からきているとすれば、その迷信をうち破らねばならぬ。

学術文庫は、内外の迷信を打破し、学術のために新しい天地をひらく意図をもって生まれた。文庫という小さい形と、学術という壮大な城とが、完全に両立するためには、なおいくらかの時を必要とするであろう。しかし、学術をポケットにした社会が、人間の生活にとってより豊かな社会であることは、たしかである。そうした社会の実現のために、文庫の世界に新しいジャンルを加えることができれば幸いである。

野間省一

一九七六年六月

中国の古典

1692
呂氏春秋
町田三郎著

秦の宰相、呂不韋《りょふい》が作らせた人事教訓の書。始皇帝の宰相、呂不韋と賓客三千人が編集した『呂氏春秋』は天地万物古今の事を備えた大作。天道と自然に従い人間行動を指示した内容は中国の英知を今日に伝える。

電P

1824
孝経
加地伸行全訳注
大文字版

この小篇は単に親孝行を説く道徳書ではない。中国人の死生観・世界観が凝縮されている。『女孝経』「法然上人母へのことば」など中国と日本の資料も併せ、精神的紐帯としての家族を重視する人間観を分析する。

1899
十八史略
竹内弘行著

神話伝説の時代から南宋滅亡までの中国の歴史を一冊に集約。韓信、諸葛孔明、関羽ら多彩な人物が躍動し、権謀術数が飛び交い、織りなされる悲喜劇――。簡潔な記述で面白さ抜群、中国理解のための必読書。

電P

1962
論語 増補版
加地伸行全訳注

人間とは何か。溟濛の時代にあって、人はいかに生くべきか。儒教学の第一人者が『論語』の本質を読み切り、独自の解釈、達意の現代語訳を施す。漢字一字から検索できる「手がかり索引」を増補した決定新版！

2010
倭国伝 中国正史に描かれた日本 全訳注
藤堂明保・竹田 晃・影山輝國訳注

古来、日本は中国からどう見られてきたか。漢委奴国王金印受賜から遣唐使、蒙古襲来、勘合貿易、倭寇、秀吉の朝鮮出兵まで。中国歴代正史に描かれた千五百年余の日本の姿を完訳する、中国から見た日本通史。

電P

2058
荘子 内篇
福永光司著

中国が生んだ鬼才・荘子が遺した、無為自然を基とし人為を拒絶する思想とはなにか？ 荘子自身の手によるとされる「内篇」を、老荘思想研究の泰斗が実存主義的に解釈。荘子の思想の精髄に迫った古典的名著。

電P

中国の古典

2451～2455

水滸伝（一）～（五）

井波律子訳

中国武侠小説の最大傑作にして「中国四大奇書」の一つ。北宋末の乱世を舞台に、好漢百八人が暴力・知力・胆力を発揮し、戦いを繰り広げながら、「梁山泊」へと集結する！　勢いのある文体で、完全新訳！

2476

顔氏家訓

顔之推著／林田愼之助訳

王朝の興亡が繰り返された乱世の古代中国を生き抜いた名門貴族が子孫に書き残した教えとは。家族の在り方、教育、養生法、仕事、死をめぐる態度まで、人生のあらゆる局面に役立つ英知が現代語で甦る！

2534

孟子　全訳注

宇野精一訳注

王の正しいあり方、人として心がけること、なしてはならぬこと、理想の国家、性善説――『大学』『中庸』『論語』と並び「四書」の一つとされ、儒教の教えの根幹を現代まで伝える必読書を、格調高い現代語訳で。

2539

老子　全訳注

池田知久訳注

無為自然、道、小国寡民……。わずか五四〇〇字に込められた、深遠なる宇宙論と政治哲学、倫理思想と養生思想は今なお示唆に富む。二〇〇〇年以上読みつがれる大古典の全訳注。根本経典を達意の訳文で楽しむ。

2589

説《ぜい》苑《えん》

劉《りゅう》向《きょう》著／池田秀三訳注

前漢の大儒・劉向の編纂になり、皇帝の教育用の書として作られた故事説話集の全訳が文庫に。本書には精選された九十五を収録。「君子の徳は風」「忠臣は君に殉ぜず」など、君と臣のあり方や、身の処し方を説く。

2642

貞観政要　全訳注

呉　兢著／石見清裕訳注

唐王朝最盛期を築いた名君と謳われる太宗が、自らの統治の是非について臣下と議論を交わし、時に痛烈な諫言を受け入れた様を描く不朽の「帝王学」。平明な全文訳と、背景となる中国史がわかる解説による決定版。